神州正朔所系，文化托命之身

陈寅恪的学术世界

桑 兵 著

人民出版社

目　　录

神州正朔所系　文化托命之身

——陈寅恪的学术世界

　　本书并非新作，主要是将之前发表于各刊物、后来大多陆续收入各专书的有关陈寅恪的文章汇集起来，加上近年来写的几篇关于和陈寅恪关联紧密的经学理学的论文，整合为统一专书。

　　将已刊论文乃至已经结集的文章重新整编成为专题著作，不同于以往的自选集之类。对于后者，内心其实颇有些抵拒，出过的几种，大多属于情非得已甚至迫不得已。因为无论以自我认定为准，还是零星散论为判，都不宜作为自选的依据，也无自选的必要（后一种可以结集）。发表出来的学术论文，主题各异，大小有别，但都是自觉值得也可以公之于众，虽然有方面的不同，题目的大小、内容的详略、文字的长短不一，读者或许各有所好，作者本人则是一视同仁。如果认为发表的著述当中有些不能代表自己的水准，则当初何必贸然出手？至于他人如何看法，各有偏好取舍，不能强求一律，只不过作者应该自信对所涉及的问题有深入认识，如果所见反而在读者之下，或是要凭借他人的评判才能分清高下优劣，就应当束之高阁，以免污人眼底。而学术随笔之类，更加不妥。笔记掌故，可以道听途说，信手涂鸦，札记就至少应该是读书得间。学术之事，应当举轻若重，如果剑走轻灵，在行家眼里就到处露着底盘不稳的破绽。

　　认可重编，直接的动因有二，一是之前结集出书时，已经预计到其中一些篇章将来可以拓展成书或是并入相关专题，有言在先。题目大小不同，范围宽窄有别，理应有所调整。二是人民出版社编辑马长虹先生力主，觉得不妨尝试将原来的设想付诸实现，借此检验一下效果如何。

　　更深一层的考虑，则是随着相关研究的扩展深入，对于陈寅恪学行的认识，逐渐推进，近年进展显著，尤其是关于陈寅恪与经学及理学研究的关联，自觉可以说些人所不常说的话。而关节打通，豁然开朗，需要将之前的各项具体研究相应地进行调整，以便贯通。所以，旧作翻新，不能一味仍旧，也要努力推陈出新。如何达到目标，还要讲究取径办法。

一、大事因缘与民族文化史

研究晚清民国的学人与学术，比较有意思的是能够以彼之道还诸彼身。如胡适常说"做学问要于不疑处有疑，待人要于有疑处不疑。"①那么，若是以胡适本人为研究对象，究竟应该于有疑处不疑，还是不疑处有疑？前者看似厚道，却往往失真；后者水落石出，但或许扫了大家的兴。再如陈垣主张治学要竭泽而渔，然后梳理贯串，比勘显露，所谓"聚小为大"，用于研究其为人行事，也不免察见渊鱼、智料隐匿之嫌。

严耕望将陈垣与陈寅恪的治史方法分别概括为述证与辩证，大体恰当。不过，至少陈寅恪的辩证背后，同样有网罗材料，细心研读的过程，然后才能力透纸背，入木三分。尤其是能够从人所常见的材料中，读出截然不同的意思，如果不是对所有材料与史事烂熟于胸，类似的解读方式很容易流于凿空逞意，穿凿附会，陷入严耕望所说的"走火入魔"。如同绘画，必须经过写实，然后才能现代，否则难免涂鸦。胡绳武教授生前屡次提及：中古史材料有限，用陈寅恪的办法可以得心应手，而近代史材料太多，一般背不动，所以力不从心。能够将陈寅恪的办法用于治近代史，的确难能可贵。

然而，即使努力应用陈寅恪的办法，要想深入其学术世界也绝非易事。有的学人，很早就意识到自己可能成为后人研究的对象，因而预留材料，供来者研究之用，并且有意无意之间会设定一些线索，引导后人朝着既定的方向展现自己的为人行事和思想学术。这样的处心积虑在一定的时间里或对某些研究者而言或许可以得偿所愿，可是故意留下的资料很难经得起无尽的来者反复研究，各种心计迟早都会榨出皮袍下面藏着的小来。有鉴于此，有的学人临终

---

① 中国社会科学院近代史研究所中华民国史组编：《胡适来往书信选》中册，中华书局1979年版，第7页。

前索性将所有文字付之一炬,如清季广东的朱次琦、简朝亮师弟,完全断了后人将自己当作研究对象的念想。有的则只肯让人看产下的蛋,而不愿示人以下蛋的鸡。也就是说,研究其精心撰写的著作足矣,何必非要知道作者何许人也。过度执着于下蛋的鸡,甚至还想看看产蛋的过程,不仅有窥探隐私之嫌,而且可能反而分散注意,影响对于所生之蛋的琢磨。

问题是,学人的历史虽然以学术为主,却不仅限于学术生活,其他方面也是历史的有机组成部分。况且中国的传统,很少有所谓为学术而学术,所有的学,都是为了用,学以致用正是治学的应有之义。而致用之学当然不能不问世事,闭门造车。实学的背后,都有实事。因此,知人论世,理所应当。再者,读懂书应该由书见人,知人解书,要想更好地解读学人的学术著作,直面文本难免望文生义,有必要了解学人自己的行事及其与其他学人的交往,这既是欧洲学术的重要环节外证的要项,也是陈寅恪擅长的解今典的用意。今典不明,作者字里行间的意思很难得到充分展现。或以为知人不过掌故,实则学行相辅相成,若是脱离论学的目的,一味关注行事,才会流于演义。

陈寅恪其人其学,本来是小众的冷门话题,可是机缘巧合,一度成为学界乃至坊间热议的焦点。凡事炒得太热,势必添油加醋,多了佐料,变成茶余饭后的谈资,人云亦云,以讹传讹。而陈寅恪及其学问,本不适合作为大众话题。有人鉴于人人好谈陈寅恪的风尚之中,胡言乱语日渐增多,倡言劝君莫谈陈寅恪,实则并非陈寅恪不能谈,而是必须下相当的功夫,具有必备的能力,才有可能谈出点所以然来,不至于浑不着调。尤其是一些貌似学界中人,却喜欢道听途说,如陈寅恪中年研究武则天,晚年偏爱柳如是,都曾引起不少流言蜚语,其实有的评议者完全没有看过相关著述,更不要说弄清楚作者的用意初衷。

所谓"莫谈",应当不仅仅指那些随心所欲、信口开河的闲谈,包括相当部分的煞有介事的研究,其实也不一定比各种乱弹强到哪里去。陈寅恪的学术世界,是其精神世界的主体部分。以其心思细密,要想深入心境,真是谈何容易。他自称"平生述作皆出于不得〔已〕,故自己不留稿,亦不欲他人留之。此非谦辞,乃是实话。所谓需用者,亦不过欲藉之略加修改,以供应酬耳,并非真著书也。"①照此说来，似乎所生之蛋也不足以全面展现其学术。既然仅仅看所生之蛋，同样无法进入其学术世界，就不能不设法了解其为人行事。

学术世界分为两个部分，一是研究工作，二是学术交往。研究也有两个层面，一是精深的专题论述，二是具体研究的总体旨意。

陈寅恪治学以史为主，而范围广泛。除了借韩愈及清儒"非三代两汉之书不敢观"之说，刻意宣称"不敢观三代两汉之书"，以及因身世所涉不论晚清史事之外，魏晋以下迄于明清，多有为人极口称道的专精研究。尤其是中古一段，用力最深，成果最为精审。不过，与后来流行的专家之学大相径庭，陈寅恪的著述虽然聚焦于中古以降的民族文化史，却是遵循中国传统的治学途径，读完书再诉诸文字，因而视野宽阔，上探先秦两汉，下及晚清民国乃至其亲历的时代，以史家眼光看待古今中外的一切人事。早在 1919 年留美期间，他就为吴宓"述中国汉宋门户之底蕴，程、朱、陆、王之争点，及经史之源流派别"。令吴宓"大为恍然，证以西学之心得，深觉有一贯之乐。为学能看清门路，亦已不易，非得人启迪，则终于闭塞耳。"吴宓自己承认于"中国学问，毫无根底，虽自幼孜孜，仍不免于浪掷光阴"。而陈寅恪虽然"昔亦未尝苦读，惟生于名族，图书典籍，储藏丰富，随意翻阅，所得已多；又亲故通家，多文士硕儒，侧席趋庭，耳濡目染，无在而不获益。况重以其人之慧而勤学，故造诣出群，非偶然也。"②

关于上古，据俞大维说，陈寅恪唯有对玄学兴趣淡薄，其余经史子集，都下过功夫。对诗经、尚书、礼记尤为重视，诸子之中，则喜欢庄子，重视荀子。不过，在他的眼底心中，未必奉这些典籍为经典，没有古今汉宋的成见。陈寅恪对先秦典籍的掌握，决不似今日所谓国学大师，死记硬背、胡批瞎解而已，而是能够对专门研究者所治各种专深的问题提出精当的意见，表明其见识或许还在作者之上。可见其不研究两汉以上，主要是因为文献不足征，因而不愿虚耗

---

① 陈寅恪：《致陈述》十九，陈美延编：《陈寅恪集·书信集》，生活·读书·新知三联书店 2001 年版，第 197 页。

② 吴宓著，吴学昭整理注释：《吴宓日记》第二册，生活·读书·新知三联书店 1998 年版，第 28 页。吴学昭著《吴宓与陈寅恪》记为引自 1919 年 5 月 25 日《雨僧日记》，据生活·读书·新知三联书店出版的吴学昭整理注释《吴宓日记》，应为 4 月 25 日。

精力,在难以坐实的问题上猜来猜去。

当条件所限,很难延续擅长的"塞外之史,殊族之文"①的研究时,他宁可转向空间更大,且更有征信可能的中古以降的民族文化史,而且后来还将研究时段从魏晋隋唐下移至明清,并有意着重研究宋代。即使近代史领域,解读材料,辨识人事,揭示相互关联的功力,也非一般专业人士所能企及。与之学术上有所交集者,见其不经意间竟然能对自己用足功夫的专题论著指点迷津,且曲折委蛇,洞察秋毫,对其读书之富,认识之深,不禁大为折服。反倒是后来一些浅人只看表面文章,好挑毛病,自以为得。殊不知人已到习相远,自己还在人之初盘桓,不能自知固陋。

陈寅恪留学欧美、日本多年,历经各大名校,深知所谓西方学术的根仍在欧洲,所采用的治学方法,其实多为当时欧洲正统且前沿的比较研究,包括比较文献学、比较宗教学和比较史学。只是他不愿称引西说,而且力求从中国典籍中找出时间更早的相似办法,如合本子注。不过也有正好相反的可能性。陈寅恪很少以经学为题,除了觉得文献不足征,后世治经者往往夸诞之外,原因之一,或是对治经不可或缺的小学取法有所保留。据说他幼年对于说文和高邮王氏父子的训诂之学,曾用过一番苦功,常说"读书须先识字"。中年以后,受高本汉和王国维的影响,对早年的观念有所修正。② 乾嘉汉学主张识字必先审音,通音韵才能训诂,而高本汉的审音与王国维的识字,显然与此有别。陈寅恪认为:"非通梵、藏等文,不能明中国文字之源流音义,不能读《尔雅》及《说文》"。③ 他在留学期间对学习藏文甚有兴趣,"因藏文与中文,系同一系文字。如梵文之与希腊拉丁及英俄德法等之同属一系。以此之故,音韵训诂上,大有发明。因藏文数千年已用梵音字母拼写,其变迁源流,较中文为明显。如以西洋语言科学之法,为中藏文比较之学,则成效当较乾嘉诸老,更上一层。"④尽管陈寅恪关注的重心在历史和佛教,而非语言学和经学,其治学的主

① 陈寅恪:《陈述辽史补注序》,陈美延编:《陈寅恪集·金明馆丛稿二编》,生活·读书·新知三联书店 2001 年版,第 265 页。

② 俞大维:《怀念陈寅恪先生》,张杰、杨燕丽选编:《追忆陈寅恪》,社会科学文献出版社1999 年版,第 3—4 页。

③ 吴宓著,吴学昭整理注释:《吴宓日记》第三册,第 437 页。

④ 陈寅恪:《与妹书》,陈美延编:《陈寅恪集·金明馆丛稿二编》,第 355—356 页。

要办法之一,其实是欧洲的比较语言学,传统小学的路子,因为有心较乾嘉诸老更上一层,几乎从未沿用。其四声三问之作,重点是研究相关的史事,虽然是音韵学史上的关键问题,毕竟不是音韵本身的问题,不能混为一谈。

俞大维说陈寅恪能背诵十三经的大部分,且每字必求正解,因此经常看读《皇清经解》及《续皇清经解》。①不过,按照陈寅恪解释一字即是作一部文化史的取法,注经解经之书只能分解单字之意,无法寻绎渊源流变,更不能通解经义。陈寅恪研究的重点是历史,自称"寅恪平生颇读中华乙部之作,间亦披览天竺释典,然不敢治经"。②以历史的眼光,今日以前的一切都是历史,经与经学也在历史之中,关键在于是否能够以历史的眼光看待以前的一切。虽然历史上的六经皆史说言人人殊,如何解读,也是见仁见智。在史家看来,史是事实,经则是一定时空条件下人们对特定事物赋予的形式。由于后者同样是历史事实的有机成分,所以如何赋予以及赋予怎样的形式,由此产生何种意义,确是认识历史不可或缺的要项。

用历史的眼光看待经书,与治经学乃至经学史毕竟不能混为一谈。可是,陈寅恪关于民族文化史的最重要贡献之一,却在于提出"中国自秦以后,迄于今日,其思想之演变历程,至繁至久。要之,只为一大事因缘,即新儒学之产生,及其传衍而已。"③新儒学即理学,也属于经学的范畴。陈寅恪对四书里面的《大学》、《中庸》两篇极为重视,反而对《论语》、《孟子》,评价相对低些。新儒学的产生及其传衍的大事因缘,与中古以降的民族文化史,其实是同一事物的不同方面,或者说是侧重各异的不同说法。其时间跨度为秦以后直到民国时期。也就是说,陈寅恪学术关注的重心,并非仅仅落实在中古一段,而是秦以下整个中国历史的发展演进全程,并以新儒学的产生及其传衍为中心枢纽。

以历史的眼光看待经学和理学,使得并不专研经学的陈寅恪对理学的看法,与态度明显有别的经学史家周予同不无相通之处。这也显示跳出经学的藩篱,避免作茧自缚,反而可以看出经学和理学的精要及其历史地位。

---

①　俞大维:《怀念陈寅恪先生》,张杰、杨燕丽选编:《追忆陈寅恪》,第5—6页。
②　陈寅恪:《杨树达论语疏证序》,陈美延编:《陈寅恪集·金明馆丛稿二编》,第262页。
③　陈寅恪:《冯友兰〈中国哲学史〉下册审查报告》,陈美延:《陈寅恪集·金明馆丛稿二编》,第282页。

那么,原本并不治经的陈寅恪关注中国古代思想演变的历史进程以及中古以降的民族文化史,究竟所为何事?

二、文化命脉的坚守之道

对于陈寅恪一类的学人而言,学术既是安身立命的所在,更是文化坚守的依托。

留美期间,陈寅恪和吴宓讨论"穷则独善其身"之义,认为东圣西圣,其理均同。对于中外各国以学术为插标卖首、盛服自炫、欺世盗名的装潢,营私图利、争权攘位的工具一类的行径,极为不齿,盛赞先贤另辟谋生之正道,表示:"我侪虽事学问,而决不可倚学问以谋生,道德尤不济饥寒。要当于学问道德以外,另求谋生之地。经商最妙,Honest means of Living。"①学术神圣,不忍玷污。学人爱惜羽毛,首先就要珍重学问。但凡以学术为装潢或工具,本质上就失去言学的资格。所做的学问,不过别有所图而已。

可是,陈寅恪从来不是为学术而学术的学究,无论身处象牙塔中,还是供奉于庙堂之上,依然心怀天下。按照俞大维的说法,陈寅恪重点研究历史,"目的是在历史中寻求历史的教训。他常说:'在史中求史识。'因是中国历代兴亡的原因,中国与边疆民族的关系,历代典章制度的嬗变,社会风俗、国计民生,与一般经济变动互为因果,及中国的文化能存在这么久远,原因何在? 这些都是他研究的题目。"②所提及的历代兴亡以及中国文化何以存之久远,可以说是相辅相成的两大命题。

陈寅恪生活的时代,以工业化为凭借的西方列强以坚船利炮和科学文明强势侵入,中国遭遇两千年未有之大变局,亡国灭种的严重危机如影随形,固有文化价值的自信根本动摇,知识人面临两大历史性难题,一是如何救亡振兴,二是如何延续文化命脉。作为学人,背负后一项沉重的历史使命成为他们

① 吴宓著,吴学昭整理注释:《吴宓日记》第二册,第67页。
② 俞大维:《怀念陈寅恪先生》,张杰、杨燕丽选编:《追忆陈寅恪》,第4页。

的高度自觉。

尽管中国文化源远流长、一脉相传之说存在一定的争议,其他古文明或中绝或消亡或更替应当是所言不虚的事实。然而,中国文化固然有其流传久远的基因,在历史长河中也并非总是一帆风顺,曾经屡次遭遇中断甚至灭绝的风险。北朝的胡化与汉化相交,唐代佛教大盛,以及崖山之后无中国的恶语相加,历朝历代不仅发生多次亡国之痛,更屡屡面临灭种之危。清廷入主中原,顾炎武提出:"有亡国,有亡天下。亡国与亡天下奚辨?曰:易姓改号,谓之亡国。仁义充塞,而至于率兽食人,人将相食,谓之亡天下"。① 如果说亡国是政权更替,亡天下则意味着文化消亡。尤其是晚清以降,欧风美雨,强力侵袭,在亡国危机随时可能降临的局势下,如何坚守中国文化的命脉,即使国亡,不致种灭,成为自认为文化托命之身的学人主动担负的艰难使命。

"亡国亡天下"之分演化为保国家与存文化之别,学人的文化中心意识骤然升高。随着西化风气的弥漫,王朝体制的解体,即使国家名义尚存,文化上杀人诛心的结果,导致丧失文化自信,种族名存实亡的危机四伏。面对危局险境,学人的表现各异,王国维文化殉道,不惜舍生,章太炎清季民初几度身陷囹圄,都动了轻生之念而最终不甘枉死,政治立场迥然不同,生死取舍截然相反,捍卫中国文化根本的心意却是殊途同归。后来的文化中国之说,与此一脉相通。

坚守本来民族文化,史学具有核心价值。陈寅恪于1931年论及中国学术现状及清华之职责时,专门提出:"昔元裕之、危太朴、钱受之、万季野诸人,其品格之隆汙,学术之歧异,不可以一概而论,然其心意中有一共同观念,即国可亡,而史不可灭。"而现实中国面临的情形却是,"东洲邻国以三十年来学术锐进之故,其关于吾国历史之著作,非复国人所能追步。"如此一来,"今日国虽倖存,而国史已失其正统,若起先民于地下,其感慨如何?"②国史正统失却,不仅因为日本的中国历史著作水准飙升,更重要的是条理架构和解释权太阿倒

---

① 顾炎武:《日知录》卷十三《正始》,(清)顾炎武著,(清)黄汝成集释:《日知录集释》,上海古籍出版社1985年版,第1014页。

② 陈寅恪:《吾国学术之现状及清华之职责》,陈美延编:《陈寅恪集·金明馆丛稿二编》,第361—362页。

持,国虽尚存而史近乎灭,构成国家民族文化的重大危机。

文化危机意识不仅来自异族外力入侵,也源于政治鼎革和社会更新,因而被称为文化保守主义。也有人觉得这样的主观判断容易引发歧义,改为文化守成。民国时的文化本位主义,因为背后掺杂较多的政治因素,更是饱受诟病。其实,凡此种种表现,都是文化危机意识的反映,看似大同小异,仔细考察,不同的人对于危机作出何种反应,事实上相去甚远。

王国维投昆明湖赴死后,社会上关于其死因议论纷纷,传闻满天飞。陈寅恪相继写了挽词长诗,痛悼之余,力证其死于文化殉道。由于入情太深,相关文字传为佳作,也引起一些误读错解,以为陈寅恪是夫子自道,借题发挥,甚至一度有人将其视为"遗少"。加之陈寅恪在中国文化阵营分为两截之际,并未一味趋新,反而时有坚守文化本位之意,不禁令人将其列入文化保守主义的行列。

诚然,陈寅恪悼念王国维的诗词文章,的确有感情带入的成分。可是文化殉道说不仅与逊清切割,不作皇权的陪葬,更重要的是可以从悲观情绪中解脱,面向未来。亲历王国维之死事件并处理相关事宜的吴宓,最初相信王是殉清,并向前来吊唁的北京大学教授黄节详细讲述原委。后者本以为王国维是为文化殉节,与自己同道,并不以殉清为然。陈寅恪则持论与黄节一致,"谓凡一国文化衰亡之时,高明之士,自视为此文化之所寄托者,辄痛苦非常,每先以此身殉文化。如王静安先生,是其显著之例。"吴宓则认为:"寅恪与宓皆不能逃此范围,特有大小轻重之别耳。"①长时期看,吴宓的说法似乎不错,可是如果具体落实到当日的时代环境以及陈寅恪的个人心境,则未必符合。王国维之死,引发文化守成人士的普遍悲观,像黄节、吴宓这样与之身世境遇不同甚至立场主张有别者,也强烈共鸣。陈寅恪则不尽相同,他劝告为理想与现实难以两全而抑郁愁苦的吴宓道:"今只有二法,择一行之,无所迟惑。(一)则为理想而奋斗,而不自以为苦。(二)抛弃所有理想事业,自寻快乐。若既不肯为(二),则只有勉强为(一)。"并劝其"效法曾文正公以黄老治心,以申韩

---

① 吴宓著,吴学昭整理注释:《吴宓日记》第三册,第355页。

治兵"。①

　　身处民国时代,能否继续坚持固有的道德礼教? 吴宓自身也相当纠结,反而是陈寅恪的看法比较透彻通达。王国维死后吴宓发誓以维持中国文化道德礼教之精神为己任,可是 1929 年 9 月却与发妻陈心一离婚,知友对此多表示反对,指其言行不一,自毁信誉。郭斌龢函谓:"为《学衡》计,为人文主义计,为白师计,为理想道德事业计,均应与心一复合。"并指其"近来思想行事,皆是 Romantic,实应省戒"。吴芳吉则说:"离婚今世之常,岂足为怪。惟嫂氏无有失德不道,而竟遭此!《学衡》数十期中所提倡何事?! 吾兄昔以至诚之德,大声疾呼,犹患其不易动人。今有其言而无其行,以己证之,言行相失,安望人之见信我哉?!"陈寅恪对此最初直言劝诫:"无论如何错误失悔,对正式之妻不能脱离背弃或丝毫蔑视,应严持道德,悬崖勒马,勿存他想。"而吴宓自认为其行为"乃本于真道德真感情,真符合人文主义"。② 一旦既成事实,陈寅恪则表示:"昔在美国初识宓时,即知宓本性浪漫,惟为旧礼教、旧道德之学说所拘系,感情不得发舒,积久而濒于破裂。犹壶水受热而沸腾,揭盖以出汽,比之任壶炸裂,殊为胜过。"③此事显示陈寅恪对待道德礼教的态度并非一味拘泥执着,严持道德与通达人情相互协调,决不守旧。

　　陈寅恪与王国维的相通相同之处在于,两人都担忧中国文化根本动摇,能否存续;分别则是王朝体制退出历史舞台后,传统文化有无可能延续甚至重兴。从这一角度看,陈寅恪认为王国维并非简单地殉清,而是因为清亡则传统文化皮之不存毛将焉附。陈寅恪赞同文化依附于社会经济制度,旧的制度已经无可救药,只能谢幕,但是并不认为王朝体制消亡中国文化就一定会陪葬,没有浴火重生的机会。他哀悼王国维不得不死,如果同一立场,也在必死之列,否则只是苟延残生。然而,尽管陈寅恪生性悲天悯人,中年以后又盲目胼足,临终之际更遭逢大难,以致有种种愤而抗争和怒其不争的言行,壮岁却显然怀抱热切的希望。

――――――――
　　① 吴宓著,吴学昭整理注释:《吴宓日记》第三册,第 352 页。
　　② 吴学昭:《吴宓与陈寅恪》,清华大学出版社 1996 年版,第 76―77 页。
　　③ 吴宓著,吴学昭整理注释:《吴宓日记》第五册,第 60 页。

1943 年 1 月,滞留桂林雁山别墅的陈寅恪为邓广铭著《宋史职官志考证》作序,便不无憧憬地展望:

> 吾国近年之学术,如考古历史文艺及思想史等,以世局激荡及外缘薰习之故,咸有显著之变迁。将来所止之境,今固未敢断论。惟可一言蔽之曰,宋代学术之复兴,或新宋学之建立是已。华夏民族之文化,历数千载之演进,造极于赵宋之世。后渐衰微,终必复振。譬诸冬季之树木,虽已凋落,而本根未死,阳春气暖,萌芽日长,及至盛夏,枝叶扶疏,亭亭如车盖,又可庇荫百十人矣。①

这在生性悲悯,疾病缠身,又适逢战乱被迫颠沛流离的陈寅恪,可以说是少有的乐观表现。虽然意在慰释作者的郁郁之情,亦可见他非但没有因为王朝制度的解体导致中国文化难以为继感到无望,反而认为在世局激荡和外缘薰习之下,有可能再度复兴,而且枝繁叶茂的程度,有望与学术文化造极的赵宋相提并论。其满怀希望之情,跃然纸上。

陈寅恪当然知道,中国文化的重生复兴,不会自然到来,必须人为努力,尤其是学人应当竭力坚守,努力振作。他曾针对时势说:"欧阳永叔少学韩昌黎之文,晚撰五代史记,作义儿冯道诸传,贬斥势利,尊崇气节,遂一匡五代之浇漓,返之淳正。故天水一朝之文化,竟为我民族遗留之瑰宝。孰谓空文于治道学术无裨益耶?"②相信天下兴亡匹夫有责,只要薪火相传,总有燎原之日。中国文化历经数千年风雨如晦,起伏兴衰,始终屹立不倒,与文化托命之人守护文化命脉息息相关。文化的薪火相传,根本不灭,即使国破家亡,也可以死灰复燃,重新焕发生机。

由此可见,陈寅恪绝非忠于清朝的遗少,亦非泥于传统的文化遗民,他不仅对中国文化的复兴持积极态度,而且指出了创新重振的必由之路,即在《冯友兰中国哲学史下册审查报告》中所说,中国今后"真能于思想上自成系统,有所创获者,必须一方面吸收输入外来之学说,一方面不忘本来民族

---

① 陈寅恪:《邓广铭宋史职官志考证序》,陈美延编:《陈寅恪集·金明馆丛稿二编》,第277页。

② 陈寅恪:《赠蒋秉南序》,《陈寅恪文集·寒柳堂集》,上海古籍出版社1980年版,第162页。

之地位。"①所谓吸收输入,可以达到唐宋诸儒那样"天竺为体华夏为用"的程度,而不是一味坚持"中体西用",也就是说,只要能为中国所用,一切人类优秀文化都在必须吸收输入之列。他批评一些食洋不化的现象,并非因为吸收输入,而是相关者分不清优劣好坏,甚至倒行逆施,或是囫囵吞枣,未加调适,不合国情。以主张事实联系为比较研究正统的陈寅恪甚至提出:"世间往往有一类学说,以历史语言学论,固为谬妄,而以哲学思想论,未始非进步者。如易非卜筮象数之书,王辅嗣程伊川之注传,虽与易之本义不符,然为一种哲学思想之书,或竟胜于正确之训诂。以此推论,则徐健庵成容若之经解,亦未必不于阮伯元王益吾之经解外,别具优点,要在从何方面观察评论之耳。"②持有这样理念之人,必有绝大胸襟。

更有进者,吸收输入即使达到外体中用的程度,也并不意味着可以舍己从人。所谓不忘本来民族之地位,也就是所欲坚守的文化之成,并不是简单地维护固有,而是在吸收外来的同时坚持中国,充分输入新知但不排斥传统,主要包括下列四点:其一,不能罔顾中外历史,对中国文化弃如敝履。即使在中国积弱不振、西风压倒东风的时代,也不能大张旗鼓地主张全盘西化,而且要防止杀人诛心,失去本我。其二,不能数典忘祖,挖掘祖坟。在他看来,各民族的生成史上,层累叠加的情况几乎是通例,并非中国所独有。对于传统文化,实为李煜也要期之以刘秀,应当尽力承继,全情维护,不可大张挞伐。其三,要分辨中外文化的优劣短长,适合国情或与之调适,不能盲目照搬。全盘外化既不可取,也不可行。其四,尽可能避名居实,取珠还椟。对于传统文化不能拘泥,不可简单执守,但是学习仿效外来外部的目的在于使中国文化复兴重生,而不是用夷变夏,以至亡国灭种。为此,陈寅恪大力推崇唐宋诸儒韩愈、朱熹等人爱国济世的苦心孤诣,既能充分吸收外来文化的精华,救中国文化之缺失,又能防止丧失本来民族之地位。他甚至但愿明清之际反复多变的钱谦益怀抱复明之心,对于青楼出身的女中丈夫柳如是更加充满敬意。

---

① 陈寅恪:《冯友兰〈中国哲学史〉下册审查报告》,陈美延编:《陈寅恪集·金明馆丛稿二编》,第284—285页。
② 陈寅恪:《大乘义章书后》,陈美延编:《陈寅恪集·金明馆丛稿二编》,第183页。

　　陈寅恪所处的时代,西学挟西器西制强势来袭,在连续突破夷夏大防、中体西用之后,已成太阿倒持之势,所有的救亡图存之道,几乎都是依据外来义理。五四新文化运动的一大局限,就是片面化绝对化。在这样三千年未有的大变局之下,如何坚守中国文化,成为前所未遇的大问题,也是对中国学人的绝大考验。有鉴于此,陈寅恪断言:即使能够忠实输入北美或东欧的思想,要想在中国思想史上长期稳居最高地位,就必须遵循道教的真精神和新儒家的旧途径。打破中西古今新旧的绝对化的对应,在外力冲击面前坚守中国,在不忘本来的前提下尽力吸收。既要充分吸取所有外部文化的精华,又不能破坏中国文化的根本,失去中国民族的本性。坚守中国文化,就是维护民族复兴的根基。

　　近代国人的文化精神历程与中国革命的实践在很大程度上有殊途同归之义。自从十月革命一声炮响给中国送来了马克思列宁主义,中国革命就形成两条不同的路线,一是名义上以世界革命实际上以苏俄及共产国际为中心,不顾国情与现实,生搬硬套外国经验,绝对服从外部指令,另一条则是一切从中国的实际出发,实事求是,以实践为检验标准,这也是第一代中国共产党人与苏俄及共产国际长期分歧的焦点。没有了中国,就意味着失败;义理再高,也无法在中国落实。就此而论,中国革命传统与中国文化传统高度吻合。两方面的历史经验显示,无论革命征程还是文化建设,都要立足中国,放眼世界,尽力吸收一切人类文化的精华,同时不忘本来民族的地位,有大贡献于全体人类,才能真正实现中华民族的振兴,进而走向世界的巅峰。

陈寅恪与经学及经学史研究旨趣

经学退出历史舞台,已经一个世纪之久。百年以来,围绕如何认识经学的历史地位和作用,学术界和全社会发生过许许多多的故事,使得经与经学的命运跌宕起伏,迄今为止,仍然未得一当。经学长时期是中国皇权帝制的意识形态和思想学术的主导,经学研究在世界上是独一无二的中国学问。清季朝野上下试图融合中西学两套知识,先后以神学、哲学对应经学,始终难以凿枘。纳科举于学堂后,史学文学以及附庸蔚为大国的小学等经过削足适履的调适,勉强寄人篱下,中国思想则以哲学为躯壳寄居,唯有经学,无论分合,均无法适得其所,只能逐级退出教育体制,并在学术系统中日益隐形。不过,这只能说是将经学暂时搁置,并没有从根本上解决所遗留的问题。随着时势的变化,人们不断重新提起经学,趋新者指为沉滓泛起,守成者坚持固本培元。无论认识如何截然相反,经学与中国思想文化及社会发展的联系至关重要,当为不争的事实。而未来中国乃至人类社会的走向,或许与之不无关系。

有鉴于此,从 2017 年起,与湖南大学岳麓书院合作举办经学与经学史工作坊,计划分十年实行,每年一期,各设不同的主题。迄今为止已经举办的四届,主题分别为:经学与经学史的联系及分别、经学与国学、经学与理学、经学与派分。其共同的主旨,是要探究并设法解决两个相互关联的重要问题,一是为何要研究群经、经学与经学史,二是如何研究群经、经学与经学史。弄清楚这两个基本问题,未必能够让所有相关问题迎刃而解,但至少可以明了研究的范围、取径和努力的方向,以便后续的研究顺利展开。

一、天竺为体　华夏为用

所谓经与经学的问题,依据时间顺序大致包括三个相互关联的阶段,一是群经时代。按照经学史家周予同的看法,在汉代董仲舒独尊儒术之前,治经不属于经学,因为连经的范围属性也不能清晰分别。二是经学时代,即介于第一、第三两期中间的漫长时期。在此期间,经学不仅是所谓学问,至少涵盖三大方面,即作为知识系统的经书研究,作为价值体系的纲纪规范和作为统治术的通经致用。经书研究由之前的群经研究延续下来,但在经学时代也有所分别,即治经不仅是士人自洽的学问,也不仅是有用于时的学问,而要看当权者的态度。三是经学史时代。清亡,皇权帝制终结,经学时代成为历史。在后经学时代研究经与经学,要用历史的眼光和办法。不过,作为知识体系和价值体系的经学,又有所延续。用历史的眼光和办法,要更加深入地认识经学的作用,而不能一味解构,以致完全抹杀经的意义。

纵观历史,孔子以后的群经时代大约四百年,董仲舒以后的经学时代大约一千年,朱熹以后的理学时代大约八百年(其间中唐后有交叉)。所谓秦以后以至近日中国思想至繁至久演变历程的一大事因缘,即新儒学的产生及其传衍,不仅是一个历史认识的学术问题,更对今天中国面临的现实情势具有很强的启迪和取鉴意义。

中国文化不仅历史悠久,而且源远流长,可是在夷夏大防、中体西用相继崩溃后,国人主要是从负面加以总结。受近代以来中西学乾坤颠倒的影响,国人形成古今中西新旧的思维定式,对于独树一帜或别具一格的本位文化大多视为落后的要因,唯恐去之不速,如汉字、大一统、中医,乃至人口数量庞大的文化共同体,等等,连带稳定也成了不进步的同义词。经学更是首当其冲,与专制皇权一道,成为各方大张挞伐的对象。这样的取向,近代以来一直都在加强,直到中国的国力上升到世界前列,“我何以是我”逐渐代替“我为什么不能成为他”,亦即由追赶先进变为认同自我,观念才开始发生变化。

就当前的时势而论,有两个视角可见经与经学值得特别关注:其一,在社会转型时期,作为非宗教化的中国文化,经与经学所承载的道德伦理在规范行为和秩序社会方面,具有难以替代的特殊作用;其二,在国际格局重构之际,以经与经学为重要载体的中国文化,为构建新秩序的重要选项和多元化的重要体现,也是中华民族复兴能否跃居文化制高点以及取信于人的重要凭借。

从上述两个视角着眼,并不专门研究经与经学的陈寅恪数十年间锲而不舍地上下求索,得出一整套系统看法,在今天尤其具有启迪意义。早在留美期间,五四运动发生的 1919 年,他就对吴宓详细阐述中国思想文化的长处与短处,他说:

> 中国之哲学、美术,远不如希腊,不特科学为逊泰西也。但中国古人,素擅长政治及实践伦理学,与罗马人最相似。其言道德,惟重实用,不究虚理,其长处短处均在此。长处,即修齐治平之旨。短处,即实事之利害得失,观察过明,而乏精深远大之思。故昔则士子群习八股,以得功名富贵;而学德之士,终属极少数。今则凡留学生,皆学工程、实业,其希慕富贵,不肯用力学问之意则一。而不知实业以科学为根本,不揣其本,而治其末,充其极,只成下等之工匠。境遇学理,略有变迁,则其技不复能用,所谓最实用者,乃适成为最不实用。至若天理人事之学,精深博奥者,亘万古,横九垓,而不变,凡时凡地,均可用之。而救国经世,尤必以精神之学问(谓形而上之学)为根基。乃吾国留学生不知研究,且鄙弃之,不自伤其愚陋,皆由偏重实用积习未改之故。此后若中国之实业发达,生计优裕,财源浚辟,则中国人经商营业之长技,可得其用;而中国人当可为世界之富商。然若冀中国人以学问、美术等之造诣胜人,则决难必也。夫国家如个人然,苟其性专重实事,则处世一切必周备,而研究人群中关系之学必发达。故中国孔孟之教,悉人事之学。而佛教则未能大行于中国。尤有说者,专趋实用者,则乏远虑,利己营私,而难以团结,谋长久之公益。即人事一方,亦有不足。今人误谓中国过重虚理,专谋以功利机械之事输入,而不图精神之救药,势必至人欲横流,道义沦丧,即求其输诚爱国,且不能得。①

据此,中国要想富强,并非可望而不可即的难事,但是要想在亘万古横九垓而不变,凡时凡地均可用之的天理人事之学上胜人一筹,则难上加难。而不能奠定放之四海而皆准的形而上精神学问的根基,中国就很难救国经世,达到长治久安的目标,进而引领世界。在新文化运动开始蔓延的背景下,国人听闻此番说道,自然觉得匪夷所思。可是时过境迁,大多应验,又不能不叹服其料

---

① 吴宓著,吴学昭整理注释:《吴宓日记》第二册,第 100—102 页。

事如神的先见之明。

那么,如何才能破解这一根本性的重大难题,将精神学问与社会急需彼此沟通?陈寅恪提纲挈领地揭示了秦以后迄于近代,中国思想至繁至久的演变历程的大事因缘,即新儒学的产生及其传衍的复杂历史。开始他的看法是:

> 中国家族伦理之道德制度,发达最早。周公之典章制度,实中国上古文明之精华。至若周秦诸子,实无足称。老、庄思想高尚,然比之西国之哲学士,则浅陋之至。余如管、商等之政学,尚足研究;外则不见有充实精粹之学说。汉、晋以还,佛教输入,而以唐为盛。唐之文治武功,交通西域,佛教流布,实为世界文明史上,大可研究者。佛教于性理之学 Metaphysics,独有深造,足救中国之缺失,而为常人所欢迎。惟其中之规律,多不合于中国之风俗习惯。故昌黎等攻辟之。然辟之而另无以济其乏,则终难遏之。于是佛教大盛。宋儒若程若朱,皆深通佛教者。既喜其义理之高明详尽,足以救中国之缺失,而又忧其用夷变夏也。乃求得两全之法,避其名而居其实,取其珠而还其椟。采佛理之精粹,以之注解四书五经,名为阐明古学,实则吸收异教,声言尊孔辟佛,实则佛之义理,已浸渍濡染,与儒教之宗传,合而为一。此先儒爱国济世之苦心,至可尊敬而曲谅之者也。故佛教实有功于中国甚大。①

新儒家继承道教对待中外思想文化的取径做法,使得吸收外教与爱国济世相反相成,一举解决了思想缺失与有碍国情的两难,"自得佛教之裨助,而中国之学问,立时增长元气,别开生面。故宋、元之学问、文艺均大盛,而以朱子集其大成。朱子之在中国,犹西洋中世之 Thomas Aquinas(托马斯·阿奎那斯,1225—1274,意大利神学家兼哲学家),其功至不可没。"②

在反对专制集权追求思想解放的反理学新文化时代,如此推崇理学,可谓石破天惊,同时又堪称高屋建瓴。晚清至民初,从反专制的角度,说过"存天理去人欲"的朱熹成为众矢之的,各类反专制人士名义上的反孔,其实大多剑指朱熹。可是,朱熹创造理学,是为了在佛教流布、社会剧变的时势下,充分吸

---

① 吴宓著,吴学昭整理注释:《吴宓日记》第二册,第102页。
② 吴宓著,吴学昭整理注释:《吴宓日记》第二册,第103页。

收异教,弥补中国文化的缺失,同时取珠还椟,防止用夷变夏,以达到爱国济世的目的。经过此番改造,中国文化被推向新的高峰,使得新儒学继儒学之后,又确保中国文化在高位上延续运行了八百年。胡适认为清中叶即出现了反理学运动,不过仔细揣摩,批评理学者所争主要是在各自的正统地位,以便取而代之,而非根本颠覆推翻。

晚清以降,欧风美雨侵袭冲刷,理学已经不足以应对世局。从康有为开始,必须再造新学,不忘本来,才能力挽危局,救民济世。康有为发愿要做素王,其实真正的目的不过朱熹第二而已。后来者持续努力,中国逐渐实现独立统一,富强振兴,民族复兴之路成效渐著,至于像朱熹那样创新儒学,使之内外相济,承前启后,则仍然有待于来者。

对于新儒学发生的历史进程的认识,陈寅恪也有逐渐深入的变化。关于韩愈的作用,开始他着重是强调辟佛的一面,后来与人论争,进一步探究新儒学的渊源,更加凸显韩愈对新儒学发端的奠基作用。他认为,《原道》所说"古之所谓正心而诚意者,将以有为也。今也欲治其心,而外天下国家,灭其天常,子焉而不父其父,臣焉而不君其君,民焉而不事其事",目的是调适佛教与儒学的关系,"为吾国文化中最有关系之文字"。"盖天竺佛教传入中国时,而吾国文化史已达甚高之程度,故必须改造,以蕲适合吾民族、政治、社会传统之特性,六朝僧徒'格义'之学,即是此种努力之表现,儒家书中具有系统易被利用者,则为小戴记之中庸,梁武帝已作尝试矣。然中庸一篇虽可利用,以沟通儒释心性抽象之差异,而于政治社会具体上华夏、天竺两种学说之冲突,尚不能求得一调和贯彻,自成体系之论点。退之首先发见小戴记中大学一篇,阐明其说,抽象之心性与具体之政治社会组织可以融会无碍,即尽量谈心说性,兼能济世安民,虽相反而实相成,天竺为体,华夏为用,退之于此以奠定后来宋代新儒学之基础"。① 由排斥异说到奠基新儒学,不仅是更加推崇韩愈的历史地位,更重要的是体现了对于理学渊源与众不同见解的笃信和坚持。

凸显韩愈在新儒学的产生及其传衍的中国思想发展历程大事因缘中的先

---

① 陈寅恪:《论韩愈》,陈美延编:《陈寅恪集·金明馆丛稿初编》,生活·读书·新知三联书店 2001 年版,第 322 页。

驱地位,有两点值得特别注意:其一,从韩愈到朱熹,历经三四百年,新儒学才从奠定基础到完善体系,说明真正自成体系且全面有效的思想转折,不可能一蹴而就,需要许多代人长期坚持不懈的努力,必须有心之士继起踵接,怀抱共同理念,不断探索前行。韩愈是自觉的先行者,朱熹则是集大成。没有先知先觉者的醒悟,就没有明确的方向和可行的道路。没有不世出的贤哲之士的苦心孤诣,也就没有后来八百年思想文化的一以贯之,没有中国文化的既推陈出新又一脉相承。

其二,韩愈时已经是天竺为体,华夏为用,并以此奠定后来宋代新儒学的基础,则理学可以说是外体中用。今人常常引1961年吴宓所记:"寅恪兄之思想及主张毫未改变,即仍遵守昔年'中学为体,西学为用'。"①并与不今不古之学联系在一起。然而,体用关系不仅是一种主张,也是现实的反映。如果说天竺为体,华夏为用,在韩愈的时代已成普遍情形,那么晚清以降的情况不仅与唐宋类似,而且有过之无不及。在近代西方文化全面侵入的大势所趋之下,不可能继续抱着中体为本不放。断言陈寅恪依然坚持中体西用,只能说是他人的一厢情愿,与陈寅恪的思想并无相通之处。早在20世纪20年代后期,陈寅恪撰写《王观堂先生挽词并序》时就明确宣称:

> 吾中国文化之定义,具于白虎通三纲六纪之说,其意义为抽象理想最高之境,犹希腊柏拉图所谓 Idea 者。若以君臣之纲言之,君为李煜亦期之以刘秀;以朋友之纪言之,友为郦寄亦待之以鲍叔。其所殉之道,与所成之仁,均为抽象理想之通性,而非具体之一人一事。夫纲纪本理想抽象之物,然不能不有所依托,以为具体表现之用;其所依托以表现者,实为有形之社会制度,而经济制度尤其最要者。故所依托者不变易,则依托者亦得因以保存。吾国古来亦尝有悖三纲违六纪无父无君之说,如释迦牟尼外来之教者矣,然佛教流传播衍盛昌于中土,而中土历世遗留纲纪之说,曾不因之以动摇者,其说所依托之社会经济制度未尝根本变迁,故犹能藉之以为寄命之地也。近数十年来,自道光之季,迄乎今日,社会经济之制度,以外族之侵迫,致剧疾之变迁;纲纪之说,无所凭依,不待外来学说之掊击,而

---

① 吴学昭:《吴宓与陈寅恪》,第143页。

已销沈沦丧于不知觉之间;虽有人焉,强聒而力持,亦终归于不可救疗之局。①

这段文字许多人耳熟能详,不过解读大多着重于前半部分,强调纲纪说体现中国文化理想的最高境界。然而综观全文,其主要想表达的意思,却是中国传统文化的纲纪之说,因为与社会经济制度相吻合,有所依托,得以保存,即使遇到外来文化的冲击,也很难根本动摇。可是近代以来,社会经济制度发生剧变,纲纪之说已经销沉沦丧,就算是坚持抱残守缺,也无法救药。显而易见,在陈寅恪看来,随着社会经济制度的变迁,纲纪之说已经无所依附,难以挽回。照此判断,中国绝无可能继续固守中体西用,必须改弦易辙,接续韩愈、朱熹等人的外体中用取径,再次将中外学说调和贯彻,才有可能为中国文化开辟新路,创造生机。至于如何调和贯彻,陈寅恪总结历史上中国思想文化发展进程得出的基本原则是:

> 中国自今日以后,即使能忠实输入北美或东欧之思想,其结局当亦等于玄奘唯识之学,在吾国思想史上,既不能居最高之地位,且亦终归于歇绝者。其真能于思想上自成系统,有所创获者,必须一方面吸收输入外来之学说,一方面不忘本来民族之地位。此二种相反而适相成之态度,乃道教之真精神,新儒家之旧途径,而二千年吾民族与他民族思想接触史之所昭示者也。②

这段话出自陈寅恪所写《冯友兰中国哲学史下册审查报告》,人们同样耳熟能详,可是解读起来却是意见纷呈。尤其是吸收外来学说可以到什么程度,不忘本来民族地位又如何体现,见仁见智。从前引陈寅恪《论韩愈》一文可见,中古思想充分吸收外来异教学说,已经达到天竺为体,华夏为用的程度,也就是儒表佛里,所谓中体西用,远不足以范围陈寅恪的文化取向。不过,道教和新儒家并不因此就大张旗鼓地公然主张全盘外化,而是仍然坚持取珠还椟,以免数典忘祖。具体情形是:

> 六朝以后之道教,包罗至广,演变至繁,不似儒教之偏重政治社会制

---

① 陈寅恪:《王观堂先生挽词并序》,陈美延编:《陈寅恪集·诗集 附唐篔诗存》,生活·读书·新知三联书店 2001 年版,第 12—13 页。

② 陈寅恪:《冯友兰〈中国哲学史〉下册审查报告》,陈美延编:《陈寅恪集·金明馆丛稿二编》,第 284—285 页。

度,故思想上尤易融贯吸收。凡新儒家之学说,几无不有道教,或与道教有关之佛教为之先导。……至道教对输入之思想,如佛教摩尼教等,无不尽量吸收,然仍不忘其本来民族之地位。既融成一家之说以后,则坚持夷夏之论,以排斥外来之教义。此种思想上之态度,自六朝时亦已如此。虽似相反,而实足以相成。从来新儒家即继承此种遗业而能大成者。①

也就是说,尽管实质上已经外体中用,但形式上一是不能丧失自信,挖掘祖坟,自我否定;二是不能公然用夷变夏,数典忘祖;三是融贯吸收应当以我为主,形成系统之后还须排斥外来教条。在传统的社会经济制度已经解体的近代,坚持中国文化的特性更加重要。其理据陈寅恪早有一番意味深长的说道,值得国人认真揣摩,他说:

然惟中国人之重实用也,故不拘泥于宗教之末节,而遵守"攻乎异端,斯害也已"之训,任儒、佛、回、蒙、藏诸教之并行,而大度宽容tolerance,不加束缚,不事排挤。故从无有如欧洲以宗教牵入政治,千余年来,虐杀教徒,残毒倾挤,甚至血战百年不息,涂炭生灵。至于今日,各教各派,仍互相仇视,几欲尽铲除异己者而后快。此与中国人之素习适反。今夫耶教不祀祖,又诸多行事,均与中国之礼俗文化相悖,耶教若专行于中国,则中国立国之精神亡。且他教尽可容耶教,而耶教(尤以基督新教为甚)决不能容他教(谓佛、回、道及儒,儒虽非教,然此处之意,谓凡不入耶教之人,耶教皆不容之,不问其信教与否耳)。必至牵入政治,则中国之统一愈难,而召亡愈速。此至可虑之事。②

坚持不忘本来民族之地位,从中国方面讲,非如此则立国精神消亡,舍己从人,国将不国,而且中国从来大度宽容,允许各方并立共存,所以能够统一持久。从以基督教为底色的西方文化着眼,按照陈寅恪的看法,源自一神论的一元化观念,具有极强的独占性、排他性和侵略性,不能容忍异己,无论是否信仰其他宗教,只要不信基督教,都一概不能接纳。由这样的宗教观念主导的世俗文化,无论其自我塑造成怎样的"文明",或是用"文明"来包装和展示,本质上

---

① 陈寅恪:《冯友兰〈中国哲学史〉下册审查报告》,陈美延编:《陈寅恪集·金明馆丛稿二编》,第282—285页。

② 吴宓著,吴学昭整理注释:《吴宓日记》第二册,第103—104页。

都是以排斥异端的丛林法则为基架。所谓普适性,实为必须强制塞进其一元架构之内。高高在上时或许道貌岸然,虚饰伪善,一旦与生俱来的恐惧主义外溢,就会显出本性难移。

在西风压倒东风的时代,陈寅恪往往在不经意间通过深入洞察揭破国人对欧美社会文化各种现象的迷信崇拜,令同辈人如当头棒喝,醍醐灌顶。而缺乏包容性,对于多元化的人类社会而言,显然不会是理想的选择,尤其不适合作为普遍的标杆。因此,无论从中国还是从世界的角度看,不忘本来民族之地位,不仅为中国的图存振兴所必需,也是全人类的未来发展所不可或缺。百年过去,前贤在西化风靡之下作出的预判,的确是深刻透彻而且高瞻远瞩,令人感叹其洞察之切和先见之明。只要放弃以西为新为准的偏见成见,则陈寅恪的文化守成显然不能用抱残守缺的保守主义来加以涵盖。

韩愈到朱熹的时代,已经是天竺为体,两人不约而同地先后坚持取珠还椟,名为阐明古学,实则吸收异教,相反相成,使抽象的心性与具体的政治社会组织融会无碍,谈心说性与济世安民相得益彰。返归群经、接续正统与崇尚三代,都是为了获得吸收异教的正当性。晚清以来中国所面临的情势,远过于韩愈、朱熹的唐宋时期,在欧风美雨的强力冲击之下,中国早已是西学为体。面对大变局,陈寅恪眼底心中尽力吸收外来学说的底线,显然并非如吴宓所判断的,仍然坚持中学为体,西学为用。陈寅恪对天竺为体华夏为用的韩愈以及延续韩愈取向的朱熹高度肯定,表明他不仅可以承认西学为体的事实,更希望尽力吸收外来学说以增强中国文化的生命力。只是他绝不赞成挖祖坟和对自家传统文化弃如敝履的态度,坚决反对数典忘祖,因为无论外来学说如何高明,如果不能内化为自有,与中学融汇无间,在中国都无法占据最高地位且长久持续。所以决不能不加分别地公然鼓吹全盘外化,融成一家之说以后,仍要坚持夷夏之论,排斥外来教义,彰显民族本来地位。

二、尽力吸收与不忘本来

如何遵循道教之真精神和新儒家之旧途径来解决中外文化兼收并蓄的两

难,近代中国人早就筚路蓝缕,别开生面。康有为创生新学,名义上要做素王,其实是希望再现朱熹的事业;本位文化论与新儒家的文化守成,同样是面向未来和全人类;冯友兰的新理学,则是想具体实践陈寅恪的愿景。全盘西化论者在输入新知一面,也是尽力吸收外来学说的体现;而多数有识之士则意识到,输入新知必须与中国的具体实际相结合,不能脱离中国文化的根本。不过,上述种种努力,遭遇无法绕过的三大难题,如何克服,往往左右摇摆,在没有得到最终解决之前,只能不断探索前行。这三大难题是:

首先,纲纪崩溃后如何建构全方位适用的民族文化新体系。据陈寅恪的《王观堂先生挽词并序》所说,具于白虎通三纲六纪之说的中国文化定义的抽象理想最高境界,要依托有形的社会经济制度以为具体表现之用。而道光以后,社会经济制度在外族侵迫下发生剧变,纲纪之说,无所凭依,已经无可救药。即便有人想要挽狂澜于既倒,"强聒而力持",也无力回天。在传统文化失去依托的情况下,不忘本来民族的本究竟何在?还能否像韩愈、朱熹等人那样,在尽力吸收外来学说的基础上,从孔孟儒学乃至群经那里找出必需的思想要素及其文本(如四书),与西学融会贯通,构建出一整套供当今乃至未来相当长的时期里国人、国家安身立命的思想和制度体系,进而向世界展示其普遍价值?如果能够,应该如何寻找,如何建构?这显然是比韩愈和朱熹的时代更为复杂艰巨的事情。

在一元化的现代化体系架构中,追赶阶段的取向主要是如何才能由落后的我变成先进的他者,一旦进入超越阶段,能否先进不再成为问题,则将转而思考我何以为我。"何以"的问题,既有特定的内核,也包括以什么为表征,此前的努力是要与人一致,如今却旨在显示为何会与众不同。如果说天竺为体华夏为用建构而成的体系是儒表释里,那么今天要建构的体系是否为儒表西里。或者说,西里已经显而易见,不言而喻,至于儒是否仍然可以为表为用,恐怕不无争议。在晚清以来相当长的时期里,儒都是作为中国落后的原因而予以彻底批判,认为儒家学说或以儒家学说为代表的中国传统文化,连抵御外来侵略的作用都起不到,如何能够让国家民族振兴崛起?况且,其所依托的有形社会经济制度已经崩溃,作为传统文化最高境界的纲纪之说皮之不存毛将焉附,泥菩萨过河自身难保,怎么可能使整个国家民族振衰起敝?经与经学地位的动摇,使得与古代儒家经典相关联的不忘民族本来地位,难免会引起普遍疑惑。不过,儒家学说又体现了中国文化重伦理的特色,并落实于秦汉以后的社会制度之中,完全脱离则本来民族之本不复存在。如何消除两难,与外来学说相辅相成,相得益彰,既适合中国当下,又面向世界未来,使得中国文化发扬光大,考验着今后几代中国人的智慧与毅力。

其次,如何才能超越唯重实用的文化局限。讲究天理人事的精神学问,应该是精深博奥,能够亘万古横九垓而不变,凡时凡地,均可用之,才能成为救国经世的根基。这对于思维方式唯重实用、不究虚理的中国人而言至关重要,却极为困难。因为按照陈寅恪一百年前的预言,中国人成为世界的富商,并非难事。但是中国人要以学问、美术等造诣胜人,则成败难料。而只有做到这一层,才能形成强劲的文化凝聚力和辐射力。历史上周边国家受中国的影响,主要就是唐宋以来。迄今为止,历史的进程大体印证了陈寅恪的预言,中国要想长治久安,长期保持繁荣昌盛,甚至引领人类社会,能否成功建构一套实质崭新而看似仍旧的思想、价值和制度体系,不仅使自身在稳定的基础上保持活跃,同时具有广泛的示范效应,可以说是生死攸关的头等大事。

问题在于,经学本身就存在时空局限,因而在其主导中国文化的时代,每当国家民族面临生死存亡之际,也常常遭受广泛质疑,而人们质疑的重要理据,恰是指其空疏无用,因而不断寻求有用于时的实学。如清初认定明亡的重要原因是心学的空疏,逐渐代之以实学即程朱理学,后来又以汉学为实学。而晚清遭遇西方列强的侵入,以乾嘉汉学为代表的实学同样不能应对,于是又被指为无用之学,转向因应时局的经世之学,乃至以西学为圭臬。由于思维方式的制约,历朝历代始终在趋时又不断过时的循环往复之中,无法超越实用以确定民族精神的根本,只是抑扬取舍还在经学的范围之内,不致引起根本动摇。近代以来,则以本位文化为无用,索性越出中学,弃如敝屣,改弦易辙,大张旗鼓地输入西学东学。对于中国文化的特有究竟何在,哪些应该坚守,如何坚守,域外学人固然大惑不解,禹内的种种说辞也难得要领。而要想改变全民族由来已久、与文化传统相吻合的思维方式,决非轻而易举。

最后,怎样重新整合学术与政治,使之相辅相成。经学时代,讲究通经致用,治经从来不是为学问而学问的纯粹书生之事。到了经学史的时代,受西洋学术外在追求的影响,以为学术应该脱离政治与社会立场,追求价值中立,学术与政治分离成为趋向,以致形成难以跨越的鸿沟。一方面,经学失去了所依托的社会经济制度,尤其是皇权帝制寿终正寝,经学变成纯粹的博物馆式的学问,仅供专门人士研究,不再具有往日的社会政治功能。多数相关研究的取向,深究经学史上的学术问题,名为经学研究,严格说来,与经学时代的经学相去甚远,而且还会越来越远,甚至基本脱离了经学的范畴。另一方面,经学分别寄生于哲学史、文献学、思想史等现在学术分科的架构之下,变成各自学问的一部分,名义上仍然是经学,实际上因为晚到,不得不舍己从人,变成各个分科之学的附属。所谈的经学,与经学时代的经学名同实异,各个分支之间也大异其趣,以致不同分科的研究相同问题者很难彼此对话。一些由经学衍生出来附庸蔚为大国的分支,全然忘却了自己的渊源由来,根本不知所讲学问与经学有什么关联。

如果陈寅恪所论唐宋新儒家是受佛教以及佛教影响的道教性理之说的启发,然后上溯先秦心性之说属实,则理学实际上是儒表佛里,所以周予同关于理学实非经学的推断已经呼之欲出。朱熹等人编制道统,旨在建构自己的正统性,名正言顺地成为接续儒学的正宗传人。而其疑古辨伪,则是要动摇之前汉唐经师的正统地位,以便取而代之。正因为经学本来就存在各种自相矛盾,其实很难定于一尊,才给了吸收异教的理学以可乘之机。理学家一方面疑古辨伪,另一方面不断扩经,二者相反相成,目的都是先搅浑池水,再浑水摸鱼。否则,水至清则无鱼,理学很难乘虚而入,趁势而起。换言之,疑古辨伪首先要破除汉唐经师的权威,以便扩充经书,借解释经典加入私货。如此办法,的确出于取珠还椟的苦心孤诣,并且达到预期目的,取得极佳效果。来者不察,落入迷局,反复追究各种异同,不知不觉变成以外来观念梳理细节,重估义理,使得所谓经学研究变成纯粹书斋里的掉书袋,反而忽略了经学和理学济世安民的初衷。尽管时下自称研究经学者大多不满于周予同关于经学史取代经学的论断,其所作所为却的确验证了周予同的论断所言不虚。而且经学史时代的所谓经学研究,其实已被肢解成为各种西式分科之学,与经学渐行渐远了。

唐宋诸儒的苦心孤诣,值得深入探究,并且揣摩仿效。需要着重领悟的有下列几点:其一,重构中国文化的体系,既不能全盘外化,亦不可乞求亡灵,而是如同文艺复兴,以复古为创新。因此,不能食洋不化,不可一味泥古。其二,应当追仿天竺为体,华夏为用的道教之真精神和新儒家之旧途径,承继调适戊戌以来西学为体,中学为用的新学,尽力吸收外来学说与不忘本来民族地位相辅相成,消除绝对与片面,既要补偏救弊,又要防止用夷变夏,取珠还椟,避名居实。其三,要在融汇中外文化的基础上形成中国思想的最高地位,而不是单纯作为学术问题。详究渊源流变的所以然,目的主要不在契合于古,而在适用于今。只是有用于时不是趋时也容易过时的短期考量,而要努力存之久远。其四,六经为象征,而非实指。在皇朝体制已成过去、经学退隐的局势下,既要破除儒经的一尊地位,又不能忽视儒学的统驭作用,目光不能仅仅局限于后世独尊的儒经,而要放眼当时并起的群经。

概言之,就是用经学史的观念与方法研究群经,用理学家的态度和办法重构中国文化的新形态。前者不局限于经学,后者不拘泥于经典。不局限于经学,可以放眼群经,博采众长;不拘泥于经典,才能沟通古今,融会中外。应当学习宋儒的取法,既要疑古辨伪,还历代为历代,又要讲究义理,适合当下,启迪来者。也就是说,以复古为创新,不仅要竭力重现过往,更重要的是面向现实和未来。研究经与经学历史的目的,在于创造现在,继往开来。因此,不必完全合乎古,但是不能脱离中国悖于传统;必须基本适于今,但不能仅仅有用于一时,应为千秋万代的长远之计。

更为重要的是,外体中用且能够在中国思想史上居最高地位,不仅关乎中国的长治久安,而且与人类社会的发展息息相关。尽管近代以来数百年间欧美处于世界的顶端,其与生俱来、根深蒂固的独占排他性无法消解,所谓"他教尽可容耶教,而耶教(尤以基督新教为甚)决不能容他教",是指佛、回、道以及并非宗教的儒都能够容纳耶教,而耶教则不然,凡不入耶教之人,耶教皆不能包容,不问其信教与否。如果陈寅恪所言不虚,以基督教为底色的欧洲文明,其先进性很难作为人类共同的文明模式,而排他性却造成无数的冲突和混乱。这样的文明形态及其衍生出来的制度文化,固然有其推动人类社会进步的重要历史作用,却不可能成为人类历史的极则,应该也必然会由更具兼容性的文明所取代。而华夏文明是为数不多的重要选项。在充分吸收兼容人类各种文明精华的基础上,本色鲜明的崭新中华文明势将成为人类社会走向更高阶段的共同财富。

这样的目标显然不可能一蹴而就,在既有的社会经济制度延续运行的情况下,从韩愈到朱熹还要历时三四百年,才能修成正果。时至今日,这样的努力更是难上加难。百余年来,在以中西为古今新旧的大背景下,经学理学往往与专制守旧相关联,尊孔读经的主张和行事,每每被指为拉车向后,倒行逆施,以致经学只能在体制外或以其他分科的形式存在和发生作用。如果以戊戌新学为起始,时间已经过去百余年,迄今为止,方向已经大体明确(虽然不免争议),成效已经初步显现。不过,整体而言,相比于理学的格致正诚修齐治平那一套内圣外王的架构,普遍长久适用且相互支撑的系统性仍然明显不足。以中古新儒学转化的时间进程为度,或许还要经过若干代人数百年的不懈努力,才能得偿所愿。

为了攻克这一关乎国运长盛不衰、登顶之后能够长驻巅峰的难关,必须聚集具有自觉超越意识和天赋异禀的读书种子,潜心揣摩,追仿前贤,即使不能为朱熹,也要有争当韩愈的抱负,把握重要的机缘。而聚集的形式多样,工作坊为其一。经学与经学史工作坊的集众模式阶段性地将参与者的目光集中到不同的主题之上,由此循序渐进地推进相关问题的研究,逐渐清晰化前进的方向和目标,并且吸引更多的有心之士关注于此,相互砥砺。一方面,要努力懂得经、经学与经学史,不以分科之学的观念看待裁量。经学与群经及经学史,不能一概而论,也很难截然分开。当年钱玄同针对提倡读经之举,宣称经不是要不要读的问题,而是配不配读的问题。周予同针对不断有人侈谈经学,多次明确表示,研究经学,第一步要懂得经学,第二步才是研究经学。"没有第一阶段的学问基础而妄想做第二阶段的学问工作,结果,只有将自己变成为学问界的陋儒、妄人或丑角而已。"[1]在经学退隐百年之后,不懂而妄谈,势将重蹈"不配"的覆辙。因此,学术性的经、经学与经学史研究,尤为重要的是,努力弄清彼此的联系及分别,并与其他相关学科清晰分界,不以分科的研究经典为经学研究,也不以经学史的研究等同于经学。此外,由于经与经学往往涉及派

---

[1] 周予同:《怎样研究经学》,朱维铮编:《周予同经学史论著选集》(增订本),上海人民出版社1996年版,第627页。原载《出版周刊》新195、196期,1936年8月22、29日。

分,既要把握经学派分的发生衍化,又不可在派分的架构下论述经学及其历史,力求既有系统又不涉附会。

另一方面,文化重构的实践性极强,中国文化的演变与中国革命的传统高度吻合,告诉来者,富强只是民族复兴的初步,自今以后,必须秉持道教的真精神,循着新儒家的旧途径,承继两千年中华民族与他民族思想接触史所昭示的相反而适相成的态度,一方面吸收输入外来之学说,一方面不忘本来民族之地位,真正于思想上自成系统,有所创获。唯有如此,中国文化才能历久弥新,永远发扬光大,长久屹立于世界文化之林。就此而论,依然任重而道远,必须高度自觉,坚韧努力,持之以恒,以期大成。

厘清经、经学与经学史的联系及分别,是认识经学之于今日中国乃至人类未来命运的关键所在。而在王朝制度崩溃之后,如何承继道教的真精神和新儒家的旧途径,吸收输入外来学说与不忘本来民族地位相辅相成,借鉴韩愈到朱熹构建天竺为体华夏为用的新儒学的取径做法,延续近代国人融合中外创建新学的努力,构建西学为体中华为用、能够亘万古横九垓而不变、凡时凡地均可用之的天理人事之学,作为中国长治久安和屹立世界巅峰保障的崭新文化,是研究的要旨和用力的方向。这也是陈寅恪的民族文化史研究为中国文化复兴揭示的重要路径。

理学与经学的关联及分别

理学与经学究竟是何种关系,乍看似乎不言而喻,研究理学史的论著,基本不讨论这一问题。有的理学史,从先秦写起,仿佛理学古已有之,一脉相承。着重探究宋明理学的,也很少专门讨论这一问题,不知是未曾注意到这仍是一个有待解决的问题,抑或主观上认为不言自明,并非一个值得认真探究辨析的问题。

其实,理学与经学的关系,是一个曾经聚讼纷纭,现在依然悬而未决的大问题。其症结在于,理学到底是不是经学,或者说,理学怎样才能归入(或剥离)经学的范畴。如果是,理学是经学的一般形态还是一种特殊形态,如果不是,应该怎样理解二者的联系及分别。解决问题的关键,在于弄清楚历史上理学何以,以及如何代经学而兴,成为新儒学。然而,正是在这一关键环节上,学界诸家存在难以调解的严重分歧,争议一直延续,导致近真的努力陷入僵局,迄今为止,仍然只能各执一端。

关于此事,撰写《求其是与求其古:傅斯年〈性命古训辨证〉的方法启示》、①《民国学人宋代研究的取向及纠结》②等文时,已经从不同角度有所论列。值此再专就理学与经学的关系进一步深入探究,希望引起相关研究者的重视,以期破解这一世纪悬案。

一、理学渊源及其属性

关于理学缘起的纷争,因缘于 1932 年至 1933 年间陈寅恪对冯友兰《中国

---

① 桑兵:《求其是与求其古:傅斯年〈性命古训辨证〉的方法启示》,《中国文化》第 29 期,2009 年春季号,第 138—149 页。
② 桑兵:《民国学人宋代研究的取向及纠结》,《近代史研究》2011 年第 6 期,第 52—74 页。

哲学史》下册作出审查意见，认为该书"取西洋哲学观念，以阐明紫阳之学"，虽"宜其成系统而多新解"，可是完全用域外系统条理本国材料，未必可以解开新儒家渊源的诸多未发之覆，于是提出："中国自秦以后，迄于近日，其思想之演变历程，至繁至久。要之，只为一大事因缘，即新儒学之产生，及其传衍而已。"自晋至今的中国思想，可以儒释道三教之说为代表。中国是伦理社会，历来重视人伦关系以及相关的制度法律，而不重形而上的玄想。宋明以来的虚玄冥想，主要是来自道教以及道教所参酌的外来佛教。其较为详细的论述是：

> 凡新儒家之学说，几无不有道教，或与道教有关之佛教为之先导。如天台宗者，佛教宗派中道教意义最富之一宗也。（其创造者慧思所作誓愿文，最足表现其思想。至于北宋真宗时，日本传来之大乘止观法门一书，乃依据大乘起信论者，恐系华严宗盛后，天台宗伪讬南岳而作。故此书只可认为天台宗后来受华严宗影响之史料，而不能据以论南岳之思想也）其宗徒梁敬之与李习之关系，实启新儒家开创之动机。北宋之智圆提倡中庸，甚至以僧徒而号中庸子，并自为传以述其义（孤山闲居编）。其年代尤在司马君实作中庸广义之前，（孤山卒于宋真宗乾兴元年，年四十七。）似亦于宋代新儒家为先觉。二者之间，其关系如何，且不详论。然举此一例，已足见新儒家产生之问题，尤有未发之覆在也。①

在陈寅恪看来，中国自秦以来思想演变的历程，主要脉络就是新儒学的产生及其传衍。本来儒家学说的影响最深最巨在于制度法律公私生活等方面，至于学说思想，则反而不如佛道二教。六朝以后，道教思想上便于融贯吸收各种外来新说，并影响其他，所以新儒家的学说，几乎都有道教或与道教有关的佛教为先导。道教一方面尽量吸收输入之思想，另一方面不忘本来民族之地位，融成一家之说后，坚持以夷夏之论排斥外来教义。新儒家能够大成，就是因为继承了这种相反相成的遗业。据此，新儒家的思想学说其实是尽量吸收输入的佛教思想后，再取珠述椟，以夷夏之论排斥外来教义。

----

① 陈寅恪：《冯友兰〈中国哲学史〉下册审查报告》，陈美延编：《陈寅恪集·金明馆丛稿二编》，第282—285页。

陈寅恪的看法,并非灵光一现的议论,或是为提出意见而强作解人,早在留美期间,这一认识就已经酝酿成熟,并对吴宓详细解释。他认为,中国本来缺少精粹学说,佛教则于性理之学独有深造,深通佛教的程朱等宋儒,一方面喜其义理的高明详尽,足以补救中国思想没有抽象学说的缺失;另一方面又担心援佛释儒导致用夷变夏,因而采用佛理的精粹注解四书五经,名为阐明古学,实则吸收异教,声言尊孔辟佛,其实是将佛之义理与儒教宗传浸染混合。如此,既能吸收外教,充实提升中国思想,又与中国的风俗习惯相契合,防止用夷变夏,从而达到爱国济世的目的。

按照陈寅恪的看法,要究明宋儒的心性之学,必须了解汉魏以来佛教性理之学由道教吸收融合对中国思想产生的深远影响。宋代的思想学说能力大幅提升,重要原因是融汇了佛教的性理之学。而佛教的性理之学不易为占据主导地位、偏重政治社会制度的儒家所吸收,六朝以后,思想上易于融贯吸收外来学说的道教,居间起到了沟通联系的融合剂作用。新儒家继承道教对待中外思想的取径做法,使得吸收外教与爱国济世相反相成,一举解决了思想缺失与有碍国情的两难,取得大成。所以朱熹在中国,犹如西洋中世纪的意大利神学家兼哲学家托马斯·阿奎那斯(Thomas Aquinas),其功至不可没。①

据此,新儒家是在通过道教尽量吸收输入的域外学说思想之后,再以夷夏之论排斥外来教义。这一吸收影响的历史因为宋儒避名居实、取珠还椟的苦心孤诣,变得模糊不清,难以捉摸。宋儒所谓依据孔孟,本系拉大旗之举,并非真的是上承道统。换言之,宋儒刻意建立道统,目的正是为了将自己吸收外教的言行正统化。

民国及以前,国人多认为宋儒义理学说渊源于唐,至于因缘儒经还是佛典,以及何者为体,何者为用,则分歧严重。一般而言,历来学人都不否认理学受佛教道教的影响,分别在于如何影响以及影响了什么。如吕思勉的《理学纲要》,是依据自己1926年在上海沪江大学讲《中国哲学史》时所手编讲义略加修改而成书,认为"理学者,佛学之反动,而亦兼采佛学之长,以调和中国之旧哲学与佛学者也。"作者站在哲学的立场谈理学之原,基本的判断是:"中国

---

①　吴宓著,吴学昭整理注释:《吴宓日记》第二册,第103页。

古代之哲学,乃理学家之所取材也,佛教之哲学,则或为其所反对,或为其所摄取者也。"①这样的看法,为同时期理学史撰写的主流,虽然承认佛学和道教的渗透,但无论如何,几乎没有如陈寅恪所说,已经到了儒表佛里的程度,所以审查报告引发一些成名学人重新探讨和争论新儒学渊源的兴致。

冯友兰是主要当事人,自然不可能不注意到陈寅恪的说法与自己的著作立意别。早在1932年5月,他就在《清华周刊》第37卷第9、第10期合刊上发表论文《韩愈李翱在中国哲学史中之地位》,指韩愈极推尊孟子,以为得孔子正传,因缘孟子提出心性之学,由《大学》提出"道"与"道统"说;李翱则由《中庸》和《易辞》讲"性命之道",于是认为"宋明新儒家之学之基础与轮廓,韩愈、李翱已为之确定"。韩愈谈心性,是因为孟子之学本有神秘主义倾向,"认为可与佛学中所讨论,当时人所认为有兴趣之问题,作相当之解答,故于儒家典籍中,求与当时人所认为有兴趣之问题有关之书,《孟子》一书,实其选也"。同样,李翱讲性命之书,也是因为当时人普遍关心如何成佛,欲从儒家典籍中寻求解答,使人以中国的方法成中国的佛。② 照冯友兰的看法,汉以后中国思想的变化都发生在经学系统之内,是经学自身的变化,动因与外缘无涉。关于新儒学的来源,冯友兰虽然将儒学、佛学和道教三者并列,却把儒家思想放在首位,认为佛道的影响作用,只是在借助儒经以成佛方面。虽然他肯定韩愈和李翱确定了新儒学的基础与轮廓,可是具体确定了什么,如何确定,却与后来陈寅恪所说大相径庭。

同校教书,又共同关注相关问题的陈寅恪,应该看过冯友兰之前发表的文章,只是审查意见着重于评议关于紫阳之学的新解,并未详细论述六朝至唐这一大事因缘的具体情形。尽管如此,陈寅恪还是指出佛教传入,以唐代为盛,佛教宗派中最富道教意义的天台宗,其宗徒李翱等,"实启新儒家开创之动机"。所以"新儒家产生之问题,尤有未发之覆在也"。如果陈寅恪先前的确看过冯友兰的文章,则这一意见很可能已经包含对冯文主旨的异议。

---

① 吕思勉:《理学纲要》,《民国丛书》第二编,上海书店1990年版,第3、24页。
② 冯友兰:《三松堂全集》第11卷,河南人民出版社2000年版,第252—254页。

冯友兰没有直接回应陈寅恪的意见,陈寅恪当然也就没有继续就此问题展开讨论。倒是傅斯年后来牵连进来,引发了傅与陈两人之间持续的议驳。傅斯年卷入战团,起初确是误打误撞。1936年夏,他开始撰写《性命古训辨证》,1938年交付出版社。该书绪篇探究先秦以来心性之学的源流演变,虽然注意到各时代诸说的异同,还是循着儒家思想自我演化的内在理路,形式上求其古,从发生演化顺下来,观念层面却暗藏着依照宋儒的自我塑造倒上去的潜在危险,或者说与宋儒的自我塑造相当合拍。

书稿写成后,傅斯年在一定范围内征求过意见,直接研究相关问题的冯友兰自然不会被忽略。两人专门见面交换过意见后,[①]傅斯年开始注意到陈寅恪关于新儒学渊源的看法,于是专门写了《论李习之在儒家性论发展中之地位》一文,发表于1943年1月《读书通讯》第57期,并作为《性命古训辨证》一书的附录。文章实际上是针对陈寅恪之说表达不同意见,认为李翱并不是借由佛教的性理之学开启新儒学,而是因为重新发现了上古的心学和汉儒的性情善恶二元说。这与陈寅恪所说宋儒义理源于道教吸收、融贯佛教性理之学的看法适相反对。[②]傅斯年断言李翱学说与禅无关、于儒有本,字面是批评清代汉学家,其实主要是针对陈寅恪关于新儒学渊源的论断。

傅斯年的基本观点是,古代儒家原有心学一派,李翱只是认出古代心学之所在,杂禅程度较浅,并未变换儒家思想而为禅学。心性说非但不如宋儒及清代朴学家所以为的来自佛教的性理之学,反而是释家受儒家的影响更多。影响李翱的时代因素,应取较为接近的汉儒二元论,外来部分则受祆教、景教、摩尼影响的可能性大于佛教。此说如果成立,陈寅恪的避名居实、取珠还椟说就成为无稽之谈。因为新儒家并不是通过道教吸收禅学,而是直接上溯先秦儒家的心学和汉儒的性情二元说,并转而影响佛教。

问题在于,宋代新儒家及其唐代先行者,究竟是如陈寅恪所说,先受到佛教道教性理之说的影响,再上溯先秦两汉儒学的心性说,以外书比附内典,融

---

① 王汎森、杜正胜主编:《傅斯年文物资料选辑》,傅斯年先生百龄纪念筹备会1995年印行,第107页。

② 傅斯年:《论李习之在儒家性论发展中之地位》,欧阳哲生主编:《傅斯年全集》第二卷,湖南教育出版社2003年版,第664—666页。

成新儒学,然后据以辟佛;还是如傅斯年所论,鉴于时代风气人伦道丧,先从先秦儒学中认出心学一派,形成理学,用以抵御佛教。两种观点,截然相反,的确颇费思量。相比之下,傅斯年的说法似乎不难找到直接证据,但也容易落入宋儒故意布置的迷局,因为将义理说成是儒学一脉相承的正统,以免用夷变夏之嫌,恰恰是宋儒希望后人加以认定的结果。而陈寅恪的看法虽然曲折反复,不易获得直接证据,道理上却不无可信。人类历史上,必须借助外力才能突破精神桎梏的情况不止一端,欧洲中世纪思想就要借鉴儒学的天人合一以突破神道一元观念的笼罩。同样,很少抽象思维的唐宋诸儒,如果没有佛道二教流行之下性理之学盛行的时代风尚影响,将内典外书相互比附,大概也很难跳出思想局限,形成深究义理的思维方式。只是陈寅恪的看法不易直接取证,反而傅斯年之说看似信而有征,令一般读者乃至多数学人容易接受傅说,难以理解陈寅恪的曲证别解。史学研究中每每出现实事无实证,而看似有实证其实并非实事的现象,造成诸多困惑,由此可见一斑。

一起加入争论行列的还有熊十力和张东荪,他们意见分歧,各不相下,于是以通信的形式联名发表了一篇《关于宋明理学之性质》,刊载于1936年3月《文哲月刊》第1卷第6期,表达彼此关于新儒学渊源的不同观点。张东荪认为:“宋明儒实取佛家修养方法,而实行儒者入世之道。其内容为孔孟,其方法则系印度。”熊十力表示“于此微有异议”,因为“为学方法,与其学问内容,断无两相歧异之理。向来攻宋明诸师者,皆谓其阳儒阴释,此真横议。吾兄不谓宋明学全出释氏,但谓其方法有采于彼,是其持论,已较前人为公而达矣。”尽管如此,熊十力仍然持有异议,认为:“以孔孟儒学之内容,必不能全用印度佛家方法”,进而反驳道:“夫孔曰求己,曰默识。孟曰反身,曰思诚。宋明儒方法,皆根据于是。虽于佛家禅宗,有所参稽兼摄,要非于孔、孟无所本,而全由葱岭带来也(朱子讥陆象山之学由葱岭带来,今借用其语)。凡一学派之传衍,恒缘时代思潮,而使旧质料有所蜕变,新质料有所参加,此中外所莫不然。宋明之世,佛家禅宗思想已盛行,诸儒不能不受其影响,亦何足怪。实则宋明儒于孔孟之形而上学方面,确属深造自得,而有伟大之成绩,其思想皆自成体系,但散见语录,非深心体玩,则莫之能知耳。……宋明儒本偏于玄学一途,其玄学方法,仍承孔孟,虽有所资于禅,要非纯取之印度。"①两位大体上可以说是各持陈寅恪、傅斯年的态度立场。此外，邓广铭认为韩愈、李翱仍局限于儒家学派本身的领域之内，只是拘守着儒家旧有的思想壁垒，作为反对佛老的基地，而王安石则把释道及诸子百家兼容并取，而仍以儒家的学说义理为本位，所以王安石才是宋学的开山。② 无论如何，新儒家的本宗还是儒学的义理，而非佛老的教义。

如果说傅斯年与陈寅恪意见不合实属无心，蒙文通就显然是有意与陈寅恪的宋代新儒学渊源说立异。他看过陈寅恪的冯友兰《中国哲学史》下册审查报告，并听陈谈过关于经学和宋代史学的看法后，从 1935 年起，陆续撰文讨论"由唐人论著中考论宋学之渊源"③。其基本看法是："唐自中叶以后，……由天竺全盛之势力而力反求中国固有之文明，以究儒者之形而上学，此文化中一大关键也。"④承认天竺影响的压力，看似与陈寅恪的看法有相通之处，不过其重点在于发现晚唐一批"异儒"借助诸子学以探求经学，由讲究心性义理而尊儒，佛老之焰因此而衰，并开启宋学的先河。他一面强调异儒借由诸子直探经学，一面肯定秦汉至明清中国始终处于经学一脉相承的统治之下，佛道的作用只是消极的反面。这等于变相支持傅斯年的观点。⑤ 越到后来，蒙文通越是少谈佛道的影响，而强调"异儒"的作用，凸显诸子学的复兴。⑥

由此可见，在宋代新儒家思想渊源与儒释道关系的大事因缘问题上，民国学人虽然大多注意到来自天竺的佛教大盛对于中土的影响，却罕有人认可陈

---

① 熊十力、张东荪：《关于宋明理学之性质》，《文哲月刊》第 1 卷第 6 期，1936 年 3 月，第 1—2 页。

② 邓广铭：《王安石在北宋儒家学派中的地位——附说理学家的开山祖问题》，《邓广铭治史丛稿》，北京大学出版社 1997 年版，第 177—192 页。

③ 《四川省立图书馆工作报告表》，1946 年 4 月，四川省档案馆藏，四川省立图书馆档案，109/1。引自张凯："义与制不相遗"：蒙文通与民国学界，中山大学历史系博士学位论文，2009 年，第五节第三节之二"宋学渊源：'内'、'外'之别"。

④ 蒙文通：《文中子》，《益世报·读书周刊》第 9 期，1935 年 8 月 1 日，第 11 版。

⑤ 蒙文通：《论经学遗稿三篇·丙篇》，《经学抉原》，世纪出版集团、上海人民出版社 2006 年版，第 209 页。

⑥ 蒙文通：《中国历代农产量的扩大和赋役制度及学术思想的演变（节录）》，《中国史学史》，世纪出版集团、上海人民出版社 2006 年版，第 187—192 页。原载《四川大学学报》1957 年第 2 期，第 98—101 页。

寅恪的看法。钱基博甚至指"侈陈三教会通"是"故为荒唐之言,无端涯之辞。"①除了张东荪主要由学理立论之说近似外,只有汤用彤所说"没有隋唐佛学的特点及其演化,恐怕宋代学术也不会那个样子"②,与陈寅恪的见解较为合拍。

　　面对众多不同意见,陈寅恪并没有像之前清华国文考试出题对对子引发风波那样立即作出强烈回应,反驳各种议论,但也没有放弃自己的看法,因为这一次站在对立面的都是名噪一时的学人,不能说是不学无术之流,其意见必须认真对待。经过较长时间的思考,他于1954年在《历史研究》第2期发表《论韩愈》一文,进一步探究新儒学的渊源,尤其凸显韩愈对新儒学发端的作用及其因缘。他认为,"华夏学术最重传授渊源,盖非此不足以征信于人",两汉经学的传授即如此。"至唐代之新禅宗,特标教外别传之旨,以自矜异,故尤不得不建立一新道统,证明其渊源之所从来,以压倒同时之旧学派"。而"退之自述其道统传授渊源固由孟子卒章所启发,亦从新禅宗所自称者摹袭得来也。"因为韩愈幼时"所居之处为新禅宗之发祥地,复值此新学说宣传极盛之时,以退之幼年颖悟,断不能于此新禅宗学说浓厚之环境气氛中无所接受感发,然则退之道统之说表面上虽由孟子卒章之言所启发,实际上乃因禅宗教外别传之说所造成,禅学于退之之影响亦大矣哉!"韩愈扫除唐代承继南北朝以来的正义义疏繁琐章句之学,直指人伦,同样是受到佛教的影响。南北朝后期及隋唐时僧徒渐染儒生之习,诠释内典,袭用儒家正义义疏之体裁,与天竺诂经之方法殊异,"如禅学及禅宗最有关之三论宗大师吉藏天台宗大师智顗等之著述与贾公彦、孔颖达诸儒之书其体制适相冥会。新禅宗特提出直指人心见性成佛之旨,一扫僧徒繁琐章句之学,摧陷廓清,发聋振聩,固吾国佛教史上一大事也。退之生值其时,又居其地,睹儒家之积弊,效禅侣之先河,直指华夏之特性,扫除贾、孔之繁文,原道一篇中心旨意实在于此"。③

　　综观之前关于儒释道关系争论的来龙去脉,可以看出《论韩愈》一文较陈

　　① 钱基博:《十年来之国学商兑》,《光华大学半月刊》第3卷第9、10期合刊,1935年6月,第110页。所谓"侈陈三教会通",当指陈寅恪的中国思想发展历程大事因缘说。
　　② 汤用彤:《隋唐佛学之特点》,《图书月刊》第3卷第3—4期合刊,1944年5月,第4页。
　　③ 陈寅恪:《论韩愈》,陈美延编:《陈寅恪集·金明馆丛稿初编》,第319—321页。

寅恪之前的说法有两个显著变化或是强化,一是将新儒学的成形由宋代的朱熹提前到唐代的韩愈,更有利于凸显佛教影响的至关重要;二是断言佛教影响已经大到取代经学成为本体,韩愈正是以天竺为体,华夏为用,才能奠定宋代新儒学的基础。这显然是对傅斯年、熊十力、冯友兰、蒙文通等人认为唐宋诸儒祖述孟子心性之学,目的在于辟佛,甚至与禅无关、于儒有本等等说法的正面回应。更为重要的是,天竺为体的论断,表明在陈寅恪看来,后来宋代新儒学的内核其实已经超出儒学的范畴,不过是披上了经学的冠服;而华夏为用并非全盘外化,而是让外来的天竺学说经过改造调整,完全内化,适合华夏的政治社会和民族文化,不再产生用夷变夏的潜在危险。

概括而言,论争双方的主要分歧在于:其一,唐宋诸儒上承道统,声言辟佛,究竟是避名居实,取珠还椟,以免数典忘祖,还是直探经学,反对异教;其二,唐宋诸儒的义理之学,只是受到天竺势力大盛的时代影响(或压力),至多参酌佛禅性理之说,中心根本不出古儒家心学脉络,还是已经天竺为体,华夏为用,即利用儒家心性说谈论佛教性理,以沟通儒释,使得谈心说性与济世安民相反相成;其三,没有佛教以及吸收佛教的道教影响,新儒家有无可能再发现孟子心学,并且发展改造为义理之学。

显然,陈寅恪仍然坚执己见,非但没有因为傅斯年的辩驳而动摇改变,而且更加强化了佛教影响的程度。如果韩愈是受新禅宗的影响才转而正心诚意,其弟子的复性论就很难说是与禅无关、于儒有本。新儒学究竟是唐宋诸儒取珠还椟,还是所自称的古今一贯,或者说,古今心性义理一脉相承是唐宋诸儒苦心孤诣的托词,还是新儒学创制的渊源,禅宗道教的性理之说不过有所影响而非所本,还有待于来者进一步全面梳理,深入探究。

二、理学传衍及其与经学的关系

陈寅恪、傅斯年等人辨析新儒学渊源不动声色的彼此过招,看似并未涉及理学与经学的关系,实则对于认识理学与经学的关系至关重要。如果唐宋诸儒是先受到佛教道教性理之说的影响,再上探先秦两汉的儒学,以外书比附内典,构建新儒学,然后据以辟佛,那么,这样的学说是否仍然属于经学? 如果理学实际上已经逸出经学的范围,应该如何论述理学的历史? 即使认定理学仍然属于经学,也还有在什么条件下,才能说理学还是处于经学的脉络之中的问题,凡此种种,都需要进一步深究,不能作为当然的前提。

后来的理学史,大多循着既有也就是冯友兰、傅斯年等人的路子,如侯外庐等人主编的《宋明理学史》就认为:"宋明理学是在经学、佛学、道教结合的基础上孕育发展起来的。以儒家思想的内容为主,同时也吸收了佛学和道教思想"。① 迄今为止,在这一问题上与陈寅恪的观点最为接近,且应用于辨析经学与理学关系的,当属专门研究经学史的周予同。不仅如此,从经学史的视角,周予同谈佛学与理学的具体关系还更加清晰,更加明确。只不过由于经学本身的内涵外延就相当含混模糊,其心中的想法虽然清晰明确,却很难抽刀断水,完全斩断理学与经学的联系,种种欲言又止的相关论述,反而令人有些难以捉摸。

在周予同看来,佛学影响宋学最久最力,无佛学即无宋学,宋学以儒学为号召,而其所以号召者实为佛学。要言之,宋学者,儒表佛里之学而已。原始儒家留意于修齐治平之道,疲精于礼乐刑政之术,虽间有仁义中和之谈,要不越日常道德之际。宋代理学始进而讨究原理,求垂教之本原于心性,求心性之本原于宇宙。故儒家之特色为实践的、情意的、社会的、伦理的,而理学之特色为玄想的、理智的、个人的、哲学的,二者殊不相同。理学之所以异于儒家,完全是受佛学的刺激影响。佛学玄妙之说,非儒家所企及,后儒欲以儒抗佛,不能不于本体论或形而上学有所说明,不能不借助佛学。故宋明理学之徒,或仅因佛而释儒,或直援佛以入儒,其对于佛学之取舍多寡不同,而受佛学的刺激影响则无二致。儒佛混合,始于晋罗什广译经典,慧远创始莲社,儒释已有混合之机。晋唐名士多通内典,与名僧交好,后者亦援引儒书治佛学。宋代禅宗独盛,临济、沩仰、云门、法眼、曹洞、杨岐、黄龙,五家七宗,枝分派别。理学诸儒与高僧皆有相当的关系。②

---

① 侯外庐、邱汉生、张岂之主编:《宋明理学史》上,人民出版社1984年版,第9页。
② 周予同:《朱熹》,朱维铮编:《周予同经学史论著选集》(增订本),第114—115页。

照此说法,理学能否算是经学,不能不打一个大大的问号。今文经学关于经的定义最为严格,具有今文经学背景的周予同内心从根本上应该是倾向于否定的,只是从经学的定性上(周予同认为经学必须由封建统治者所认定)不能断然排斥,才不得不相当勉强承认理学的经学属性和地位。他认为,印度文化给与中国的,不仅是宗教,包括文学、建筑、雕塑、绘画、音乐、戏剧,尤其是思想方面给宋学以新的刺激与新的题材。宋学派之所以产生,一方面由于训诂末流的反动,一方面实被佛学的本体论所引起。宋学家表面上自称孔孟道统的继承者,实际上所用力不是热情地拯救社会,而是理智地思考本体。孔子偏于伦理、社会、情意,宋学家偏于哲学、个人、理智。"就退一步承认他们是儒家,他们也是受了佛学影响后的'新儒家',而决不是原始的儒家的孔子的继承者。"①既然理学异于儒家,完全是受佛学的刺激影响,宋学实际上是儒表佛里,那么宋学就不是孔孟道统的继承人,即使勉强承认其为儒家,也是骨子里信佛学的新儒家,而不是作为孔子传人的儒家。当然,后来尊宋学者一味思考本体,而创始人的初衷却是拯救社会。

周予同论经学史好以派分进行梳理,他将先秦至民国时期的整个经学历史分成经今文学、经古文学、宋学三派(有时加上民国的新史学派为四派),看似承认宋学在经学史上的地位,实则只是不能不将就历来的观念。他认为,今文学以孔子为政治家,以六经为孔子致治之说,所以偏重于"微言大义",其特色为功利的,而其流弊为狂妄。古文学以孔子为史学家,以六经为孔子整理古代史料之书,所以偏重于"名物训诂",其特色为考证的,而其流弊为烦琐。宋学以孔子为哲学家,以六经为孔子载道之具,所以偏重于心性理气,其特色为玄想的,而其流弊为空疏。因今文学的产生而后中国的社会哲学、政治哲学以明;因经古文学的产生而后中国的文字学、考古学以立;因宋学的产生而后中国的形而上学、伦理学以成。② 所指出的各派分别不无道理,可是拿后来的分科与古代的学术强行接驳,是近代学人好犯的通病,难免似是而非的附会。

具体到南宋理学,周予同又分为朱熹领袖的"归纳派",陆九渊领袖的"演

---

① 周予同:《"汉学"与"宋学"》,朱维铮编:《周予同经学史论著选集》(增订本),第327页。
② 周予同:《经学史与经学之派别》,朱维铮编:《周予同经学史论著选集》(增订本),第94—95页。

绎派",叶适、陈傅良领袖的"批评派",前两派立足于哲学的见解,以理欲心性为论究的对象,而同样借助于经学的解释。元明以来,朱学因为朝廷的提倡,侥幸取得正统地位,演绎派得王守仁生力军的加入,也颇得天才学者们的信仰。两派都假借经学以言理学,结果"尊德性"流于禅释,"道问学"空疏无物。于是元明两代成为经学史上的衰落时期,后来东汉古文学遂乘之复兴。①

周予同对朱学和王学造成经学史上衰落时期的批评,在其著述中反复多次出现,连字句都几乎一模一样,可见这不仅是深思熟虑的结果,而且是他极想向学界和读者传达的重要意思,决不能解读为自我重复,同时也说明重复强调在学术著述当中的必要及不可避免。问题是,如果理学属于经学,或者说理学就是一种形式的经学,那么理学盛经学自然也盛;指理学盛反而导致经学衰,言下之意只能是理学并非经学,至少理学与经学不是一回事。

经学三派说对各派都以经学以外的其他分科来衡量,似乎一视同仁,可是周予同并没有因为今文经学偏向政治古文经学偏向历史就怀疑二者的经学属性,唯独对宋学看法有别,认为经学与哲学性质各异。哲学重个人的理智探索,故怀疑为创新见解之利器,经学则不免趋重于宗教性之因袭的训释,故怀疑的结论每易起无谓之纷扰。朱熹为怀疑派重要人物,经学成绩瑕瑜互见。宋儒皆以经学为哲学工具,故哲学虽可观,经学每多疵类。当经学权威鼎盛之际,以哲学托庇于经学,固有其不得已之苦衷,然其结果,哲学上之立论不免于附会,经学上之训释不免于纷扰。② 南宋的朱陆两派为哲学,陈亮、叶适为史学,"所以,依正统派的见解,宋代只可说有哲学、史学与文学,而没有经学。"元明时朱、王盛,"都是假借经学以言'理学'"。尊德性禅释,道问学空疏,造成宋代的经学衰落。学术界宋学的影响只在怀疑经典,其余谋道统的继承,非愚即诬。③ 这样的判断,显而易见是要将理学排除在经学的范畴之外。

宋学与汉学的最大区别在于讲"四书"。经学无论今古文,都着重经书,今文家的经书严格限定,古文家的经书因时而异。而宋学家不甚注意经

---

① 周予同:《经学史与经学之派别》,朱维铮编:《周予同经学史论著选集》(增订本),第94页。

② 周予同:《朱熹》,朱维铮编:《周予同经学史论著选集》(增订本),第148—150页。

③ 周予同:《群经概论》,朱维铮编:《周予同经学史论著选集》(增订本),第220页。

的定义,所最为推崇的"四书",本来甚至不在经书之列。朱熹的苦衷在于,汉学的"五经"比宋学的"四书"早1300年,可是宋元明四书的权威性却超过五经。为了标举四书的地位,宋儒一方面建构道统,另一方面则要扩经,二者相辅相成。

在建构道统方面,主要是四书内部编秩序。《论语》是孔门弟子记载孔子及其著名弟子的言行;《孟子》是孟子及其弟子记载自己的言行;《中庸》据说是子思写作,汉代已有单行本。而《大学》要与其他三书并列,必须坐实其渊源。魏晋以来,佛教影响渐大,僧侣尊信,士大夫探究,动摇了支配社会的儒教的理论基础。朱熹深通佛教,深切感到仅仅依靠五经,决不能维持儒教的尊严,因其本体论方法论远不及佛教经典博大精微。要维持儒教的支配地位,非针对佛学的本体论与方法论,在旧有经典中另寻新材料、另加新解说不可。于是朱熹注意到学、庸两篇,《中庸》的中,是儒教本体论的核心,《大学》"致知在格物",是儒教方法论的究竟。从致、格、诚、正到修、齐、治、平,是儒家内圣外王的一套理论,从喜怒哀乐未发的"中",到发而皆中节的"和",再到"天地位""万物有"的境界,又是儒教内圣外王的一套理论。用儒教内圣外王的统治哲学与现世哲学打倒佛教的超凡入圣的反统治哲学与出世哲学,《中庸》《大学》确是相当厉害的武器。所以朱熹与孔子一样,被后世君主利用,其思想体系成为统治者的代言。

这样的看法,与陈寅恪的《论韩愈》所说相当近似,只是陈寅恪认为首先发现《大学》的是韩愈而非朱熹。《原道》一篇提出:"古之欲明明德于天下者,先治其国;欲治其国者,先齐其家;欲齐其家者,先修其身;欲修其身者,先正其心;欲正其心者,先诚其意。然则古之所谓正心而诚意者,将以有为也。今也欲治其心,而外天下国家,灭其天常,子焉而不父其父,臣焉而不君其君,民焉而不事其事。"此说与新禅宗的直指人心、见性成佛为中国佛教史上的大事相并列,是中国文化史中最有关系的文字。而韩愈虽然是不世出的人杰,"若不受新禅宗之影响,恐亦不克臻此。"历史上,首先由新禅宗提出直指人心、见性成佛之旨,一扫僧徒烦琐章句之学。韩愈则"生值其时,又居其地,睹儒家之积弊,效禅侣之先河,直指华夏之特性,扫除贾、孔之繁文"。"又观退之寄卢仝诗,则知此种研究经学之方法亦由退之所称奖之同辈中人发其端,与前此经诗著述大意,而开启宋代新儒学家治经之途径者也。"①

《大学》原为经典第三级"记"类《礼记》中的一篇,朱熹要利用《大学》作论争的武器,非先抬高其地位不可。其办法是,将《大学》的内容强分为"经一章"和"传十章",混淆经、传、记;又以主观意见任意移易窜改经典原文;再杜撰作者以利于自己论争。② 为达此目的,朱熹只能撒谎说《大学》是曾子的作品,以便建立道统。朱熹认为,孔子是中国古代唯一的圣人,儒家到战国分为孟、荀两派,而孔子的传人只是孟子,孟子以后,直到北宋二程,才继承道统。道统中孔孟有《论语》《孟子》为代表,孟子的老师据说是孔子的孙子子思,《中庸》据传说是子思的作品,只有《大学》与孔孟关系不密切。于是朱熹根据子思是曾子的弟子的传说,硬说《大学》有经有传,以经一章为曾子述孔子之言,传十章为门人记曾子之意,复颠倒旧次,补缀缺文。③ 这样《大学》在道统上也取得相应的地位。由孔子的《论语》传到曾子的《大学》,再传到子思的《中庸》,最后传到孟子的《孟子》,"四书"由此构成了一套道统理论,从而为宋儒接续道统完成铺垫。

在扩经方面,则是在整个经学之中排系统。朱熹的所谓经学,以"四书"最为详慎,合论孟学庸为"四书",始于朱熹。《论语》汉文帝时曾立博士,《汉书·艺文志》附于六经之末。《孟子》本战国儒家的一个支派,《汉志》以来,向列于子部儒家,与《荀子》并称荀孟。《大学》、《中庸》为《小戴礼记》中的两篇。《中庸》别行,《大学》则向附《戴记》,李唐以前,未有别行之本。宋儒性理之学兴,升《孟子》以配《论语》,出《学》、《庸》以别《戴记》。司马光有《大学广义》、《中庸广义》各一卷,二程详加论说。朱熹承小程之学,以四书为其哲学上之论据,于是殚精竭力,从事训释,成《四书章句集注》19卷,《四书或问》39卷,另有《论孟精义》、《论孟要义》、《学庸详说》。"四书"的次序为《大学》、《论语》、《孟子》、《中庸》,以《大学》为初学入德之门,《中庸》为孔门传

---

① 陈寅恪:《论韩愈》,陈美延编:《陈寅恪集·金明馆丛稿初编》,第 321—322 页。"与前此经诗著述大意",似应为"与前此经师著述大异"。

② 周予同:《〈大学〉和〈礼运〉》,朱维铮编:《周予同经学史论著选集》(增订本),第 406—410 页。

③ 周予同:《朱熹》,朱维铮编:《周予同经学史论著选集》(增订本),第 168—169 页。

心之法,功力有深浅,故次第有先后。①

具体而论,《汉书·艺文志》和《隋书·经籍志》都把《孟子》列入子部儒家。将《孟子》与《论语》并列,始于宋陈振孙的《直斋书录解题》,所谓"自韩文公称孔子传之孟轲,轲死不得其传;天下学者咸曰孔、孟。孟子之书,固非荀、扬以降所可同日语也。今国家设科,《语》、《孟》并列于经,而程氏诸儒训解六书,常相表里,故合为一类。"其实此前已经尊崇孟子,《孟子》升经,始于唐代,完成于宋。宋淳熙间,朱熹以《论语》与《孟子》及学、庸并列,"四书"之名始立。元延祐间,复行科举,四书一名见于功令,《孟子》由子部儒家上跻于经部。从二程表章《孟子》以后,孟子成为儒家哲学的重镇。朱熹撰《孟子集注》、《论孟精义》、《四书或问》,会集宋儒二程等十二家之说,而下以己意,于是朱注《孟子》遂成为元明以来孟子学的中心。②

《大学》是《礼记》中第四十二篇,无单行本,不知作者。北宋司马光著《大学广义》,始单行。程颢移易《大学》章节,成《大学定本》,以《大学》为孔子遗书,"初学入德之门"。由此《大学》在经典研究及儒家哲学研究中的地位开始上升。程颐也移易《大学》章节,另成一种不同的《大学定本》。"改经"之举,最为汉学家反对,有两大毛病,一是强古人以就我,人各一派,经学无法研究;二是经典有宗教性,不能冒犯。"改经"是汉宋治学方法最大不同点之一。二程以后,专门研究《大学》者渐多。朱熹撰《大学章句》、《大学或问》,指明该书由曾子及其门人所作。至此《大学》取得儒教经典的最高地位,但真面目反而更加模糊。③

讲四书要在经学系统里说出所以然,就必须扩张经典。《论语》原来作小学教科书用,虽然重要,毕竟不能与五经相提并论。北宋时强调《论语》代表孔子的思想,南宋更加重视,朱熹的《论语集解》就是代表作。《孟子》则从子部升到经部。北宋二程赞成《孟子》,朱熹的《孟子集注》更是关键著作,标志着宋学的建立,解决了宋学的道统问题。十二经再加上《孟子》,成为十三经。

---

① 周予同:《朱熹》,朱维铮编:《周予同经学史论著选集》(增订本),第168—169页。
② 周予同:《群经概论》,朱维铮编:《周予同经学史论著选集》(增订本),第289—290页。
③ 周予同:《关于中国经学史中的学派问题》,朱维铮编:《周予同经学史论著选集》(增订本),第663—664页。

《学》、《庸》也由单篇的记升格为专经。《记》原是阐述或借题发挥经义的,如经《仪礼》有冠礼、婚礼,《礼记》则有冠义、婚义。传是直接注经的。《大学》讲修齐治平的内圣外王之道,由内而外,从个人到社会,构成一套完整的体系。①

本体研究是宋学唯一的特点,但因为方法论不同,也有发生演变与派分等问题。就本体论而言,朱熹为理气二元论,陆九渊为"心即理论",一切现象均由心生,离心则一切现象不能存在。就人性论说,朱熹分为"本然之性"与"气质之性",陆九渊认为"性"、"情"、"才"是一物异名。就方法论说,朱熹主归纳、潜修,自外而内,自物而心,自诚而明,陆九渊主演绎、顿悟,自内而外,自心而物,自明而诚。所以朱熹主张"道问学",陆九渊提倡"尊德性"。鹅湖之会,两派争斗最明显。浙东学派以政治经济为中心,凭借《尚书》、《周礼》等书,蔑视玄虚,归宿事功。朱、陆则假借《周易》、《中庸》,专究理气心性。以浙学批评朱陆,为弃实趋虚,以朱陆批评浙学,为舍本逐末。朱、王两派假借经学谈哲学,流于禅释或趋于空疏。明末经典研究非常衰落,思想方面也无可观。一般学人,非腐儒即狂生。②

尽管内心极不情愿,周予同还是不能不承认宋学仍然属于经学。他说,宋学是破汉学,建立新经学。广义地说,宋学也是经学。③ 宋学之所以还是经学,主要有下列原因:其一,经与经学本身存在歧义。经学的经典认定,具有双重性,一是与孔子有关,二是朝廷认可,二者未必一定要同时具备。经典本来不是儒家专有,孔子的精神也不是全部存在于六经,《春秋》以外的五经为何取得与《春秋》同等的地位,与孔子密不可分,将孔子崇拜与经典研究混为一谈,完全出于统治阶级的政策。其二,朱熹等人虽然儒表佛里,可是意在防止用夷变夏,自称是道统的承继者,坚持纲常伦理,抵拒佛教的无君无父之说,又得到元明清历朝统治者的认定,取得儒学的正统地位。其三,理学在建立道统

---

① 周予同:《中国经学史讲义》,朱维铮编:《周予同经学史论著选集》(增订本),第932—935页。

② 周予同:《"汉学"与"宋学"》,朱维铮编:《周予同经学史论著选集》(增订本),第326—328页。

③ 周予同:《中国经学史讲义》,朱维铮编:《周予同经学史论著选集》(增订本),第893—899页。

的同时,提倡舍传治经,直面经书文本,对于经学有着重要贡献,尤其是在疑古辨伪和扩经方面,不无建树。当然,也由此引发不少的争议。

周予同虽然好以派分论经学史,却十分清楚汉学宋学各有研究的对象方法,因为汉武帝尊孔,后来士大夫沉迷于道统、学统之争,其实孔子自是孔子,汉学自是汉学,宋学自是宋学。①

三、清代经学与理学之争及汉宋之争

周予同称宋学是破汉学,建立新经学。广义地说,宋学也是经学。宋人疑古辨伪,旨在破除汉唐的经学,所以一面返诸本经,一面又不断扩经。宋学始于疑经,疑经之极,于是自抒其心得而形成一种哲学。王应麟《困学纪闻》称:"自汉儒至于庆历间,谈经者守故训而不凿;《七经小传》(刘敞)出,而稍尚新奇矣;至《三经义》(王安石)行,视汉儒之学若土梗。"司马光《论风俗札子》谓:"新进后生,口传耳剽,读《易》未识卦爻,已谓十翼非孔子之言;读《礼》未知篇数,已谓《周官》为战国之书;读《诗》未尽《周南》《召南》,已谓毛郑为章句之学;读《春秋》未知十二公,已谓《三传》可束之高阁。"可见当时怀疑经传之风之盛。总之,胡瑗、孙复实形成宋学之雏形,而为朱学第一期之前驱者。及周敦颐、邵雍、张载、程颢、程颐相继崛起,深涉哲学之渊,而宋学益灿烂可观。然五子天禀有慧钝,涵养有深浅,故其所蓄之思想与所发之言论亦各不同。北宋哲学界仅有近似之风气,而无统一之局势,二程手足之亲,见解亦复各异,可窥一斑。及朱熹出,始凭借五子之所得,而自以其学为去取,形成权威。故北宋五子为朱学第二期之前驱者。②

朱熹的格物致知即穷理,"穷理之要必在于读书。""天下之物,莫不有理,而其精蕴则已具于圣贤之书,故必由是以求之。""夫道之体用盈于天地之间,古先圣人既深得之,而虑后世之不能以达此,于是立言垂教,自本至末,所以提

---

① 周予同:《"汉学"与"宋学"》,朱维铮编:《周予同经学史论著选集》(增订本),第324页。
② 周予同:《朱熹》,朱维铮编:《周予同经学史论著选集》(增订本),第117—118页。

撕诲饬于后人者无所不备。学者正当熟读其书,精求其义,考之吾心,以求其实;参之事物,以验其归。"由此而论,"读书已是第二义。盖人生道理合下完具,所以要读书者,盖是未曾经历见许多。圣人是经历得见许多,所以写在册上与人看;而今读书,只是要见得许多道理。及理会得了,又皆自家合下原有底,不是外面旋添得来。"读书为穷理捷径,入手之方,流弊则是末流无大创见。① 读先圣之书,必然返诸本经,可是直面文本,放任自我,又难免断章取义,走捷径反而误入歧途。

关于汉宋纷争的名实问题,康有为在《长兴学记》中有所论列,他说:"后世学术日繁,总其要归,相与聚讼者,曰'汉学',曰'宋学'而已。若'宋学'变为'心学','汉学'变为名物训诂,又歧中之歧也。至于今日,则朱、陆并废,舒、向俱亡,而新歆之伪书为经学,荆舒之经义为理学,于是,'汉学'、'宋学'皆亡。盖晦盲否塞极矣。"他有时还承认汉宋皆出于孔子,分别传承孔子的经世和义理之学,不过认为清代所谓汉学,其实是新学。② 有时则将汉宋与经学的关系一刀斩断。《新学伪经考》即称:"凡后世所指目为'汉学'者,皆贾、马、许、郑之学,乃'新学',非'汉学'也;即宋人所尊述之经,乃多伪经,非孔子之经也。'新学'之名立,学者皆可进而求之孔子,汉、宋二家退而自讼,当自咎其夙昔之眛妄,无为谬讼者矣。"③同样具有今文经学背景的周予同心中也不愿承认理学是经学,口头又不能彻底否认理学是经学,这样的进退两难,才会造成理学盛则经学衰的评价。其实如此这般的进退维谷,清代已经两度出现,即经学与理学之争,以及汉学与宋学之争。

严格说来,宋学与汉学之分,主要是清代学人的观念,与汉代宋代的学问不无出入。汉宋之学虽然名义上讲的是汉代与宋代的学问(主要是经学)之事,问题意识却是清代学人的心结。清代朝廷尊程朱理学,定为正统,可是明末阳明心学空谈误国的惨痛教训,已经引起明清诸儒的反省,重新提倡古学,复兴经学,而首要解决的问题,自然就是如何评价及看待理学。这一争议,将

---

① 周予同:《朱熹》,朱维铮编:《周予同经学史论著选集》(增订本),第 148 页。

② 康有为:《长兴学记》,姜义华、张荣华编校:《康有为全集》第一集,中国人民大学出版社 2007 年版,第 347 页。

③ 康有为:《新学伪经考》,姜义华、张荣华编校:《康有为全集》第一集,第 356 页。

理学究竟是否经学的问题提上台面。

大张扬汉抑宋旗帜的其实是毛奇龄,只是他的人品可议,言辞偏激,不能见信于士林。学界论及清前期复兴经学批评理学心学的倡导者,均以顾炎武为代表,其著名论断即"舍经学无理学",或"经学即理学",并奉为清代经学的开山。此说为全祖望的概括,并非顾炎武的原话。全祖望的《亭林先生神道表》,指顾炎武"晚益笃志《六经》,谓古今安得别有所谓理学者,经学即理学也。自有舍经学以言理学者,而邪说以起,不知舍经学则其所谓理学者,禅学也。故其本朱子之说,参之以慈溪黄东发《日抄》,所以归咎于上蔡、横浦、象山者甚峻,于同时诸公,虽以苦节推百泉、二曲,以经世之学推梨洲,而论学则不合。其书曰《下学指南》。或疑其言太过,是固非吾辈所敢遽定,然其谓经学即理学,则名言也。"①看出舍经学的所谓理学其实是禅学,从经学正统的角度,也就是异端邪说,而强调经学即理学,正是为了在恢复经学本相的基础上维护其正统地位。

有学者指出,顾炎武的理学是义理之学,不是专指程朱理学。梁启超《清代学术概论》谈及《顾炎武与清学的"黎明运动"》,认为经学即理学一语有二病:其一,以经学代理学,是推翻一偶像而别供一偶像;其二,理学即哲学,实应离经学而为一独立学科。钱穆1974年在台湾讲《经学大要》,第29讲说,写《清三百年学术史》时未讲清楚经学即理学,后来写《顾亭林学述》,讲清楚了。此言指明代王学,宋代理学有经学,明代则没有。所以顾炎武反王学不反理学。钱穆站在宋学的立场,力图缓解与顾炎武观点的矛盾。而顾炎武不承认宋明理学的独立学术形态的地位,即哲学义理学的经典诠释进路,不免偏颇。②

说顾炎武的理学是义理之学,固然不错,但是义理之学与程朱理学密不可分,是受佛教影响后上溯秦汉而成,所以不能根本否认亦指程朱理学。应该说,顾炎武认可的理学是秦汉以经为本的义理之学,凡是谈论义理,符合这一

<hr>

① 全祖望撰,朱铸禹汇校:《全祖望集汇校集注》上,上海古籍出版社2000年版,第227—228页。

② 吴长庚:《试论顾炎武的"经学即理学"思想》,《江西社会科学》2007年第10期,第66—70页。

标准的理学,就是经学,不符合这一标准的,就不是经学。至于理学是否可以另立学术形态,如哲学之类,不是顾炎武那一时代的人所能想象。即使用哲学来解读理学,究竟是中国固有还是天竺佛学,至少在陈寅恪等人看来,结论恐怕只能是后者。

朱熹之于中国,影响极大,与本文相关的问题是朱熹的理学究竟是不是经学。梁启超、周予同等都认为理学是哲学,可是哲学的概念更加后出,至多只能说类似于后来的哲学,而且不无附会之嫌。勉强言说,理学也是佛教的性理之学,而非经学的义理之学。理学貌似不离经学的脉络,实际上自成一体,很难说是经学。否则,理学心学盛,亦即经学盛,不会导致此消彼长。

正因为此,顾炎武对以理学传家的施闰章(愚山)说:"理学之传,自是君家弓冶。然愚独以为理学之名,自宋人始有之。古之所谓理学,经学也,非数十年不能通也。故曰:'君子之于春秋,没身而已矣。'今之所谓理学,禅学也,不取之五经而但资之语录,校诸帖括之文而尤易也。"①所引晋人范宁的《春秋穀梁传序》解释古之所谓理学即经学,显示此处的古并非专指宋代,而今之理学即禅学,无疑涵盖整个宋明时期的不取五经而但资语录,很难说是专指阳明心学而不及程朱理学。由于程朱理学力图上溯孔孟,仍是朝廷认定的正统,清儒不能公然否定理学的经学地位,他们批评理学读书不过经生之章句,穷理不过字义之从违,矛头看似仅仅对准理学心学的流弊,实则主张返经,以两宋之前的汉唐经学为本原正道,都意在否定理学的经学属性和地位。他们对朱熹的认可只限于研经的部分,对义理之学的承认并非理学的禅释。显而易见,在他们看来,理学之理,不是先秦圣贤的本意,而是宋人援佛的臆断。只是碍于朝廷的旨意,他们不能公然斥理学为异端,于是不得不退而求其次,在经学的脉络里面与之争正统的地位。

朱熹治经,主张义理训诂并重,只是义理先从四书入手,再及五经,而四书的义理未必是孔子和经书的本意,甚至可能与孔子毫无关系,不在经的范围。不过,朱熹主张读经应了解全篇本义,又构建出一套格物致知的办法和内圣外

① 顾炎武:《与施愚山书》,《亭林文集》卷三,《顾亭林诗文集》,中华书局1983年版,第58页。关于施闰章的家学及其学问,详见吕妙芬《施闰章的家族记忆与自我认同》,《汉学研究》第21卷第2期,2003年12月,第305—334页。

王的理念,解经虽然不无可议,考据辨伪却贡献不小。可以说,理学以其义理的高明,切中了汉唐经学的短处,对于中国思想的发展确有不小的推进,不但形成理学长时期的统治地位,对于清代汉学较汉唐经学更上层楼,也有相当大的影响作用。

尽管如此,朱熹的训诂所得义理,究竟是先圣的意思,还是禅说佛理,仍是很大的问题。朱熹穷理以致知,反躬以践实,目的仍在坐实自己缔造的道统。尝谓:圣贤道统之传散在方册,圣经之旨不明,而道统之传始晦。于是竭力穷研圣贤之经训。于百家释老,不惮深辩而力辟之。① 朱熹的经学,用力最勤为"四书",其次即《诗经》。四书所以为其哲学上之论据,治诗或本其平素爱好之习性。其怀疑精神,在经学史上实罕俦匹,周予同认为可惜不能彻底,未能使《诗经》脱经学之轭而跻于文学之域,②这是近代学人用分科即科学的眼光看待古人经学的视差。朱熹由四书讲五经,以训诂明义理,如果四书及其所体现的道统为朱熹以己意所构造,由此而来的性理之学并非孔子的本意,而是因缘佛学附会出来的禅说,无论崇汉抑宋的反理学还是崇宋抑汉的理学,坚持理学与经学一脉相承,都是以假定理学所说是经书圣意为前提,等于承认理学的经学属性和地位。

朱熹的学术思想以儒家思想为中心,著作以子部儒家为重,经部的《四书集注章句》,性质仍可隶于儒家类。③ 指程朱理学为儒学,大体可通,称为经学,则多有不合。周予同无奈地说:宋承隋唐义疏派之后,学者研究之封域愈隘,欲自逞才识,于势不能不别求途径。故宋代学者,杰傲者有"六经皆我注脚"之语,而中庸者亦不惮以臆见解经而出于删改。宋代经学之衰落在此,宋代哲学之勃兴亦在此。总之,训诂学之反动,实宋学产生之消极的有力的因素。④ 正如《四库全书总目提要》毛奇龄《孝经问》条所说:"汉儒说经以师传,师所不言,则一字不敢更。宋儒说经以理断,理有可据,则《六经》亦可改。然守师传者,其弊不过失之拘;凭理断者,其弊或至于横决而不可制。"⑤

---

① 周予同:《朱熹》,朱维铮编:《周予同经学史论著选集》(增订本),第123页。
② 周予同:《朱熹》,朱维铮编:《周予同经学史论著选集》(增订本),第156页。
③ 周予同:《朱熹》,朱维铮编:《周予同经学史论著选集》(增订本),第180页。
④ 周予同:《朱熹》,朱维铮编:《周予同经学史论著选集》(增订本),第113页。
⑤ [清]永瑢等撰:《四库全书总目》,中华书局1965年版,第266页。

清初诸儒的经学与理学之辨,开启了汉宋之分的先河。《四库全书总目·经部总叙》初次划分汉学、宋学。或谓宋学萌芽于中唐的赵匡、陆淳等,《四库全书总目提要》指啖助"舍传求经,实导宋人之先路。生臆断之弊,其过不可掩;破附会之失,其功不可没也。"①不过,破虽然有功,立却是臆说。而且宋学的观念,其实是清人的意识,而非宋人的实事。有了汉宋之分的此疆彼界,才能把握宋学的内涵外延。

经学与理学的辨析,促成了汉学的兴盛,可是并未将理学排除于经学之外,反而坐实了理学的经学地位。乾嘉汉学鼎盛,虽然朝廷和士林都有推重汉学之意,但是并不偏废理学,而以考据义理并重,甚至以义理为最终目标。只是除戴震等少数人外,一般都无力走完全过程达到终点。走在半道上的汉学家只能批评宋学家解经出于主观臆断,不合经典本义。这实际上等于认可理学的义理之学还是孔子先圣的意旨。清儒大多不敢公然挑战四书与群经的关系,不能否认四书的正统性,所怀疑和希望改变的,只是宋儒的解读是否符合孔子的本意,以及理学的方法能否正确解经,主张治经文以求经义,反对凿空逞臆。

不过,在治经的过程中,汉学家日渐将宋儒所说的义理排除于经义之外,不再认同宋儒的义理之学。虽然戴震等仍以义理为高,所得义理却是直接从研究经典文本而来,与程朱理学分道扬镳了。只是这样的分离,仍然是在经学脉络中进行,即使在汉学鼎盛之时,与之相对的理学即宋学,没有也不可能完全被排除于经学体系之外。

胡适关于理学的兴起看法与陈寅恪等人略有形似,他认为:"宋儒凭借汉、唐的经学,加上佛家与道家的影响,参考的材料多了,他们对于古书的了解往往有确然超过汉、唐之处。但他们为中兴儒教起见,虽得力于佛、老而不得不排斥佛、老;又为自尊其说起见,虽得力于汉、唐而不能不压倒汉、唐。"②并把清代经学与理学之争称为反理学运动。1927年,胡适以清代的顾炎武、颜元、戴震加上同时的吴敬恒四人作为三百年中"反理学"趋势的代表,后来又标举他们为"几个反理学的思想家"。他将中国的近世哲学分为理学(1050—

① 〔清〕永瑢等撰:《四库全书总目》,第213页。
② 胡适:《费经虞与费密——清学的两个先驱者》,欧阳哲生编:《胡适文集》3,北京大学出版社1998年版,第60页。

1600 年)和反理学(1600 年至今)两个时期,认为"理学是挂着儒家的招牌,其实是禅宗、道家、道教、儒教的混合产品。其中有先天太极等等,是道教的分子;又谈心说性,是佛教留下的问题;也信灾异感应,是汉朝儒教的遗迹。但其中的主要观念却是古来道家的自然哲学里的天道观念,又叫作'天理'观念,故名为道学,又名为理学。"反理学运动有两个方面,一是打倒(破坏),打倒太极图等等迷信的理学(黄宗炎、毛奇龄等),打倒谈心说性等等玄谈(费密、颜元等),打倒一切武断的、不近人情的人生观(颜元、戴震、袁枚等);二是建设,建设求知识学问的方法(顾炎武、戴震、崔述等),建设新哲学(颜元、戴震等)。① 顾炎武用考文知音的证据取代理学的空虚想象,开启了经学的新局。

颜元本来笃信程朱,后来虽然醒悟,"尚有将就程朱,附之圣门支派之意"。57 岁时他南游河南,"见人人禅子,家家虚文,直与孔门敌对",才改弦易辙,"必破一分程、朱,始入一分孔、孟,乃定以为孔孟程朱判然两途,不愿作道统中乡愿矣。"②戴震一方面要推翻半宗教半玄学的旧理学,否认理气二元论,反对将天理人欲相分割;另一方面要建立新的理学,主张理在事中,理存乎欲。只是戴震的传人没有一个能够继承他的建设的思想,所以影响不能彻底改变理学的潜势力继续作用的局面。③

要说戴震反理学,多少有些言过其实。顾炎武的理学即经学,主要还是针对阳明心学的流弊。即便其内心不以程朱理学的义理为然,也只能就学理上有所争议,而不是正面打倒程朱。戴震要建立新理学,所本仍是经学,在经学系统内争是非,反的是理学的正统性,而不是根本上反对理学。直到清季民初,尤其是五四运动前后的新思潮与新文化运动时期,从反对专制王权的立场,人们才根本否定理学。这一时期朱熹成为众矢之的,反孔的主张虽然以孔子为标靶,板子其实是打在朱熹身上,批判矛头的锋芒所向,就是朱熹重新条理解读后的孔子,也就是说,是蒙在朱熹脸上的孔子像。

戴震在考订之后建立新义理的努力,引起不少非议,后来者株守考据,使得汉宋之争演变为考据与义理之争,由考据寻求文本以及圣贤真意的最终目

---

① 胡适:《几个反理学的思想家》,欧阳哲生编:《胡适文集》4,第 63—65 页。
② 李塨编:《明末颜习斋先生(元)年谱》,台北商务印书馆 1978 年,第 182 页。
③ 胡适:《几个反理学的思想家》,欧阳哲生编:《胡适文集》4,第 68—86 页。

标无形中迷失了。江藩的《国朝汉学师承记》,严分汉宋壁垒,兼采汉宋者也一律排斥,指经术"一坏于东西晋之清谈,再坏于南北宋之道学"。① 龚自珍认为书名不妥,应改为《国朝经学师承记》。其实以汉学为名,只是在汉学的脉络中不认理学,若是标名经学,则是明目张胆排斥理学于经学系统之外,争议恐怕更大。后来江藩著《国朝宋学渊源记》,虽然坚持尊汉抑宋,可是认为"苟非汉儒传经,则圣经贤传久坠于地,宋儒何能高谈性命耶?"②等于承认宋学仍是延续汉学所传递的经学,只不过汉学应为正统主流,宋学应居旁支而已。而方东树的《汉学商兑》,维护程朱理学的正学地位之外,着重反对江藩尊汉抑宋的门户之见。汉宋之争,其实是在经学脉络里面争正统。由此转入汉宋调和或汉宋兼采的风气,进一步巩固了理学的经学地位。

四、跳出经学的藩篱

胡适关于清代的经学与理学,有过一段颇值得玩味的论述,他说:

清代考据之学有两种涵义:一是认明文字的声音与训诂往往有时代的不同;一是深信比较归纳的方法可以寻出古音与古义来。前者是历史的眼光,后者是科学的方法。这种态度本于哲学无甚关系。但宋明的理学皆自托于儒家的古经典,理学都挂着经学的招牌;所以后人若想打倒宋明的理学,不能不先建立一种科学的新经学;他们若想建立新哲学,也就不能不从这种新经学下手。所以戴震,焦循,阮元都是从经学走上哲学路上去的。然而,我们不要忘记,经学与哲学究竟不同:经学家只要寻出古经典的原来意义;哲学家却不应该限于这种历史的考据,应该独立地发挥自己的见解,建立自己的系统。经学与哲学的疆界不分明,这是中国思想史上的一大毛病。经学家来讲哲学,哲学便不能不费许多心思日力去讨论许多无用的死问题,并且不容易脱离传统思想的束缚。哲学家来治古

---

① 江藩:《国朝汉学师承记》卷一,中华书局 1983 年,第 5—6 页。
② 江藩:《国朝宋学渊源记》卷上,《国朝汉学师承记》附录,第 153 页。

经,也决不会完全破除主观的成见,所以往往容易把自己的见解读到古书里去。"格物"两个字可以有七十几种说法。名为解经,实是各人说他自己的哲学见解。各人说他自己的哲学,却又都不肯老实说,都要挂上说经的大帽子。所以近古的哲学便都显出一种不老实的样子。所以经学与哲学,合之则两伤,分之则两受其益。①

这些文字用来说清代的经学和理学的关系,未必吻合,用来批评后来的经学与理学研究,则不无可取。晚清的汉宋调和与汉宋兼采,以及主张义理、考据、词章并重,都是在经学内部立论,以吻合孔子经书与否为准绳。实际上,梳理理学与经学的关系,如果只是站在经学的立场,以经学的眼界视野,很难看得通透,往往陷入之前派系纷争的此是彼非而难以自拔,囿于经学范围谈理学与经学以及汉宋关系,本身就已经分不清汉宋了。可是完全门外文谈,也只能隔靴搔痒。必须深入经学的堂奥,又跳出经学的藩篱,才能正本溯源,辨识清楚。陈寅恪、周予同等都大力表彰程朱理学吸收外教,相比之下,陈寅恪撤去经学的藩篱,或者说没有经学的束缚,而周予同仍然不免经学的局限,讲理学、经学的关系与评价理学的是非功过,多少有些左支右绌,自相矛盾。胡适则深入的部分不够,超出的部分又不免附会,因而总觉似是而非。

今人治理学史,几乎不提当年影响广泛的新儒家儒佛渊源的争论,即使谈到儒佛关系,也基本因循冯友兰、傅斯年的理念,很少尝试陈寅恪的思路。不过,20 世纪后期围绕儒学宗教说的论争,从一个侧面反映出学术界关于儒释道三教合流的看法,远远没有达到形成共识的程度。认定宋明理学的建立,标志着中国儒教的完成,而儒教是不具宗教之名而有宗教之实的独霸的支配力量。② 这实际上是新儒家儒佛渊源之争一种变形的再现,显示了理学即新儒家与佛教道教关联的内在紧张。可见这一问题并未得到切实的解决,依然聚讼纷纭,持续困扰着学术界。

依照常理,即使不同意陈寅恪的主张,也应该加以验证,而不能视而不见,

---

① 胡适:《戴东原的哲学》,欧阳哲生编:《胡适文集》7,第 313—314 页。
② 任继愈:《儒教的形成》,任继愈主编:《儒教问题争论集》,宗教文化出版社 2000 年版,第 10 页。以儒教为宗教,虽然古代即有儒释道三教的习说,更多是受近代日本宗教观和儒教观的影响。

或是想当然而然。问题显然在于,陈寅恪的观点一般人不具备验证的能力,因为研究理学必须跳出经学的范畴,以儒释道三教合一的俗说为视域,首先要依照时序比较梵文、巴利文、藏文、蒙文、满文、汉文的佛经文本,理解教义的本旨、错识及其变化;其次要研究佛教入华的历史及其与道教的关系,考察佛教如何影响道教以及佛教自身如何因应华夏社会而变异;再次要梳理佛道与儒学的关联及其相互影响;最后才能切实综观三教合流的情形,可见儒学的禅释、禅宗的讲理,道家的杂糅,你中有我,我中有你,难分彼此,却又有实在的历史轨迹。这样的取径,百年前钢和泰关于宝积经的研究已经身体力行,不过主要还在文本比较的阶段。在分门别类的专家时代,很难有训练全面、视野通贯、志向远大之人,不畏艰辛,披荆斩棘,沉潜用心。而相关的问题,单纯直面经学理学的文本是无法得到有效梳理和透彻解析的。

这一取径的重点方向有二,一是教史,二是教义。教史方面,应当打破儒释道分别立论的偏蔽,贯通儒释道的历史,不受后来观念和界域的局限,从三教的维度考察其如何合流以及相互影响。例如从道教的角度看其与佛、儒的关系,深究道教吸收佛教并影响儒学的历史,亦即陈寅恪所说:"然新儒家之产生,关于道教之方面,如新安之学说,其所受影响甚深且远,自来述之者,皆无惬意之作。近日常盘大定推论儒道之关系,所说甚繁(东洋文库本),仍多未能解决之问题。盖道藏之秘籍,迄今无专治之人,而晋南北朝隋唐五代数百年间,道教变迁传衍之始末及其与儒佛二家互相关系之事实,尚有待于研究。此则吾国思想史上前修所遗之缺憾,更有俟于后贤之追补者也。南北朝时,即有儒释道三教之目,(北周卫元嵩撰齐三教论七卷。见旧唐书肆柒经籍志下。)至李唐之世,遂成固定之制度。如国家有庆典,则召集三教之学士,讲论于殿廷,是其一例。故自晋至今,言中国之思想,可以儒释道三教代表之。此虽通俗之谈,然稽之旧史之事实,验以今世之人情,则三教之说,要为不易之论。"①只有将先秦尤其是六朝以下的一大要事因缘梳理清楚,揭示新儒家、新道教和禅宗产生的各种未发之覆,认识才能更上层楼。

---

① 陈寅恪:《冯友兰〈中国哲学史〉下册审查报告》,陈美延编:《陈寅恪集·金明馆丛稿二编》,第282—283页。

　　教义方面,本来是宗教研究的本宗,可是东亚文化的宗教大多系传播而来,理解教义,反而有赖于教史。应从佛教角度看其与理学的关系,深究佛教性理之学与理学心性之学的关联及分别。也如陈寅恪所论:"二千年来华夏民族所受儒家学说之影响,最深最巨者,实在制度法律公私生活之方面,而关于学说思想之方面,或转有不如佛道二教者。如六朝士大夫号称旷达,而夷考其实,往往笃孝义之行,严家讳之禁。此皆儒家之教训,固无预于佛老之玄风者也。释迦之教义,无父无君,与吾国传统之学说,存在之制度,无一不相冲突。输入之后,若久不变易,则绝难保持。是以佛教学说,能于吾国思想史上,发生重大久远之影响者,皆经国人吸收改造之过程。其忠实输入不改本来面目者,若玄奘唯识之学,虽震动一时之人心,而卒归于消沉歇绝。近虽有人焉,欲然其死灰,疑终不能复振。其故匪他,以性质与环境互相方圆凿枘,势不得不然也。"①尤其是佛教的无君无父,与华夏的纲常伦理尖锐冲突,必须调适改造,才能兼容无碍,显现生机。

　　迄今为止,恰好在这两个至关重要的环节上,研究者明显准备不足,功力不够。此事涉及比较语言学、比较宗教学和比较历史学,必须兼通儒释道的教义与历史,并且能够将三者融会贯通,才能逐渐近真。八十余年过去,陈寅恪当年所说教史有待研究的问题,进展依然不够显著。尤其是教义方面,僧俗两界意见迥异,连熟悉教史的陈寅恪也不敢轻易论及。汤用彤的看法与陈寅恪接近,或许与其治佛教史有关。可是即便他写的《汉魏两晋南北朝佛教史》专书,学术界评价极高,奉为经典,教内人士或与教相关者的看法却大幅降低。不通教义,要想理解新儒学即理学至当,恐怕是可望而不可即之事。即使清以后十寺九空,民国时居士参禅悟道,仍多由义理。如何能够使得历史的发生衍化以及教义学理的融会贯通、相辅相成,不是望文生义,格义附会,更不能门外文谈,当为研治理学者今后努力的方向。

　　经学在中国承载道统,必须通经致用,但凡面对危局,人们不可避免地首先质疑当道的经学是否有用。这样的指摘不一定恰当,危局未必是经学的有

---

　　①　陈寅恪:《冯友兰〈中国哲学史〉下册审查报告》,陈美延编:《陈寅恪集·金明馆丛稿二编》,第 283—284 页。

用与否所造成,所有的空疏、琐碎,都曾经有用于时,而一旦时过境迁,也就难免过时。危机的压力,每每刺激经学的应变和革新,于是新的流派应运而生。其变化的幅度之大,甚至可以儒表佛里。理学的形成,表明中国思想学术具有极强的吸收内化能力,这也是中国文化能够经久不衰的秘诀。任何一种文化,只要固步自封,不能自我更新,无论曾经多么优秀强大,都势所必然地走向没落。

中国两千年的皇朝历史,其变化大体可分为前后两期,前期孔子管了一千年,儒表法里,等级分封,适宜宗法制社会;后期韩愈、朱熹借孔孟之名管了一千年,儒表佛里,内圣外王,适宜庶民社会。所谓儒表,并非表面表象,而是无论内里为何,不能不以儒家所体现的家族伦理之道德为基准架构,从思想到制度,无不受此制约。

经学的性质地位与统治者的认定尊奉关系匪浅,这在王朝的兴衰与种族的存亡息息相关的历史时期无疑是首要的,可是当王朝体制与社会发展的矛盾尖锐对立之时,依附于王朝体制的经学应该何去何从,就相当尴尬。此外,理学吸收外教,本来是创新,但是不能数典忘祖,还是要以孔子为先圣。理学在经学脉络内与其他派系之争,焦点不过是哪一家更符合孔子和经典的本意。这样的准则与取法,在一定的历史时期固然有其道理,可以说是中国社会文化长期延续的重要支撑,指责这样的延续为负面,不过是后来人的臆见。可是时过境迁,皇权崩溃之后,明经致用无法始终有效,在经学内部的改头换面或轮番登场不起作用之后,经学的效率及其地位自然岌岌可危。

近代中国面临西学的全面冲击,范围之广,程度之深,远较汉唐之间佛教的影响为大。而西学以欧美列强的国力为后盾支撑,显示出高度的先进性,很难为中国固有文化所同化,中学内部纷争不已的各派,都不得不起而应对西学的冲击。康有为名义上尊奉孔子,实际上模仿朱熹,康门弟子梁启超不必论,其余横跨政学两界的名人,几乎无不吸收西学。夷夏大防全面崩溃,中体西用名存实亡,历来的吸收内化已然失效,又不能两套知识并列共存,纳西学于科举不成,改为纳科举于学堂,中西乾坤颠倒,号称融汇中西而成的新学,其实已是西体中用,用西学改造和重组中学,经学迫不得已,只能逐级退出学制和学术思想体系。新文化运动偏向于尽力吸收,本位文化和新儒家偏向于不忘本位,可是皇权退去,中学解体,经学失位,中国文化的本位究竟何在,所谓吸收与不忘相反相成,以何为凭借,才能做到。或者说,吸收一面已经到了全盘西化或充分世界化的地步,不惜用夷变夏,完全以西为尊为准,而不忘本来却无所依托。西体已成事实,中用尚无着落,如何才能取珠还椟,成为国人面对的一大世纪难题。

陈寅恪治学论世,常有出乎意料的惊人之语,乍听以为奇谈怪论,匪夷所思,日久则愈见其高明,或如预言般应验,令人服其深谋远虑,远见卓识。由陈寅恪对冯友兰《中国哲学史》下册审查意见而引发的关于新儒学渊源的论争,关系理学的属性,却始终相持不下,悬而未决。其主要分歧在于:唐宋诸儒上承道统,声言辟佛,究竟是避名居实,取珠还椟,以免数典忘祖,还是直探经学,反对异教;唐宋诸儒的义理之学,只是受到天竺势力大盛的时代影响(或压力),至多参酌佛禅性理之说,中心根本不出古儒家心学脉络,还是已经天竺为体,华夏为用,即利用儒家心性说谈论佛教性理,以沟通儒释,使得谈心说性与济世安民相反相成;没有佛教以及吸收佛教的道教影响,新儒家能否再发现孟子心学,并且改造为义理之学?皇权的认定和新儒家的自诩,让理学占据了宋以后经学的正统地位,对于中华文化的传衍至关重要。而儒佛属性的模糊及其衍生的问题,致使理学是否属于经学的范畴变得难以捉摸,以致出现二者的盛衰适相反对的认识。尽管内心排斥,清代的经学与理学以及汉宋之争,只能在经学的领域内与理学争正统,无法根本反理学。必须深入经学的堂奥,又跳出经学的局限,才能把握经学与理学的关联及分别。而要彻底破解这一世纪悬案,还须留待有心之人。至于理学的旧途径之于中国未来的意义,则有待于来者发扬光大。

获得真精神,找到旧途径,早已不仅是学术问题,更加关乎国运的兴盛昌明。吴宓称陈寅恪对待中外文化的宗旨为中休西用,未曾料到陈寅恪居然可以接受西体中用,只是不能用夷变夏,必须取珠还椟,以免数典忘祖。来自域外,也要说华夏固有,并且从历史文化中找寻可以格义的基因。他不反对尽力吸收输入文化,却肯定不赞成全盘西化。中国文化经久不衰的秘诀,就在于有韩愈、朱熹之类的苦心孤诣,避名居实,爱国济世,可以居中国思想史上的最高地位,而永不歇绝。历史发展至今,再度呼唤有识者起而救世,凭借真精神,沿着旧途径,进而成就中国文化第三次高峰期的到来。

『了解之同情』与陈寅恪的治史方法

20世纪30年代,陈寅恪先后为冯友兰所著《中国哲学史》上下册撰写审查报告,不仅助成其出版,有利于提升该书的学术地位以及冯友兰的学术声望,同时也成为近代学术批评史上的经典之作,并在相当程度上反映了陈寅恪本人的学术思想,因而吸引后来众多学人的不断解读。人们一方面努力读懂陈寅恪对冯友兰《中国哲学史》上下两册评价的真意,以便确立冯著在近代中国学术发展史上的定位;另一方面,则试图从中找出陈寅恪自己治史方法的恰当表述,以便悬为高的,追摹仿效。不过,仔细研读陈寅恪的文字,重审已有的各种议论,总觉得或有所出入,或言犹未尽,不能惬意。深究陈寅恪对冯著的看法,重点仍在探测陈寅恪本人的史法,只是陈的心思细密,上述相互关联的两方面本意,不易从各种文献记载的字面直接解读出来,理想取径,还是以彼之道,还诸彼身,即借重陈寅恪的办法,考察其本人的言行,或许能够虽不中亦不远。至于外行以为作古之人,无法复验,实不知史学的奥妙所在,很难心领神会,并不在言说对象之列。

一、取西洋哲学观念

要想通过陈寅恪的审查报告探究其治学方法,前提当然是理解审查报告对于冯友兰著作的真实看法。冯友兰的《中国哲学史》上下册相继出版于1931年和1934年,陈寅恪受清华大学出版委员会之托,先后对两书进行审查并撰写了审查报告,上册的审查报告还于1931年3月先期发表于《学衡》杂志第74期。两书的审查均获得通过,予以出版。虽然另外还有其他审查人,陈寅恪的意见无疑至关重要。而且,从制度上看,清华大学出版委员会只有在所有审查人意见基本一致的情况下,才能通过报审著作。其间钱穆的《先秦诸子系年》完稿,经顾颉刚介绍,申请列入清华丛书,即因列席审查者三人意见分歧,未获通过。① 由此可见,冯著能够出版,至少须陈寅恪口头表态赞成,或是审查委员会从陈的书面报告中接收到正面的信息。

　　依照相关规定,陈寅恪在两篇审查报告的开始,分别明确表示肯定,并同意出版。前一篇说:"窃查此书,取材谨严,持论精确,允宜列入清华丛书,以贡献于学界。"②后一篇进而申述:"此书上册寅恪曾任审查,认为取材精审,持论正碻。自刊布以来,评论赞许,以为实近年吾国思想史之有数著作,而信寅恪前言之非阿私所好。今此书继续完成,体例宗旨,仍复与前册一贯,允宜速行刊布,以满足已读前册者之希望,而使清华丛书中得一美备之著作。"③

　　据此断定陈寅恪完全赞同冯友兰的著述及做法,应是学人从审查报告中索解陈寅恪本人治学方法的重要理据。只是这样的判断似嫌过于简单,未必符合陈的本意。有学人已经注意到,两篇审查报告的褒贬不尽相同,下篇的批评意向尤其明显。此前撰文论述陈寅恪与中国近代史研究,也有如下意见:细读陈寅恪关于冯友兰《中国哲学史》上下册的审查报告,上册褒意明显,而下册贬辞时现。尤其是与冯著下册大约同时送审的钱穆所著《先秦诸子系年》颇受陈寅恪好评,却未获通过,令陈不满,他在叶公超宴会上特意表彰钱著,"又论哲学史,以为汉魏晋一段甚难。"④显然是针对冯著下册有感而发。既然秦以后思想演变只为一大事因缘,即新儒学的产生及其传衍,而冯著于新儒家产生的诸多关键问题,犹有未发之覆在,则下册出版,与上册相较,于中国哲学史的形式备则备矣,内容却未必美。况且用西洋哲学观念阐明朱熹学说的做法,虽然多所新解发明,是否真能自成系统,有所创获,还要看其"吸收输入外来之学说"与"不忘本来民族之地位"的"相反而适相成之态度"如何。就此而

① 钱穆:《八十忆双亲·师友杂忆》,岳麓书店1986年版,第136页。
② 陈寅恪:《冯友兰〈中国哲学史〉上册审查报告》,陈美延编:《陈寅恪集·金明馆丛稿二编》,第279页。
③ 陈寅恪:《冯友兰〈中国哲学史〉下册审查报告》,陈美延编:《陈寅恪集·金明馆丛稿二编》,第282页。
④ 朱乔森编:《朱自清全集》第9卷,日记编,江苏教育出版社1997年版,第202页。

论,冯著恐怕有偏于今之嫌,与陈寅恪的见解不相凿枘,难逃愈有条理系统,去事实真相愈远之讥。①

这些褒贬之意,仔细阅读审查报告,可以从字里行间琢磨体会出来。陈寅恪在下册审查报告开始明确表示同意出版之后,紧接着说:"寅恪于审查此书之余,并略述所感,以求教正"。在他看来,中国自秦以后迄于近日的思想演变历程,核心就是新儒学的产生及其传衍。"此书于朱子之学,多所发明。昔阎百诗在清初以辨伪观念,陈兰甫在清季以考据观念,而治朱子之学,皆有所创获。今此书作者,取西洋哲学观念,以阐明紫阳之学,宜其成系统而多新解。"可是新儒家的产生,受道教的影响甚深且远,历来没有惬意之作。包括日本常盘大定推论儒道关系的新作,尽管所说甚繁,仍有许多未能解决的问题。原因在于没有专治道藏秘籍者,而晋南北朝隋唐五代数百年间,道教变迁传衍之始末及其与儒佛二家互相关系的事实,还有待于研究。"此则吾国思想史上前修所遗之缺憾,更有俟于后贤之追补者也。"②

在陈寅恪看来,自晋至今,言中国思想可以儒释道三教合流之说为代表。"儒者在古代本为典章学术所寄托之专家。李斯受荀卿之学,佐成秦治。秦之法制实儒家一派学说之所附系。中庸之'车同轨,书同文,行同伦'(即太史公所谓'至始皇乃能并冠带之伦'之'伦')为儒家理想之制度,而于秦始皇之身,而得以实现之也。汉承秦业,其官制法律亦袭用前朝。遗传至晋以后,法律与礼经并称,儒家周官之学说悉采入法典。夫政治社会一切公私行动,莫不与法典相关,而法典为儒家学说具体之实现。"两千年来华夏民族受儒家学说影响最深最巨的方面,在于制度法律公私生活,而学说思想的方面,或不如佛道二教。新儒家的学说,大多有道教或与道教有关的佛教为先导,其产生过程不乏未发之覆。道教一方面尽量吸收输入的佛教摩尼教等,另一方面则不忘其本来民族之地位。融成新说后,坚持夷夏之论,排斥外来教义。新儒家即继

---

① 桑兵:《陈寅恪与中国近代史研究》,《中华文史论丛》第 62 辑,上海古籍出版社,2000 年 5 月。

② 陈寅恪:《冯友兰〈中国哲学史〉下册审查报告》,陈美延编:《陈寅恪集·金明馆丛稿二编》,第 282—283 页。

承这种相反相成的路径而致大成。①

陈寅恪所言，虽然自谦是新瓶装旧酒，其实是在相辅相成的两大问题上表明态度观念，不仅与冯著立异，尤其与时流有别，可以说相当关键。相对于冯著，可谓批评商榷；相对于时流，可谓纲领宣言。这两大问题，一是中国自秦以来思想演变历程的大事因缘，二是对待外来学说的立场态度。

陈寅恪认为中国秦以来思想演变历程的大事因缘，即为新儒学的产生及其传衍，这一被胡适指为正统观的意见，体现着陈寅恪对中国历史文化全面而深刻的观察，尤其是对秦以后民族思想文化的发展变化，究竟应该如何探究、理解和呈现，至关重要。要想体察陈寅恪审查报告的本意，除完整细读报告文本之外，还须与其他记述多方参证比勘，了解其何以要如此说，以免看似直面文本，实则但凭己意，妄加揣度。

实际上，陈寅恪关于中国思想文化的这一套观念，由来已久。早在留美期间，他就认为中国古人擅长政治及实践伦理学，古代的哲学、美术即远不如希腊，而不仅是近代的科学逊于泰西。中国的长处与短处，是一事两面，即唯重实用，不究虚理，长处即修齐治平，短处则对实事的利害得失观察过明，缺乏精深远大的思想。而真正精深博奥的天理人事之学，能够放之四海而皆准，流传千古而不变，随时随处均可用。所以救国经世，尤其要以精神学问也就是所谓形而上之学为根基。所以唐宋以后，得到佛教裨助，中国的学问立时增长元气，别开生面，宋、元的学问、文艺因而大盛，朱熹即为集大成者。②

陈寅恪早年所说，对于理解冯著下册审查报告的意思，有着重要的参考作用。陈寅恪对宋代的思想学术文艺，情有独钟，极为推崇，并对"新宋学"抱有殷切期待。但其一生治学，上自魏晋，下迄明清，唯独宋代几乎没有直接下手。可以联想的要点为，今日治宋史，多以分科训练，断代眼光，将宋代仅仅视为历朝历代之一部分，进而局限于分门别类的专题研究，背后全然没有"讲宋学"的关怀和境界，则所治宋史，充其量不过廿四史之一节，很难显示宋代作为中

---

① 陈寅恪：《冯友兰〈中国哲学史〉下册审查报告》，陈美延编：《陈寅恪集·金明馆丛稿二编》，第282—284页。

② 吴宓著，吴学昭整理注释：《吴宓日记》第二册，第102—103页。

国思想文化的高峰地位及其内涵,对于宋代的社会政治等等方面的理解把握,也就难以得其所哉。而要达到陈寅恪心中的"新宋学"那样的高度,必须超越近代以来分科断代的局限,尤其是分门别类的专题研究的狭隘,沟通古今中外的所有相关知识系统,将秦以后迄于近日中国思想演变传衍的大事因缘条理贯通(不仅追仿其魏晋隋唐的具体研究)。这对学人的智慧功力无疑是巨大考验。

近代学人,若不能打破断代学科的分界,通贯古今中外各个层面,而欲求推陈出新,常用办法便是借鉴西洋等域外观念,观察中国固有事物,而得其新解。早在1919年,胡适出版其《中国哲学史大纲》,就已经宣称:"我所用的比较参证的材料,便是西洋的哲学。……故本书的主张,但以为我们若想贯通整理中国哲学史的史料,不可不借用别系的哲学,作一种解释演述的工具。"蔡元培为之作序,更加断言:"我们要编成系统,古人的著作没有可依傍的,不能不依傍西洋人的哲学史。所以非研究过西洋哲学史的人不能构成适当的形式。"[1]这样的做法,后来被视为树立了中国近代学术的典范。

历史研究,无疑都是后人看前事,用后来的观念观照和解释前事,无可奈何,难以避免。但要防止先入为主的成见,尽量约束主观,以免强古人以就我。由依傍古人转而依傍外人,思维方式大同小异。关于此节,如何把握1931年清华20周年纪念时陈寅恪所提出的准则,即"具有统系与不涉傅会"[2],至关重要,难度极高。这不仅因为后人所处时代、环境及其所得知识,与历史人物迥异,而且由于这些知识经过历来学人的不断变换强化,很难分清后来认识与历史本事的分界究竟何在。近代以来,中西新旧,乾坤颠倒,体用关系,用夷变夏,已成大势所趋。陈寅恪称冯著下册"于朱子之学,多所发明",而这些发明,实际上是"取西洋哲学观念,以阐明紫阳之学",虽然称许"宜其成系统而多新解",实则对于用域外系统条理本国材料,一直有所保留。

1933年4月,浦江清曾对朱自清谈及:"今日治中国学问皆用外国模型,此事无所谓优劣。惟如讲中国文学史,必须用中国间架,不然则古人苦心俱抹

---

① 欧阳哲生编:《胡适文集》6,第182、155页。
② 陈寅恪:《吾国学术之现状及清华之职责》,陈美延编:《陈寅恪集·金明馆丛稿二编》,第361页。

杀矣。即如比兴一端,无论合乎真实与否,其影响实大,许多诗人之作,皆着眼政治,此以西方间架论之,即当抹杀矣。"①这多少反映了陈寅恪的看法。但说是无所谓优劣,其实还是有所分别。陈寅恪曾批评新派的文化史"失之诬",因为"新派是留学生,所谓'以科学方法整理国故'者。新派书有解释,看上去似很有条理,然甚危险。"②即使不得已而借鉴域外间架,也有相对适当与否的分别。1937年陈寅恪与吴宓谈及:"熊十力之新唯识派,乃以 Bergson(亨利·柏格森)之创化论解佛学。欧阳竟无先生之唯识学,则以印度之烦琐哲学解佛学,如欧洲中世耶教之有 Scholasticism(经院哲学),似觉劳而少功,然比之熊君所说尤为正途确解也"③。陈寅恪痛批《马氏文通》用印欧语系的文法施诸汉藏语系的中国语文,而主张用同系语文比较研究得一定的通则规律,道理亦在于此。④

相比之下,冯友兰恐怕还不能说是用朱熹的态度办法,虽然他或许有此心;距离陈寅恪所主张的比较研究也相当遥远,而不免格义附会。1928年,张荫麟曾撰文评冯友兰的《儒家对于婚丧祭礼之理论》,指出:"以现代自觉的统系,比附古代断片的思想,此乃近今治中国思想史者之通病。此种比附,实预断一无法证明之大前提,即谓凡古人之思想皆有自觉的统系及一致的组织。然从思想发展之历程观之,此实极晚近之事也。在不与原来之断片思想冲突之范围内,每可构成数多种统系。以统系化之方法治古代思想,适足以愈治而愈棼耳。"⑤这的确点到用后来域外观念系统解释中国古代固有思想学说事物的要害,而与陈寅恪所说大抵相通。所以陈在论述新儒家之产生及其传衍后,着重强调,必须一方面吸收输入外来之学说,另一方面不忘本来民族之地位,才能真正于思想上自成系统,有所创获。

在陈寅恪所处的时代,这样的主张显然并不合时流。以至今日,在与国际

① 朱乔森编:《朱自清全集·日记编》第9卷,第213页。
② 卞僧慧:《怀念陈寅恪先生》,引自蒋天枢:《陈寅恪先生传》,北京大学中国中古史研究中心编:《纪念陈寅恪先生诞辰百年学术论文集》,北京大学出版社1989年版,第4页。
③ 吴宓著,吴学昭整理注释:《吴宓日记》第六册,第152—153页。
④ 桑兵:《横看成岭侧成峰——学术视差与胡适的学术地位》,《历史研究》2003年第5期。
⑤ 张荫麟:《冯友兰〈儒家对于婚丧祭礼之理论〉》,《大公报·文学副刊》1928年7月9日,第九版。

接轨对话等等时髦导向下,用外国模型治中国学问,愈演愈烈,几乎成为天经地义,理所当然,似乎不如此则不入流,实际上演变成以负贩为创新,甚至不过搬弄连自己也不明所以的名词概念的恶习。尽管如此太阿倒持,削足适履,挟洋自重,熟悉域外中国研究状况的余英时教授还是断言:"我可以负责地说一句:20世纪以来,中国学人有关中国学术的著作,其最有价值的都是最少以西方观念作比附的。如果治中国史者先有外国框框,则势必不能细心体会中国史籍的'本意',而是把它当报纸一样的翻检,从字面上找自己所需要的东西(你们千万不要误信有些浅人的话,以为'本意'是找不到的,理由在此无法详说)。"①此言可以作为警示来者的箴言,检验一切中国人有关中国学术的著作,当然也包括冯友兰的《中国哲学史》。

不仅具体研究办法,总体上能否将中国古代思想置于后出外来的"哲学"架构之下,也存在诸多问题。1926年,本来对学哲学抱有很大兴趣的傅斯年,向昔日的老师、打算重写一部《中国古代哲学史》的胡适直言不讳地表达不同意见,声称自己将来可能写"中国古代思想集叙",并提出若干要遵守的"教条",其中包括:1.不用近代哲学观看中国的方术论,"如故把后一时期,或别个民族的名词及方式来解它,不是割离,便是添加。故不用任何后一时期,印度的、西洋的名词和方式。"2.研究方术论、玄学、佛学、理学,各用不同的方法和材料,而且不以两千年的思想为一线而集论之,"一面不使之与当时的史分,一面亦不越俎去使与别一时期之同一史合。"②也就是说,中国历代分别有方术、玄学、佛学、理学的历史,没有一以贯之的哲学史,各史均须还原到当时的历史联系之中,而不能抽离某些元素加入其他时期的同类史。

在1924年1月至1926年10月间陆续撰写的《与顾颉刚论古史书》中,傅斯年更加明白说道:"我不赞成适之先生把记载老子、孔子、墨子等等之书呼作哲学史,中国本没有所谓哲学。……我们若呼子家为哲学家,大有误会之可能。大凡用新名词称旧物事,物质的东西是可以的,因为相同,人文上的物事是每每不可以的,因为多是似同而异。现在我们姑称这些人们(子家)为方术

———————————

① 余英时:《论士衡史》,上海文艺出版社1999年版,第459页。
② 《傅斯年致胡适》(1926年8月17、18日),杜春和、韩荣芳、耿来金编:《胡适论学往来书信选》下册,河北人民出版社1998年版,第1264—1265页。

家,思想一个名词也可以少用为是。"①这些针对胡适《中国哲学史大纲》的弊病而发的议论,与陈寅恪后来在冯友兰《中国哲学史》上册审查报告中的批评立意相近。傅斯年早年并不反对哲学,而且留学欧洲的目的之一,便是学习哲学,其间幡然醒悟,坚决排斥用哲学观念观察描述中国思想的历史,是否受到陈寅恪的影响,限于资料,难以具体探明。② 不过,鉴于可以像朱熹那样取珠还椟,陈寅恪并没有绝对反对使用哲学的概念。

二、了解之同情

对于冯友兰的《中国哲学史》下册,陈寅恪的审查报告褒贬的倾向比较明显。相比之下,上册审查报告的意思就有些难以捉摸。十年前所写《陈寅恪与中国近代史研究》,虽然正文肯定上册褒意显然,注释里还是点出"于字里行间也有所不满"。只是这样的不以为然之意,曲折隐晦,不易察觉。

陈寅恪在《冯友兰中国哲学史上册审查报告》中说:

　　凡著中国古代哲学史者,其对于古人之学说,应具了解之同情,方可下笔。盖古人著书立说,皆有所为而发。故其所处之环境,所受之背景,非完全明了,则其学说不易评论,而古代哲学家去今数千年,其时代之真相,极难推知。吾人今日可依据之材料,仅为当时所遗存最小之一部,欲藉此残余断片,以窥测其全部结构,必须备艺术家欣赏古代绘画雕刻之眼光及精神,然后古人立说之用意与对象,始可以真了解。所谓真了解者,必神游冥想,与立说之古人,处于同一境界,而对于其持论所以不得不如是之苦心孤诣,表一种之同情,始能批评其学说之是非得失,而无隔阂肤廓之论。否则数千年前之陈言旧说,与今日之情势迥殊,何一不可以可笑

---

① 傅斯年:《与顾颉刚论古史书》,欧阳哲生主编:《傅斯年全集》第一卷,第459页。傅斯年的这一观念涉及哲学概念及其相关的知识分类进入近代中国、以及中国学人用哲学重组中国思想史的复杂进程,详见桑兵《近代"中国哲学发源"》,《学术研究》2010年第11期,第1—11页。

② 关于陈寅恪与傅斯年的相互影响,参见王汎森:《中国近代思想与学术的系谱》,河北教育出版社2001年版。

可怪目之乎？①

今人据此，以为陈寅恪本人的治史态度和方法，亦为了解之同情。此说并非全无道理。严耕望认为："论者每谓，陈寅恪先生考证史事，'能以小见大'。……此种方法似乎较为省力，但要有天分与极深学力，不是一般人都能运用，而且容易出毛病。"因而主张用人人都可以做到的"聚小为大"之法，即"聚集许多似乎不相干的琐碎材料、琐小事例，加以整理、组织，使其系统化，讲出一个大问题，大结论。"②在谈及考证学的述证与辩证两类别、两层次时，严耕望又进一步详论：

> 述证的论著只要历举具体史料，加以贯串，使史事真相适当的显露出来。此法最重史料搜集之详赡，与史料比次之缜密，再加以精心组织，能于纷繁中见条理，得出前所未知的新结论。辩证的论著，重在运用史料，作曲折委蛇的辨析，以达成自己所透视所理解的新结论。此种论文较深刻，亦较难写。考证方法虽有此两类别、两层次，但名家论著通常皆兼备此两方面，惟亦各有所侧重。寅恪先生的历史考证侧重后者，往往分析入微，证成新解，故其文胜处往往光辉灿然，令人叹不可及。但亦往往不免有过分强调别解之病，学者只当取其意境，不可一意追摩仿学；浅学之士若一意追摩，更可能有走火入魔的危险。援庵先生长于前者，故最重视史料搜集，至以"竭泽而渔"相比况。故往往能得世所罕见，无人用过的史料，做出辉煌的成绩，……前辈学人成绩之无懈可击，未有逾于先生者。其重要论著，不但都能给读者增加若干崭新的历史知识，而且亦易于追摩仿学。③

如此归纳分别，的确可以在陈寅恪的著述中找到证据。如在冯著上册审查报告的末尾，陈寅恪将了解之同情"更推论及于文艺批评"，所举例"如纪晓岚之批评古人诗集，辄加涂抹，诋为不通。初怪其何以狂妄至是，后读清高宗预制诗集，颇疑其有所为而发。此事固难证明，或亦间接与时代性有关，斯又

---

① 陈寅恪：《冯友兰〈中国哲学史〉上册审查报告》，陈美延编：《陈寅恪集·金明馆丛稿二编》，第279页。

② 严耕望：《治史经验谈》，台湾商务印书馆1997年版，第94页

③ 严耕望：《治史答问》，台湾商务印书馆1995年版，第85—86页。

利用材料之别一例也。"由此可见其"曲折委蛇的辨析"往往出人意料、甚至匪夷所思之一般。

可是,陈寅恪在讲述对于古人之学说应具了解之同情的意思之后,紧接着说了以下一段话:

> 但此种同情之态度,最易流于穿凿附会之恶习。因今日所得见之古代材料,或散佚而仅存,或晦涩而难解,非经过解释及排比之程序,绝无哲学史之可言。然若加以连贯综合之搜集及统系条理之整理,则著者有意无意之间,往往依其自身所遭际之时代,所居处之环境,所熏染之学说,以推测解释古人之意志。由此之故,今日之谈中国古代哲学者,大抵即谈其今日自身之哲学者也。所著之中国哲学史者,即其今日自身之哲学史者也。其言论愈有条理统系,则去古人学说之真相愈远。①

这一层意思,学人虽然间有引述,却一般不与前文相联系,而是割裂使用,变成毫不相干、截然相反的两种观念,从而失去通篇本意的全貌。前后连贯来看,陈寅恪的意思其实相当清楚,就是认为了解之同情"最易流于穿凿附会之恶习",因而不仅不主张使用,甚至认为除非因文献不足征等情况不得已而为之,一般不可使用。否则非但不能理解古人,反而可能南辕北辙,愈有条理统系,去古人学说真相愈远。

陈寅恪的这一态度,与其对于不同历史时段史料遗存的多寡之于史学的关系,以及清代民国学术状况的看法密切相关。在此前后,陈寅恪有一系列相关言论文字,可以相互佐证。20 世纪 30 年代,他告诉听课的学生:"研上古史,证据少,只要能猜出可能,实甚容易。因正面证据少,反证亦少。"②40 年代仍然坚持道:"上古去今太远,无文字记载,有之亦仅三言两语,语焉不详,无从印证。加之地下考古发掘不多,遂难据以定案。画人画鬼,见仁见智,曰朱曰墨,言人人殊,证据不足,孰能定之?"③

---

① 陈寅恪:《冯友兰〈中国哲学史〉上册审查报告》,陈美延编:《陈寅恪集·金明馆丛稿二编》,第 279—280 页。
② 杨联陞:《陈寅恪先生隋唐史第一讲笔记》,《传记文学》第 16 卷第 3 期,1970 年 3 月,第 56 页。
③ 王钟翰:《陈寅恪先生杂忆》,纪念陈寅恪教授国际学术讨论会秘书组编:《纪念陈寅恪教授国际学术讨论会文集》,中山大学出版社 1989 年版,第 52 页。

后来陈寅恪的研究时段下移到明清之际,虽然格于身世,没有继续下探,却曾就家世相关,对晚清史料史事多有解读。其著述凸显中古重制度,晚近重人事的分别,且为将中古研究的成功经验移治晚近历史开辟途径。而在上古部分,前引吴宓日记可见陈寅恪对于先秦典籍史事确有深入认识,却从未发表直接的学术文字。不仅如此,他还对国内学术界弥漫好古之风不以为然。1931年,他公开批评道:"近年国内本国思想史之著作,几尽为先秦及两汉诸子之论文,殆皆师法昔贤'非三代两汉之书不敢观者。'何国人之好古,一至于斯也。"①1935年,他在为陈垣《元西域人华化考》所作序言中,又声言:"寅恪不敢观三代两汉之书,而喜谈中古以降民族文化之史"②。

陈寅恪如此说法,除故意与韩愈之说反对,有心与清儒立异之外,不满于清代以来的学术风尚当为要因。他针对"有清一代经学号称极盛,而史学则远不逮宋人"的情形评议道:

> 独清代之经学与史学,俱为考据之学,故治其学者,亦并号为朴学之徒。所差异者,史学之材料大都完整而较备具,其解释亦有所限制,非可人执一说,无从判决其当否也。经学则不然,其材料往往残阙而又寡少,其解释尤不确定,以谨愿之人,而治经学,则但能依据文句各别解释,而不能综合贯通,成一有系统之论述。以夸诞之人,而治经学,则不甘以片段之论述为满足。因其材料残阙寡少及解释无定之故,转可利用一二细微疑似之单证,以附会其广泛难征之结论。其论既出之后,固不能犂然有当于人心,而人亦不易标举反证以相诘难。譬诸图画鬼物,苟形态略具,则能事已毕,其真状之果肖似与否,画者与观者两皆不知也。往昔经学盛时,为其学者,可不读唐以后书,以求速效。声誉既易致,而利禄亦随之,于是一世才智之士,能为考据之学者,群舍史学而趋于经学之一途。其谨愿者,既止于解释文句,而不能讨论问题。其夸诞者,又流于奇诡悠谬,而不可究诘。……今日吾国治学之士,竞言古史,察其持论,间有类乎清季

① 陈寅恪:《吾国学术之现状及清华之职责》,陈美延编:《陈寅恪集·金明馆丛稿二编》,第362页。

② 陈寅恪:《陈垣元西域人华化考序》,陈美延编:《陈寅恪集·金明馆丛稿二编》,第270页。

夸诞经学家之所为者。①

上古历史，诚如章太炎所说，"世次疏阔，年月较略，或不可以质言"，而学者"好其多异说者，而恶其少异说者，是所谓好画鬼魅，恶图犬马也"②。研治古文字、古史和考古等，文学想象力丰富与逻辑推理能力强者易于建功，即因为材料缺漏太多，往往只能由点到点虚线相连并推及到面，非如此难以寻出史事的联系脉络。可是合理联想与夸诞附会的分界，不过一线之间，要拿捏把握得当，相当困难。所谓不观先秦典籍，实际是不愿为但凭猜测揣度、难以征信的学问，以免图画鬼物。照此看来，即使神游冥想之下，于古人持论的苦心孤诣真能具某种了解同情，也只不过是猜出可能，见仁见智。这岂是欲将史学做到像生物学、地质学那样精确的陈寅恪治学的理想境界？

细读陈寅恪的冯著上册审查报告，可见其只是在两方面相对于学界的时趋而给予有条件的肯定：其一，整理国故的乱象。陈寅恪明指当时学术界"其言论愈有条理统系，则去古人学说之真相愈远"的表现，首要就是："此弊至今日之谈墨学而极矣。今日之墨学者，任何古书古字，绝无依据，亦可随其一时偶然兴会，而为之改移，几若善博者能呼卢成卢，喝雉成雉之比。此近日中国号称整理国故之普通状况，诚可为长叹息者也。今欲求一中国古代哲学史，能矫傅会之恶习，而具了解之同情者，则冯君此作庶几近之。"③虽然清以来由经入子已成趋势，但诸子研究至孙诒让，文本语义大体完成。近代诸子学大盛，破除经学独尊地位之外，主要时由于容易附会各种西洋学说，可以反复解释。其中尤以墨学为著。整理国故主张以西洋系统条理中国材料，看似有条理，其实甚危险，④更加一发而不可收拾。有感于此，陈寅恪认为与整理国故呼卢喝雉的劣习恶风相比，冯友兰的了解同情确有可取之处。

其二，古史辨的偏蔽。对于当时已成显学的古史辨，据说陈寅恪在弟子面

① 陈寅恪：《陈垣元西域人华化考序》，陈美延编：《陈寅恪集·金明馆丛稿二编》，第269—270页。

② 章太炎：《救学弊论》，《华国月刊》第1卷第12期，1924年8月15日，第11页。

③ 陈寅恪：《冯友兰〈中国哲学史〉上册审查报告》，陈美延编：《陈寅恪集·金明馆丛稿二编》，第280页。

④ 卞僧慧：《怀念陈寅恪先生》，引自蒋天枢：《陈寅恪先生传》，北京大学中国中古史研究中心编：《纪念陈寅恪先生诞辰百年学术论文集》，第4页。

前一度有所评议,可是语境不详,真意未必如弟子所领会。而从明文可据的审查报告看,陈寅恪对古史辨相当不以为然,他说:

> 以中国今日之考据学,已足辨别古书之真伪。然真伪者,不过相对问题,而最要在能审定伪材料之时代及作者,而利用之。盖伪材料亦有时与真材料同一可贵。如某种伪材料,若径认为其所依托之时代及作者之真产物,固不可也。但能考出其作伪时代及作者,即据以说明此时代及作者之思想,则变为一真材料矣。中国古代史之材料,如儒家及诸子等经典,皆非一时代一作者之产物。昔人笼统认为一人一时之作,其误固不俟论。今人能知其非一人一时之所作,而不知以纵贯之眼光,视为一种学术之丛书,或一宗传灯之语录,而断断致辩于其横切方面。此亦缺乏史学之通识所致。而冯君之书,独能于此别具特识,利用材料,此亦应为表章者也。①

以此为准,古史辨的态度做法,缺乏史学通识,只能横切,不知纵贯。尤其是但求所记上古史事的真伪,而忽略不同时期记述变化的时代相关性及其对于后世的影响,同样是历史演进的重要内容;好由动机论因果,似乎人人有意作伪,实则因为利害关系等等不同,当事各人的记录亦有所分别,传衍变化,自然各异,不宜看朱成碧,甚至指鹿为马。相比之下,冯著能够分别利用,毕竟技高一筹。

时至今日,陈寅恪对整理国故和古史辨的批评,不仅没有失去时效,反而更加切中时弊,令人感慨。不过,以如此谨慎保留的评议,对于冯友兰的著作固然还可以说是褒奖,但要视为陈寅恪本人治学方法的表述,恐怕就不只是勉强了。

三、宋贤治史之法

声言不敢治经和不能读三代两汉之书的陈寅恪,虽然一生从未写过上古

---

① 陈寅恪:《冯友兰〈中国哲学史〉上册审查报告》,陈美延编:《陈寅恪集·金明馆丛稿二编》,第280页。

经史的相关论著,无法直接展现其取径和方法,但在为友人所写序、跋中,还是表达了相当明确的意见,从中可以揣摩领悟其对于研治上古经史的理念。

1939 年,陈寅恪为刘文典《庄子补正》作序,内称:

> 合肥刘叔雅先生文典以所著庄子补正示寅恪,曰,姑强为我读之。寅恪承命读之竟,叹曰,先生之作,可谓天下之至慎矣。其著书之例,虽能确证其有所脱,然无书本可依者,则不之补。虽能确证其有所误,然不详其所以致误之由者,亦不之正。故先生于庄子一书,所持胜义犹多蕴而未出,此书殊不足以尽之也。或问曰,先生此书,谨严若是,将无矫枉过正乎?寅恪应之曰,先生之为是,非得已也。今日治先秦子史之学,著书名世者甚众。偶闻人言,其间颇有改订旧文,多任己意,而与先生之所为大异者。寅恪平生不能读先秦之书,二者之是非,初亦未敢遽判。继而思之,尝亦能读金圣叹之书矣。其注水浒传,凡所删易,辄曰,"古本作某,今依古本改正。"夫彼之所谓古本者,非神州历世共传之古本,而苏州金人瑞胸中独具之古本也。由是言之,今日治先秦子史之学,与先生所为大异者,乃以明清放浪之才人,而谈商周邃古之朴学。其所著书,几何不为金圣叹胸中独具之古本,转欲以之留赠后人,焉得不为古人痛哭耶?然则先生此书之刊布,盖将一匡当世之学风,示人以准则,岂仅供治庄子者之所必读而已哉?①

受宋以来疑古辨伪之风的影响,清代学人校勘经史子书,好擅改字,流风所被,至今遗毒不绝。今人校勘近代文献,也往往好以己意改字。殊不知今人以为不通者,本来恰好可通。而校改以符合今意后,反而不通当时本意。刘文典《庄子补正》一书价值究竟如何,学界尚有不同看法。陈寅恪所写序言虽然仅仅谈及文本的校勘,实则于如何理解古人著述的本意,以及如何防止用后来己意妄加揣度各节,至关重要。若"以明清放浪之才人,而谈商周邃古之朴学"的态度,势必图画鬼物,纵有著述,不过野狐禅而已。

关于理解古人思想的办法,与陈寅恪沟通较深的傅斯年所撰《性命古训

---

① 陈寅恪:《刘叔雅庄子补正序》,陈美延编:《陈寅恪集·金明馆丛稿二编》,第 258—259 页。

辨证》,讲性命二字的古训,用法、德两国学者常用的"以语言学的观念解释一个思想史的问题"的方法,强调:"思想不能离语言,故思想必为语言所支配,一思想之来源与演变,固受甚多人文事件之影响,亦甚受语法之影响。思想愈抽象者,此情形愈明显。"语学的观点和历史的观点同样重要,"用语学的观点所以识性命诸字之原,用历史的观点所以疏性论历来之变。思想非静止之物,静止则无思想已耳。故虽后学之仪范典型,弟子之承奉师说,其无微变者鲜矣,况公然标异者乎?前如程、朱,后如戴、阮,皆以古儒家义为一固定不移之物,不知分解其变动,乃昌言曰'求其是'。庸讵知所谓是者,相对之词非绝对之词,一时之准非永久之准乎?在此事上,朱子犹盛于戴、阮,朱子论性颇能寻其演变,戴氏则但有一是非矣(朱子著书中,不足征其历史的观点,然据《语类》所记,知其差能用历史方法。清代朴学家中,惠栋、钱大昕较有历史观点,而钱氏尤长于此。若戴氏一派,最不知别时代之差,'求其是'三字误彼等不少。盖'求其古'尚可借以探流变,'求其是'则师心自用者多矣)。"①

如何"求其古",显然神游冥想以表同情并非良法,要理解古人的微言大义,别有佳径。在陈寅恪看来,堪称典范者当属杨树达。研治上古,"自昔长于金石之学者,必为深研经史之人,非通经无以释金文,非治史无以证石刻。群经诸史,乃古史资料多数之所汇集,金文石刻则其少数脱离之片段,未有不了解多数汇集之资料,而能考释少数脱离之片段不误者。先生平日熟读三代两汉之书,融会贯通,打成一片。故其解释古代佶屈聱牙晦涩艰深之词句,无不文从字顺,犁然有当于人心。"②尤其是1948年为杨树达所撰《论语疏证》作序,代为总结其方法:

> 先生治经之法,殆与宋贤治史之法冥会,而与天竺诂经之法,形似而实不同也。夫圣人之言,必有为而发,若不取事实以证之,则成无的之矢矣。圣言简奥,若不采意旨相同之语以参之,则为不解之谜矣。既广搜群籍,以参证圣言,其言之矛盾疑滞者,若不考订解释,折衷一是,则圣人之言行,终不可明矣。今先生汇集古籍中事实语言之与《论语》有关者,并

① 傅斯年:《性命古训辨证》,欧阳哲生主编:《傅斯年全集》第二卷,第506、508页。
② 陈寅恪:《杨树达积微居小学金史论丛续稿序》,陈美延编:《陈寅恪集·金明馆丛稿二编》,第260页。

间下己意,考订是非,解释疑滞,此司马君实李仁甫长编考异之法,乃自来诂释论语者所未有,诚可为治经者辟一新途径,树一新楷模也。天竺佛藏,其论藏别为一类外,如譬喻之经,诸宗之律,虽广引圣凡行事,以证释佛说,然其文大抵为神话物语,与此土诂经之法大异。……南北朝佛教大行于中国,士大夫治学之法,亦有受其薰习者。寅恪尝谓裴松之三国志注,刘孝标世说新书注,郦道元水经注,杨衒之洛阳伽蓝记等,颇似当日佛典中之合本子注。然此诸书皆属乙部,至经部之著作,其体例则未见有受释氏之影响者。惟皇侃论语义疏引论释以解公冶长章,殊类天竺譬喻经之体。殆六朝儒学之士,渐染于佛教者至深,亦尝袭用其法,以诂孔氏之书耶? 但此为旧注中所仅见,可知古人不取此法以诂经也。盖孔子说世间法,故儒家经典,必用史学考据,即实事求是之法治之。彼佛教譬喻诸经之体例,则形虽似,而实不同,固不能取其法,以释儒家经典也。[1]

以事实证言论,以文本相参证,继以考订解释,可以明圣人之言行。此即宋代司马光等人的长编考异之法。陈寅恪和傅斯年均认为,中国史学发达最早,且程度极高,所谓"中国史学莫盛于宋,……元明及清,治史者之学识更不逮宋"[2]。为此,早在20世纪20年代末,两人就曾议论专做宋史研究之事。可是一度协商,心意相通,却无下文。后来陈寅恪谈及研治宋史之难,着重提及材料繁复一点。但是若以秦以后思想演变的大事因缘为纲领脉络,研治宋史之难,材料的繁复芜杂应当还在其次,根本问题是要以宋代为中国历史的大关节,而不能仅以为数十朝兴衰存亡之一代。用断代史的眼光办法研治宋史,很难达到应有的高度。

陈寅恪反复指出的宋贤治史与天竺诂经之法的分别及联系,所谓形似而实不同,主要是指佛藏与儒经分别面向出世与世间,因而合本子注与长编考异,一重神话物语,一重人间事实。若就形式和方法而言,二者可谓异曲同工。而且长编考异或许受合本子注的影响,至少精神与之相通。

所谓"合本","盖取别本之义同文异者,列入小注中,与大字正文互相配

① 陈寅恪:《杨树达论语疏证序》,陈美延编:《陈寅恪集·金明馆丛稿二编》,第262—263页。
② 陈寅恪:《陈垣明季滇黔佛教考序》,陈美延编:《陈寅恪集·金明馆丛稿二编》,第272页。

拟。即所谓'以子从母','事类相对'者也。""中土佛典译出既多,往往同本
而异译,于是有编纂'合本',以资对比者焉。"陈寅恪还引用敏度法师合维摩
诘经序所说,进一步说明合本子注:"此三贤者(支恭明法护叔兰),并博综稽
古,研机极玄,殊方异音,兼通关解,先后译传,别为三经同本,人殊出异。或辞
句出入,先后不同,或有无离合,多少各异,或方言训古,字乖趣同,或其文胡
越,其趣亦乖,或文义混杂,在疑似之间,若此之比,其塗非一。若其偏执一经,
则失兼通之功。广披其三,则文烦难究,余是以合两令相附。以明所出为本,
以兰所出为子,分章断句,使事类相从。令寻之者瞻上视下,读披按此,足以释
乖迂之劳,易则易知矣。若能参考校异,极数通变,则万流同归,百虑一致,庶
可以辟大通于未寤,阖同异于均致。若其配不相畴,傥失其类者,俟后明哲君
子刊之从正。"认为"即今日历史语言学者之佛典比较方法,亦何以远
过。……以见吾国晋代僧徒当时研究佛典,已能精审若是,为不可及也。"①

　　参合上述,陈寅恪所主张的治学方法,实为宋贤治史的长编考异之法,②
此法也就是陈寅恪研治两汉以下历代国史和民族文化史的基本办法。根据研
治对象和运用范围的差异,这一基本取径方法有所变化。杨树达用以诂经,所
获得到陈寅恪的赞许,尽管陈本人鉴于上古材料不足,声称不治两汉以上经
史,心目中的良法依然在此。了解同情的前提,是假定人同此心,心同此理,所
以能够古今中外,心心相印。而长编考异的依据,在于历史不可重复,只会演
化,所以史学于比较中着重见异,而非求同。这也就是治史不宜归纳,必须贯
通的理据。长编考异于比较异同中寻绎历史因时空改变而发生的衍化,以及
无限延伸的事实联系,以求达到贯通的境界。与之形同实异的合本子注,不仅
研治佛经内典的文本行之有效,而且适用于各种文献的文本比较。如此,即便
陈寅恪的治史方法可以概括为辩证,其基础还是述证。没有坚实详密的述证,
前后左右,无限贯通,辩证难免流于瞎猜。所以,"以小见大"的高明见识背后,

① 陈寅恪:《支愍度学说考》,陈美延编:《陈寅恪集·金明馆丛稿初编》,第181—185页。
② 陈寅恪所主张为宋贤治史的长编考异之法一节,许冠三《新史学九十年》(香港中文大
学出版社1986年版)已经指出,王永兴《陈寅恪先生史学述略稿》(北京大学出版社1998年版。
其中第一章的第一、第四两节尤为集中讨论陈寅恪的史学方法)专章申论。不过,王著将神游冥
想真了解亦认为陈寅恪本人的治史方法,于陈寅恪所论合本子注与长编考异之法的适用范围,
以及长编考异与总汇贯通的联系分别等,尚有可以探讨的空间以及辨析的余地。

还是"聚小为大"的深厚功力。此法于解读陈寅恪本人的文字,同样相当有效。

除"合本"外,还有"格义",作为"我民族与他民族二种不同思想初次之混合品",二者皆六朝初年僧徒研究经典的方法,形式上所重俱在文句的比较拟配,却形似而实异。① 从比较研究的角度,陈寅恪曾对"格义"大加挞伐,不仅从比较语言学的角度痛批《马氏文通》"何其不通如是",还对附会中外学说的格义式比较予以批评。② 不过,陈寅恪并非全然否定格义的积极意义,甚至对北宋以后援儒入释格义之流的理学评价极高。相比之下,取西洋哲学观念解释中国古代思想,很难不落入格义附会的窠臼,未必有助于理解领悟古人的思想,反而容易陷入愈有条理系统,去事实真相愈远的尴尬,或是流于西洋哲学的附庸。而善用格义之学,借鉴西洋哲学观念,重新理解吸收古人思想,形成今日所需的哲学,而不是编织"哲学"进入中国之前的"中国哲学史",求珠还椟,面向未来,或可继宋代之后,进一步丰富提升中华民族形而上的抽象纯理思维,再创思想的新高。犹如经典之于上古,固然要疑古辨伪,以求渊源流变,但不能因此否定经学对于理解两汉以下中国社会的重要作用,纲常伦理,仍是把握中国文化的关键。而现代"中国哲学"能否如宋儒"理学",各领风骚数百年,则是对今日有志于"哲学"的学人天赋与努力的极好检验。

概言之,陈寅恪所写冯友兰《中国哲学史》上下册的两篇审查报告,在相对于整理国故和古史辨等学界时趋的偏蔽有条件地肯定冯著的同时,表达了关于上古和宋代历史文化以及哲学研究的不同看法,并略及方法。与其他记述相参照,可见了解之同情并非陈寅恪本人治史方法的表述。其研治经史,首重长编考异,内典文献,则取形似而实不同的合本子注。至于古史、宋代研究和哲学创造,能否达到其所期许的高度,还有待于来者。就此而论,冯友兰虽然不能完全接受陈寅恪关于己著《中国哲学史》的审查意见,可是后来转而著"贞元六书","接着讲"而非"照着讲"之外,陈寅恪的意见应当起着潜在的推动作用。

---

① 陈寅恪:《支愍度学说考》,陈美延编:《陈寅恪集·金明馆丛稿初编》,第 173、181 页。
② 陈寅恪:《与刘叔雅论国文试题书》,陈美延编:《陈寅恪集·金明馆丛稿二编》,第 252 页。

解释一字即是作一部文化史

一、识字与作文化史

1936 年 4 月 18 日,陈寅恪读完沈兼士寄来的论文《"鬼"字原始意义之试探》,复函赞道:"依照今日训诂学之标准,凡解释一字即是作一部文化史。中国近日著作能适合此定义者,以寅恪所见,惟公此文足以当之无愧也。"[①]陈寅恪所说的文化史,至少应理解为用其种族文化观念研究中国历史,而非一般人眼中作为专史之一的文化史,若以分科成见误判,则索然无味;其所谓训诂学标准,其实主要是欧洲比较语言学、比较文献学和比较宗教学的事实联系比较方法,只不过避名居实,取珠还椟,以免用夷变夏。[②] 此说今人多认为悬的过高,实则清以前历代文献总共不过两万余种,若善于执简御繁,读完并非难事。况且迄今为止,大半已经可以检索,更加省时省力。只不过诸如此类的方便,读过书且能够读懂书的人可以如虎添翼,反之以为取巧的捷径,则有百害而无一利。其实际难解处,反而是文献不足征。

沈兼士的文章不过万字,且着重于探源,仅略及流变,似不足以当作一部文化史的评价。不过,陈寅恪每每好借评点他人论著之机,提示其心仪的治学取径做法。"解释一字即是作一部文化史",当在此例,倒不必过分拘泥于所评点的对象是否当之无愧。其时已有学人计划将中国所有文字的发生及演变

---

① 陈寅恪:《致沈兼士》二,陈美延编:《陈寅恪集·书信集》,第 172—173 页。

② 或以为陈寅恪的今日训诂学标准,仍是传统训诂学意义。其实陈寅恪虽然掌握传统训诂学,却几乎不用以研治中古以降民族文化史,在他看来,不与现代比较语言学沟通,仅用传统训诂学方法,难以达到解释一字即是作一部文化史的程度。

从古到今逐个梳理一过,并挑选了若干字尝试着手进行。据说还不到魏晋,有的字已经辑了一百数十页,由于工程过于浩大,只得作罢。这样做法应当较为接近陈寅恪的理念。而傅斯年同年夏开始撰写的《性命古训辨证》,做法与陈寅恪的主张几乎一致,只不过两人的结论适相反对,牵扯出新儒学的产生及其衍化的一大公案,反而引发双方暗中较量,相执不下。

清季以来,汉语言文字发生了脱胎换骨的变化,首先是《马氏文通》用印欧语系的语法重新条理,为后来白话文的欧式文句埋下伏笔,其次则从日本大量逆输入明治后的汉语新词,中文渐由以字为独立单位变成以词为单位。如此一来,语言文字的性格大变。加上认定方块字是落后文化的异类,字母化为文明进步的趋势,将汉语中文朝着预设的拉丁化或罗马化方向推进,便顺理成章地进入历史日程。在此进程中,看似白话文影响最大,其实白话文本来不过是通向拼音文字的一个过渡阶段。大量新名词的涌入,已经使得汉语言文字前后两分,今人若不使用大约 500 个此类名词,在正式场合很难表达意思,相互沟通。可是使用这些名词概念来理解古代乃至近代文献,则往往似是而非,与昔人本意相左相悖。可以说,这些名词成为横在中国古人与今人以及国人与外人之间的一道无形屏障,造成看似一脉相承的历史文化的实际断裂,本来相互沟通的工具媒介却形成前后内外相通的假象,导致彼此隔膜,对于今人了解过去,认识现在,展望未来,设下众多危机四伏的陷阱。

如果说解释一字即是作一部文化史之于古史研究已是奢求,那么清代以来文献大幅扩张,图书、档案、报刊、民间文书、口述音像资料等,任何一类,都在历代文献总和的百倍以上,何况还有根本无目可查的大量公私所藏未刊资料。不要说竭泽而渔,连边际究竟何在也难以捉摸把握。即使照陈垣所说缩短战线,再细小的题目,要想穷尽史料也是难于上青天。而在近代中国的研究中,不以解一词即作一部文化史的取径做法,认真研究近代知识转型的历史进程在各个层面的详情,就很难跨越古今,沟通中外,回到历史现场,从无到有地探寻事物的发生及其演化。这种必需、迫切与困难、茫然相互矛盾的情形,对于研究者造成极大的挑战,一方面努力想说明问题,哪怕只是与前人有所不同的道理;另一方面又无力搜集和驾驭众多的材料,于是只能因陋就简,先入为主地挑选若干翻译概念或关键词,利用可见的报刊、字词典、翻译书等有限资料,跳跃式地由点而线进行推演。各种相关研究,取径做法各异,重心大多落在解读名词概念的含义。而要做到解释一词即作一部文化史,显然不能局限于训诂本意,或者说,只有作成一部广义的文化史,才能理解把握名词因时因地因人而异的复杂本意以及由此展开的历史进程,而且关注的重心更加倾向于导致名词意涵有别的时空人等因素形成的历史事实。因为历史远比学人竭尽所能发挥想象来得更为生动复杂,而积淀在名词里的历史即承载了这些复杂性,除非依照时空顺序,将所有蕴含其中的历史充分地呈现出来,再丰富的想象力甚至无知无畏的自以为是,都无法释放全部错综复杂的内涵。在断章取义的历史描述基础之上,要想认识和把握名词概念,难免望文生义,隔义附会,甚至缘木求鱼。

近代的新名词不止一类,按照傅斯年的看法,"大凡用新名词称旧物事,物质的东西是可以的,因为相同;人文上的物事是每每不可以的,因为多是似同而异。"①物质的东西相对简单,不易体现一部文化史的丰富内涵,而本来不可以的人文上的物事的指称,却不仅实际上大量发生,而且牵扯广泛,已经成为历史极其重要的组成部分。对此现象,后来者可以见仁见智地评判是非正误,可是这样的判断对于重现和理解历史似乎无关紧要,因为这些新名词大多来自明治日本,而日本制造这些名词据说是对应于西学的翻译需要。一般而言,受到各自文化的制约影响,所有外来的观念体制,思想学术,都会发生适应性变异,所以跨文化传通往往就是彼此误解的历史。能否正确传达意思虽然不是毫无意义,更重要的还是这些事实(无论对错)究竟如何发生和演化。所牵涉的层面越多,跨度越大,内涵越复杂,就越是能够作成一部文化史。即使单篇论文,背后都要有史实内容详尽的至少一部专书作为支撑,主题分别设定为一个名词,规模和内容则是各自作成一部文化史。

至于具体做法,应尽力遵循下列原则:其一,努力回到无的境界,尽量不受任何后出外来的观念以及由此形成的先入为主的成见制约,依照时序探寻有的发生及其演化。其二,尽可能网罗各类相关史料,前后左右比较近真,且得其头绪。其三,将观念、思想还原为历史,探究名词背后所牵涉的所有思想学

---

① 傅斯年:《与顾颉刚论古史书》,欧阳哲生主编:《傅斯年全集》第一卷,第459页。

术源流、人脉体制变迁等繁杂本事。名词的使用,因人而异,须将所有相关者的不同本意以及所以然进行关联解读,史事的脉络才能逐渐显现。对此,研究者的领悟是否到位,拿捏是否得当,乃至用功是否充分,明眼人自有分数。至少这样的共同理念和取径做法已经初见有益和有效。

与一般所谓概念史或关键词的研究形同而实异,解释一个词即作一部文化史的重心,不在以名词勾连史事,而是由历史进程的丰富多样来展现词汇的复杂,进而把握概念约定俗成的外延内涵。这也就是清儒所谓求其古与求其是的分别,要由求其古来求其是,与傅斯年所说用语言学的观点解释或解决思想史的问题大体相近。求其古,就是探讨特定名词概念发生时的本意及其因时因地因人而异的演化实事。而导致变化的,包括时代风气、思想脉络、人事纠葛、阅历差异等各种因素。

即使同样指称人文上物事的名词,也还是有所分别,不能一概而论。如科学和美术,部分是玄理,部分为实事,然而究竟意指哪些事和理,不同时期固然有所分别,同一时期也会因人而异。甚至同一人在同一时期的不同场合(对象)使用同一概念,含义也不尽相同。科学指分科治学,今人大多不解其意;美术书写给工人看,更加令人莫名所以。至于少数民族,所指虽然尽为实事,可是各人的意涵及其指称涵盖的范围却相去甚远,而且同时用于指称同一类对象的还有其他名词。其间的差别及相关性,必须回到历史现场,考察概念和对象联系与分别的史事演变,才能梳理清楚。待到这些名词及其指称经过自然或人为的选择大致固定下来,其所经历的纷繁历史也逐渐积淀而隐藏其中。今人相互对话,看似约定俗成,不言而喻,实则不仅言人人殊,甚至各说各话。非经了解全部史事,难以同情把握。

仔细揣摩傅斯年《性命古训辨证》的意思,解释一词即作一部文化史有两点值得特别注意,其一,与一般近代学人所认为的相异甚至相反,解读历史上的中国物事及其概念的本意,不能用后出外来的名词方式来比附;其二,应注意不同时期思想的表现形式及其具体的时空联系(如断代),"一面不使之于当时的史分,一面亦不越俎去使与别一时期之同一史合。"近代史虽然为时较短,因为变动的节奏快、幅度大,尤其应当注意时间性因素的分别及作用,不可以110年之思想为一线而集论之。如何避免脱离原本具体的时空联系而与其他时空下形同实异的观念事物人为连接,至关重要。时下流行的各种概念、学科、思想、主义研究,单从名词概念等外在形式上看似乎前后并无二致,可是其一线相连的凭据显然是同一名词,实则大多仍是从后来的定义出发,裁剪组装史事。其实同一概念可能表达不同意思,而同一物事则用不同名词来指称的情形并不罕见。在不同的语境之下,同一名词含义各异,不仅均有实事所指,而且意涵受到各种相关实事的牵连,一旦抽离出来,历史的本事不可知,文本的原意也会相应失去。这样的研究看似关注历史,实则局限于概念,而且概念的意思还是后定,超越实事,集于一线。不仅前一时的概念显然并不能预料后来的取向,即使后一时的概念是否与前此联系,也要依据事实,而不能仅仅凭借名词的异同。古今"文学"就是一大显例。随着时空的转移,相同概念的内涵外延发生千变万化,或根本不同,或层累叠加,一词多义,形同实异,非与具体时空人事相联系,则难以辨认解读,更无法求其演化的历史进程。照此办法,史上原有很可能被排除在外、不以为然甚至明确反对者反而会被强制纳入其中。如此,所写当然只能是研究者心中的历史,而不能再现历史的本相。不知如何认识历史而勉强下手,逞其私臆便是不得不然。

解释一词即作一部文化史,着重于将思想还原为历史,通过重现相关历史的整体以便前后左右地把握概念,而不是以概念集于一线地铺排史事,二者的分别表面上不过毫厘之间,其实相去甚远,且至关重要。只有了解全部相关史事,才能把握概念的复杂历史含义,避免落入以概念追述历史,看似历史研究,实则个人主观放大的陷阱。

近代中国的新名词,大多来自明治后日本的新汉语,不了解幕末到大正时期尤其是明治日本的历史,探源难以深入堂奥,求变也很难把握经络。以西周助为代表的明治日本新名词的发明者开始或许未曾料到,这些词汇的发明和通行,绝不仅仅是对应西学那样简单。如井上哲次郎、冈仓天心等传播扩散者,有意识地使用这些具有关键意义的名词,一方面试图采用西方的标准,使东亚固有事物的价值得以重新审视,包括美术、哲学等等,都有了可以与西洋并存甚至对峙的东洋界域;另一方面,在重建东亚文化的近代价值信念的同时,日本也凭借这一套新名词取得了掌控东亚话语权的精神领袖地位。在近代西学的冲击之下,东亚各国往往因为无法对应门类繁多的西学而根本怀疑固有文化的价值。可是,这样的对应同时也可以面向西学重建对于固有文化的自信,而这时的东洋文化已经不是传统以中国儒学为中心建构起来,实际上是由日本对应西学解读之后重新建构,除了尽可能抬高日本文化种类的历史地位和价值,甚至如冈仓天心以日本为东亚美术传统的中心正统,压抑中国等其他东亚国家"美术"的地位,更重要的是这一套解释话语完全由日本掌控。从这一角度看,早在甲午战争之前一二十年,日本在东亚的优势主导地位就已经开始确立。后来中国只能借助日本与西方沟通对话,虽然避免了长期以来夷夏纠结的烦恼,也不得不用了西洋眼光重估固有文化,而陷入日本式话语的笼罩和控制。

同属汉字文化圈的东亚具有共通性,明治日本的新汉语,本来是为了对应欧洲新学,寻求翻译和表达。而日语本身的对应性较差,非借助汉语,不易准确简洁明了。如 metaphysics 一词,据狭间直树教授赐教,如果不是在中国典籍中找到"形而上"的概念,用日语恰当表达完整意思用字要多得多。因此,探源还须同时了解东亚以及欧美各国的语言文化传统。就此而论,日本的明治日本研究也受到后来分科畛域的制约,未能真正沟通东亚和东西。只存在于东方或西方人心中的西方和东方,其实都是不能笼统地一概而论的虚拟。少数民族的概念及其所指的规定,不仅本原各异,而且流别不同,既有思想学术渊源的影响,也有党派纷争的左右,以及族群利益的纠葛,迄今海峡两岸仍不一致。与此相关的中华民族、汉族等等清季以来才出现的名词概念以及各自所指称事物的内涵外延,至今仍是令域外学人理解中国最感困惑甚至忿然的问题之一。而他们所使用的源自近代西洋的观念,无论东欧还是北美,其实都相当隔膜。赞赏也好,批判也罢,百思不得其解是共同的窘境。

由此可见,解释一个名词,的确可以展现一部文化史,前提是必须以解词义为相关历史的线索和脉络,而非仅仅为范围或目的。要达到解释一词即是作一部文化史的境界和程度,首先要当成一部文化史来做,展开所有的相关文本和史事,由求其古而致求其是,然后才有可能作成一部文化史。否则即使写成专书,鸿篇巨制,也不过是名词的词义演绎,而不能称之为文化史的。

将解释一词作成一部文化史,尤其要注意比较研究的方法。此处的比较研究,并非目前一般好用的平行比较,而是事实联系的比较研究之正途。近代各种名词概念的形成、传播,实为研治比较研究的绝佳素材。而历史是天然应用比较方法的学问。从傅斯年所说史学即史料学,第一是比较不同的史料,第二是比较不同的史料,第三还是比较不同的史料,通过比较可以近真并得其头绪,到陈寅恪大力主张合本子注和长编考异,所强调的都是比较语言学和比较文献学之于历史研究尤其是比较研究的极端重要性。今日大多数中国人,可以说是发汉音,说日语,用西思。唯有用比较研究的方法,将所有史事的发生演化循序展现,揭示背后的联系,才能理解把握所用词汇的意涵,沟通古今中外。就此而论,解释一词即作一部文化史,其实也就是作成实实在在的历史,是研究历史以理解把握言人人殊的概念,而非以概念勾串历史。如果仍然参入自己定义的概念,或是寻求概念的定义,等于用后来的观念组装前事,那便成了自己心中的历史,而不能达到主观与客观的统一。

二、循名责实与贯串一致

近年来,海内外学术界关于近代中国的名词或概念史的研究渐成热门,取得丰富成果,解决许多问题,同时也留下不少疑惑。概括而言,值得讨论的主要有相互关联的三方面,一是重视溯源而相对忽视逐流,二是追究渊源流变之时好将两千年集于一线,三是对应翻译词汇之际总想循名责实。三者或连贯古今,或沟通中外,立意固然不错,只是要想将古今中外适得其所地沟通联系,远比现有的认识复杂得多。或者说,因循现有的路径,很容易陷入形似而实不同的陷阱无法自拔。若不能高度自觉,用力越深,反而可能离预期的目标越远。

研究近代中国的名词概念问题之所以要牵扯古今中外,与今日使用频率甚高的众多通行名词产生传衍的历史进程密切相关。以时下的通常理解,新名词并非仅仅近代才有,自古就有外来词陆续加入汉语中文的行列,只是原来零零星星,断断续续,潜移默化,未能产生显著的冲击作用。早期来华传教士在中国助手的协助下翻译西书,逐渐形成了一些专有名词。由于传教士中西学分途并行的观念主导,所译西书的范围不宽,所用名词的概念用法不够固定,尤其是未能在中国士人当中流行。虽然在华教会曾经有过统一名词的组织和努力,效果和影响都不甚明显。

甲午战后,受借由日本学习西学的世风影响,中国大量逆输入明治日本的新汉语,新名词在较短时期集中涌入,对中国的语言思想学术文化产生了巨大的冲击。明治新汉语逆输入一事,远非通常所认为的名词变化那样简单。其背景是中西学在长期分途并行之后,由于甲午中国战败的影响,朝野上下呼吁学习日本变法图强,以东学为主导,促成中西学融合为新学,大量新名词集中输入并且流行,使得汉语由以字为单位逐渐向以词为单位演变,新学又借由这些新名词新概念而加速传播。相形之下,原有的中学沦于旧学的变相,日益失去与原来主要由传教士引进译介的西学并驾齐驱的地位。借由东学的外衣,西学开始以新学的面貌在士绅阶层当中广泛流传,进而影响到官府朝廷的思维和决策,教育、学术等知识体系和包括官制在内的制度体系随之发生天翻地覆的变化。在新学的架构下,长时间分而治之的中西学很快熔于一炉。

将这一时期的明治新汉语来华称为逆输入,是由于其中不少原产于中国。大体而言,明治新汉语包括三部分,即中国典籍固有、来华传教士采用后输入日本和日本人自创,即使后两类,也大多是参考借鉴中国古代典籍而来。

日本明治时代的知识人创造新汉语的目的并不是要改造汉语,而是为了对应翻译西文词汇的需要,不得不借助言简意赅的中国古代典籍当中的一些文辞,既较日语简洁,又更加准确达意。可是这样拿中文对应西文,忽略了一个严重的后果,即不同的语言文字很难完全对应,总会因缘文化环境而产生微妙甚至是显而易见的差异,很容易在中文、东文和西文世界中产生误读错解。今人在探究这些近代新名词的渊源时,常常会利用现在科技手段的发达,通过各种检索系统查询古籍当中是否存在以及何时出现。在研究者看来,只要找出顺序相同的排列组合,就可以认定这些名词古已有之,然后寻绎意涵和用法的变化。这样做看似具有一定的合理性,其实很大程度上混淆了事实。因为专有名词往往是集合概念,对应西文而生的专有名词,虽然借用中国古典,不过是翻译的符号,不能望文生义地按照中文的字义加以理解,主要应该看西文的原意,并且根据西文单词的意思来解读中文的翻译词汇。

大多数情况下,西文词汇所指的事物,尤其是那些并非有形物质的抽象概念,在中国传统社会并不存在,即使按照后来的观念找到类似情形,仔细揣摩,也往往是形似而实不同。况且,文言以字为单位,不以词为单位,在古代典籍中排列顺序相同,不一定是专有名词,甚至根本不是名词。用于指称相关的物事,或不过偶然,或另有他词。也就是说,古人心中并无后来指向清晰的固定化集合概念,用后来发生的此类概念上探其观念,就像善于语言和历史比较研究的傅斯年所批评的,是将两千年集于一线,强古人以就我。

不仅如此,即使研究晚近出现的名词概念,虽然时间不过数百年数十年甚至数年,也不宜用名词勾连历史。由于古今中外的牵扯缠绕,名词相同而言人人殊的情形比比皆是。清季十年间,同样在东学的笼罩之下,"国体""政体"的指称涵盖不仅与今有别,当时各方也是聚讼纷纭,难得一是。有鉴于此,识者告诫新进学人用关键词做学问其实是相当危险的事,的确切中要害。

这样的误读错解,在东文世界当中一般而言并不存在。因为日本人主要关注西文单词的本意,汉语词汇不过是翻译的符号载体。然而,当这些词汇重新进入中文汉语世界之时,国人首先看到的是他们熟悉的汉字以及似曾相识的组合,然后去联想西文单词的本意,于是不仅引发当时各方人士的困扰,也考验着后来研究者的见识。

近代中国人虽然从明治新汉语接受了大量新名词,可是遇到西文概念或是论及所指事物,还是不由自主地会自行重新上溯古代典籍,望文生义,格义附会。而且受读书须先识字的传统影响,在解读新名词之时,往往不仅是比较西文原词,将新名词看作一个整体加以对应,而是首先分别从汉字组合各自的字义来理解词义。如此一来,同一汉语新名词在东文和中文语境中呈现不同形态,前者主要是对应西文单词,作为集合概念符号;后者则在西文单词与汉字本意之间游移徘徊。由此产生了许多彼此无法交集的歧义。

以字为单位的非逻辑汉语在翻译逻辑语言时,呈现相当的模糊性。若干汉语词汇表达同一西文单词和同一汉语词汇对应多个西文单词的情形所在多有,如自由、国家、民族、世界等。因此,汉语译名与西文原词不可能完全相符,有时不同的人用不同的概念表达同一事物,有的则不同的人可能用相同词汇来指称不同事物。讲究人伦秩序的中国原有的"自由"重在无拘无束,与西来的各种"自由"差异甚大。自由与放任的分界模糊,致使得民初自由主义颇受社会质疑。另外,文人好以新名词入诗,又往往与汉语的本意难分彼此。而辛亥之际的五族共和,显然与周公共和的本意联系更多,与西文的意涵似也相当契合,反而与帝制的对立并不突出。坚持共和,真正追求的其实是民主,却忽略了共和也可以是寡头专制的事实。

或以为研究名词概念的历史可以循名责实,其实在不同的语文系统当中,各有其因缘社会历史文化而来名与实。一旦被翻译转用,便发生以此之名应彼之实的转折,这样跨文化转移的名实,本来就很难完全对应,况且往往还会随之出现一实多名或一名多实的情形。因为名与实分属不同的语文系统,严格说来,无论如何均不存在名实是否相符的问题。虽然翻译之时译者也会思考如何能够正确表达,可是事实上翻译准确的往往不能通行,如玄奘译佛经,严复译西书,就是显例明证。而流行的大抵存在错解,只不过约定俗成而已,和正确与否未必直接联系。所谓循名责实,大体心中自有一是,而且这一是旨在与中外各有其是完全吻合。借用严复中西各有体用之说,翻译也只能相近而不可全同。所以,应当探究历史以把握概念,而不要以概念勾连历史。前者注意物事和概念渊源流变的错综复杂,通过梳理所有的史事把握概念的发生衍化以及约定俗成;后者则假定古今中外能够一以贯之,因而可以由名词连缀史事。

跨文化传通常常是误解的情形,因输入新知而享有盛誉的严复和梁启超堪称显例。在近代新学的形成及其传播史上,他们两人据有无可替代的重要地位。严复直接翻译西文,讲究信达雅,对于清季东学压倒西学的风气大为不满。他竭力会通中西的种种名词概念,能够流行和流传的为数不多,而他嗤之以鼻的东学以及明治后新汉语,却反而大行其道。

鼓吹借东学传播西学的梁启超的遭遇更加令人感慨。在近代中国,一些新名词虽然早已出现,却在梁启超用过之后才迅速流行,一些明治后新汉语则由他从东文世界借用而很快成为中土新学的要素。可是,即使如此引领时代风气的名士,有时也会陷入名实相符的困扰。经由梁启超而流行一时的新名词,在他本人大都是拿来就用,并未经过深思熟虑,严格说来,名实不符的情形所在多有。反之,梁启超再三琢磨认为日本人翻译不当或与中国情形不合的"经济学",却偏偏成了使用频率极高的通行词,并且最终被确定为标准的正式名词。而他先后使用的生计学、理财学、平准学、资生学等等,尤其是再三斟酌认为一是的生计学,则不敌经济学,以致梁启超本人也不得不几度违心地在一般听众面前使用他不以为然的"经济学"。引领时趋者无力回天,折射出名实不符或许恰好是常态。既然如此,循名责实岂非水中捞月般的徒劳无功?

早年一度热衷于翻译事业的王国维深有感触地说:

> 夫古人之说,固未必悉有条理也。往往一篇之中,时而说天道,时而说人事;岂独一篇中而已,一章之中,亦得如此。幸而其所用之语,意义甚为广莫,无论说天说人时,皆可用此语,故不觉其不贯串耳。若译之为他国语,则他国语之与此语相当者,其意义不必若是之广;即令其意义等于此语,或广于此语,然其所得应用之处不必尽同。故不贯串不统一之病,自不能免。而欲求其贯串统一,势不能不用意义更广之语。然语意愈广者,其语愈虚,于是古人之说之特质,渐不可见,所存者其肤廓耳。译古书之难,全在于是。①

虽然王国维主要说的是哲学,而且是就中译外立论,但是外译中情理相通。作为过来人的领悟,值得所有研究名词概念问题者反躬自省。

---

① 王国维:《书辜汤生英译中庸后》,《静庵文集》,辽宁教育出版社 1997 年版,第 150—151 页。

陈寅恪与比较研究

——《与刘叔雅论国文试题书》解析

　　20 世纪 80 年代以来,中国人文社会学科各领域中运用比较研究的方法渐趋时兴。而整体进展的同时,难免鱼龙混杂,令清代经学、近代古史研究的种种流弊,重新浮现。历史现象,往往循环反复,早已经前辈学人指证。所说虽系当年情形,时过境迁,不能一概而论,毕竟多有可以借鉴之处。尤其是高明者的真知灼见,不受时空的限制。后来人以其声名显赫,奉若神灵,可是对其所指示的学术路径却莫名所以,并不遵循,甚至有意无意与之相左相悖。1932 年陈寅恪与刘文典论国文试题书关于比较研究的大段议论,至今看来不仅依然恰当,而且似乎更加切中时弊,令人不禁有时光倒流之感。是函主要讨论比较语言学的问题,兼及比较文学乃至一般比较研究的轨则。关于前者,限于学科,不敢置一词,尽管《马氏文通》的利弊得失在语言学界还是见仁见智;关于后者,虽然当时不过附带论及,但牵扯广泛,歧异明显,需要解读的相关人事亦复不少。陈寅恪与比较文学的关系,学人虽然已经有所讨论,①对于本事的解读及相关问题的探讨,仍有较大空间。由文本以明语境,可以体察前贤的苦心孤诣,与时势作一对照,从而把握治学的途则。

一、对对子

　　1932 年夏考前,担任清华大学中文系主任的刘文典委托陈寅恪为国文科目命题。陈寅恪因"连岁校阅清华大学入学国文试卷,感触至多。据积年经

---

　　①　参见袁荻涌:《陈寅恪与比较文学》,《文史杂志》1990 年第 1 期;钱文忠:《略论寅恪先生之比较观及其在文学研究中之运用》,王永兴编:《纪念陈寅恪先生百年诞辰学术论文集》。两文均收入张杰、杨燕丽选编:《解析陈寅恪》,社会科学文献出版社 1999 年版。

验所得,以为今后国文试题,应与前此异其旨趣,即求一方法,其形式简单而涵义丰富,又与华夏民族语言文学之特性有密切关系者,以之测验程度,始能于阅卷定分之时,有所依据,庶几可使应试者,无甚侥幸,或甚冤屈之事。阅卷者良心上不致受特别痛苦,而时间精力俱可节省。"①鉴于当时学术界藏缅语系比较研究之学未发展,真正中国语文的文法尚未成立,退而求其次,他改用对对子的方式命题。当年所出题目,一为作文题"梦游清华园记",一为对子题"孙行者"。② 对后一题,考生周祖谟答为"胡适之"。他后来说想到可对的有两个人:一是"王引之",一是"胡适之","二者自以对'胡适之'为好。因为'适者,往也','往'跟'行'意思相近",所以就以"胡适之"为对。据说陈寅恪对此颇为赞赏。③ 另外,该校中国文学研究所出题亦有对对子,仍为陈寅恪所拟。

照陈寅恪三十余年后的回忆,当时"所以以'孙行者'为对子之题者,实欲应试者以'胡适之'对'孙行者'。盖猢狲乃猿猴,而'行者'与'适之'意义音韵皆可相对,此不过一时故作狡狯耳。"④而吴小如则称:"下联的'胡适之'是考生对出来的,非陈寅恪自己的答案。……后来有人盛传陈寅老本人的答案是'祖冲之',亦未确,盖'行'与'冲'皆平声字,而在三字的联语中第二字是必须平仄相对的(第一字则用平声或仄声皆可),故'胡'可对'孙',则虽以人名为对而尚嫌工稳。据老友卞僧慧先生亲自见告,陈先生自己的答案是'王引之'。'行'与'引'属对自然极工,而'王'亦有'祖'之义,故昔人祖父为'王父'。至于'孙'、'胡'相对,则做为'猢狲'字耳。"⑤两相比较,当事人虽有误记或受后来语境误导的可能,可信度毕竟较高。事后不久,"有人谓题中多绝对,并要求主题者宣布原对",陈寅恪对此不以为然,表示:"题对并无绝对,因

① 陈寅恪:《与刘叔雅论国文试题书》,陈美延编:《陈寅恪集·金明馆丛稿二编》,第249页。
② 据蒋天枢《陈寅恪先生传》,一年级试题除"孙行者"外,还有"少小离家老大回",另外,二、三年级及转学生有"莫等闲白了少年头"等(《文献》第20辑。引自张杰、杨燕丽选编:《追忆陈寅恪》,第459页)。
③ 周祖谟:《陈寅恪先生论对对子》,张杰、杨燕丽选编:《追忆陈寅恪》,第147页。
④ 陈寅恪:《与刘叔雅论国文试题书·附记》,陈美延编:《陈寅恪集·金明馆丛稿二编》,第257页。
⑤ 吴小如:《关于陈寅恪先生的联语》,张杰、杨燕丽选编:《追忆陈寅恪》,第290页。

非悬案多年,无人能对者。中国之大,焉知无人能对？若主题者自己拟妥一对,而将其一联出作考题,则诚有'故意给人难题作'之嫌。余不必定能对,亦不必发表余所对。譬诸作文,主题者亦须先作一篇,然后始能出该题乎？文尚如此,诗词对对之流,更不能自作答案,俨然作为标准。青年才子甚多,益无庸主题者发表原对。现在国文考卷尚有少许未完,且非尽我一人评阅,但就记忆所及,考生所对之较好者可提出一二。对孙行者有祖冲之、王引之,均三字全对,但以王引之为最妙。因引字胜于冲字,王字为姓氏,且同时有祖意——如王父即祖父之意——是为最佳。对'少小离家老大回',无良好者,记得有一考生以'匆忙入校从容出',尚可。中国文学研究所三言对'墨西哥',字少而甚难,完全测人读书多少,胸中有物与否,因读书多,始能临时搜得专名词应对。某生对'淮南子',末二字恰合,已极难得。"①

而卞僧慧所说,或许是陈寅恪不便举"胡适之",而以"王引之"应对。因为陈想到此题,是见苏东坡诗有"前生恐是卢行者,后学过呼韩退之"一联。"'韩卢'为犬名,'行'与'退'皆步履进退之动词,'者'与'之'俱为虚字。东坡此联可称极中国对仗文学之能事。"②若以"胡适之"对,则"猢狲"戏谑稍过。连周祖谟也觉得,"胡先生是当时的社会名流,又是驰名中外的学者,我用它的名字对'孙行者',未免对长者有不恭之嫌"。后来入北京大学中文系,"听胡先生讲课的时候,心中却泛起往事来了,仿佛负疚很深似的,有点儿不好意思。"③则出题者的存心,更加不便公之于众了。

---

① 《"对对子"意义——陈寅恪教授发表谈话》,《清华暑期周刊》第 6 期,1932 年 8 月 17 日,第 26—27 页。感谢孙宏云教授提供此项资料。关于作文题,陈寅恪亦有解说:"多人误会以为系夸耀清华之风景与富丽,或误解为叙事体游记,其浅薄无聊,殊属可笑。该所谓梦游云者,即测验考生之想象力(Imagination)及描写力。凡本校牛,总对本校有相当猜想,若不知实际情形,即可以'空中楼阁'地写去。这题换句话说,就是'理想中之清华大学'。再,考者欲入大学,当必有一理想中的大学形状景物。我所以不出'理想中之清华大学'或'梦游清华大学'者,乃以写景易而描写学校组织、师生、课业状况较难。近数年来,已将'求学志愿'、'家乡'、'朋友'、'钓鱼'等题用尽,似此种题实新颖、简单、美妙、自由,容易之至,我以为那题很好。而有人仍发怨言者,想系入清华之心过切,或因他故而生忌嫉之感,不足介意。"《"对对子"意义——陈寅恪教授发表谈话》,《清华暑期周刊》第 6 期,第 27 页。

② 陈寅恪:《与刘叔雅论国文试题书·附记》,陈美延编:《陈寅恪集·金明馆丛稿二编》,第 257 页。

③ 周祖谟:《陈寅恪先生论对对子》,张杰、杨燕丽选编:《追忆陈寅恪》,第 147 页。

陈寅恪出考题对对子,在南北学界引起一阵风波,"以此招致纷纷非议"。首先是应考学生极不适应此类题型,"某大学,故都之负盛名者也,前岁取士命题,忽以对偶倡,尤新异者曰'孙行者',于是有以'胡适之'对者,有以'陈果夫'对者,最隽者则为'祖冲之',斯亦旷代才矣。试事终,下第者大噪。主试者则揭解嘲文于报端曰:对偶者,独体文字之所特具,亦即国学精神所寓也。旁征博引,累数千言,辞甚辩。人以其名震一时,夙为故都人士尊信,故难者无以难,而难自解。"①"近来失意考生,及忌妒本校之'无聊份子',频在报尾批评本校国文试题中'对对子'一项,又对'梦游清华园记'作文题不满,后竟牵涉至报名费问题"。② 其次则新旧两派学人对此均有表示不解者。陈寅恪自称:"今日言之,徒遭流俗之讥笑。然彼等既昧于世界学术之现状,复不识汉族语文之特性,挟其十九世纪下半世纪'格义'之学,以相非难,正可譬诸白发盈颠之上阳宫女,自矜其天宝末年之时世妆束,而不知天地间别有元和新样者在。"③在致傅斯年信中又说:"总之,今日之议论我者,皆痴人说梦、不学无术之徒,未曾梦见世界上有藏缅系比较文法学,及印欧系文法不能适用于中国语言者,因彼等不知有此种语言统系存在,及西洋文法亦有遗传习惯不合于论理,非中国文法之所应取法者也。"④

面对压力,早已决意不为诸如此类事牵扯纠缠的陈寅恪不得不起而辩驳,他先在《清华暑期周刊》第 6 期发表"答记者问"⑤,继而致函刘文典,详细阐

---

① 陈旭旦:《国蠹》,《国学论衡》第 1 期,1933 年 12 月 1 日,第 1 页。

② 《"对对子"意义——陈寅恪教授发表谈话》,《清华暑期周刊》第 6 期,第 25 页。

③ 陈寅恪:《与刘叔雅论国文试题书·附记》,陈美延编:《陈寅恪集·金明馆丛稿二编》,第 256 页。

④ 陈寅恪:《致傅斯年》二十一,陈美延编:《陈寅恪集·书信集》,第 42—43 页。

⑤ 据蒋天枢《陈寅恪先生传》[《陈寅恪先生编年事辑》(增订本),上海古籍出版社 1997年,第 221 页]。陈寅恪所发表的谈话称:"今年国文题之前两部、对对子及作文题,皆我(陈先生自称)所出,我完全负责,外面有人批评攻讦,均抓不着要点,无须一一答复,将来开学后,拟在中国文学会讲演出题用意及学理,今暂就一二要点谈其大概。入学考试国文一科,原以测验考生国文文法及对中国文字特点之认识。中国文字固有其种种特点,因其特点之不同,文法亦[不?]能应用西文文法之标准,盖中文文法属于'西藏缅甸系'而不属于'Indo-European'系也。国文完善的文法的成立,必须经过与西藏缅甸系文法作比较的研究,现在此种比较的研究不可能,文法尚未成立,'对对子'即是最有关中国文字特点,最足测验文法之方法。且研究诗词等类的文学,对对子亦为基础知识。出对子之目的,简言之即测验考生(1)词类之分辨:如虚字对虚字,动词

述出题的理由。此节关系中国语文特性,已经前人详细论述,且不在本文所欲讨论范围之内。其间傅斯年也风闻其事,特致函询问。陈寅恪于8月17日复函,概略谈了他的看法:"清华对子问题乃弟最有深意之处,因考国文不能不考文法,而中国文法在缅藏语系比较研究未发展前,不能不就与中国语言特点最有关之对子以代替文法,盖借此可以知声韵、平仄、语辞、单复词藏贫富,为国文程度测验最简之法。……若马眉叔之谬种尚在中国文法界有势力,正须摧陷廓清,代以藏缅比较之学。中国对子与中国语之特点最有关,盖所谓文法者,即就其语言之特点归纳一通则之谓,今印欧系格义式马氏文通之文法,既不能用,舍与中国语特点最有关之对子,而更用何最简之法以测验学生国文文法乎?"陈寅恪还特意表示:"以公当知此意,其余之人,皆弟所不屑与之言比较语言文法学者,故亦暂不谈也。此说甚长,弟拟清华开学时演说,其词另载于报纸。……弟意本欲藉此以说明此意于中国学界,使人略明中国语言地位,将马氏文通之谬说一扫,而改良中学之课程。明年若清华仍由弟出试题,则不但仍出对子,且只出对子一种,盖即以对子作国文文法测验也。"①陈寅恪的开学演说未见,致刘文典函则先于1932年9月5日在天津《大公报·文学副刊》发表,继而又刊登于1933年7月《学衡》第79期。

陈寅恪"只得任彼等是其所是,而非其所非。吾辈固不必,且无从与之校量也"的态度,以及与刘文典书的阐述周详深入,平息了大部分议论,但仍有些异调。1933年底苏州国学会出版的《国学论衡》第1期刊登了陈旭旦的《国

对动词,称谓对称谓,代名词形容词对代名词形容词等;(2)四声之了解:如平仄相对,求其和谐;(3)生字(Nocabulary大小)及读书多少:如对成语,须读书(诗词[典]故)多,随手掇拾,俱成妙对,此实考生国学根底及读书多少之最良试探法;(4)思想如何:妙对巧对不惟字面上平仄虚实尽对,'意思'亦要对工,且上卜联之意要'对'而不同,不同而能合,即辩证法之'一正、一反、一合'。例如后工字厅门旁对联之末有'都非凡境'、'洵是仙居',字面对得甚工,而意思重复,前后一致,且对而不反,亦无所谓合,尚不足称为妙对。如能上下两联并非同一意思,而能合起成一文理,方可见脑筋灵活,思想高明。基上所述,悉与国文文法有密切之关系。为最根本、最方便、最合理之测验法无疑。评判标准,即基前项,(一)文法方面,如平仄虚实词类之对否;(二)意思对工与不工,及思想如何。分数则仅占百分之十,倘字面对工,意思不差,可得十分;若文法恰好,巧合天成,可得四十分;即完全不对,亦不过扣国文总分百分之十,是于提倡中已含体恤宽待之意。其所以对对题中有较难者,实为有特长之考生预备。"《"对对子"意义——陈寅恪教授发表谈话》,《清华暑期周刊》第6期,第26页。

①　陈寅恪:《致傅斯年》二十一,陈美延编:《陈寅恪集·书信集》,第42—43页。

蠹》一文,对此事不无微词:"主试者则揭解嘲文于报端曰:对偶者,独体文字之所特具,亦即国学精神所寓也,旁征博引,累数千言,辞甚辩。人以其名震一时,夙为故都人士尊信,故难者无以难而难自解。我聆客语,忽忆及前年江苏某大学文学系录士,命题有天昊为何物,唐诗人三十六为何人,文选五臣注为何名。若髦士为百科全书,无所不记者。此岂国家所以养士之旨哉,我为之尽焉以伤。"将学界诸如此类的言行统统斥之为"国学之蠹"。这大概也在陈寅恪不屑与争者之列。

陈寅恪与刘文典书,除正面回应对对子问题外,更重要的是阐述了他对比较研究方法的意见。不仅从比较语言学的角度痛批《马氏文通》,指为"何其不通如是",还对附会中外学说的格义式比较提出批评:"西晋之世,僧徒有竺法雅者,取内典外书以相拟配,名曰'格义',实为赤县神州附会中西学说之初祖。即以今日中国文学系之中外文学比较一类之课程言,亦只能就白乐天等在中国及日本之文学上,或佛教故事在印度及中国文学上之影响及演变等问题,互相比较研究,方符合比较研究之真谛。盖此种比较研究方法,必须具有历史演变及系统异同之观念。否则古今中外,人天龙鬼,无一不可取以相与比较。荷马可比屈原,孔子可比歌德,穿凿附会,怪诞百出,莫可追诘,更无所谓研究之可言矣。"①

"格义"之说,详见陈寅恪《支愍度学说考》:"盖晋世清谈之士,多喜以内典与外书互相比附。僧徒之间复有一种具体之方法,名曰'格义'。'格义'之名,虽罕见载记,然曾盛行一时,影响于当日之思想者甚深"。"尝谓自北宋以后援儒入释之理学,皆'格义'之流也。佛藏之此方撰述中有所谓融通一类者,亦莫非'格义'之流也。即华严宗如圭峰大师宗密之疏盂兰盆经,以阐扬行孝之义,作原人论而兼采儒道二家之说,恐又'格义'之变相也。"与此相对,还有"合本"。"夫'格义'之比较,乃以内典与外书相配拟。'合本'之比较,乃以同本异译之经典相参校。其所用之方法似同,而其结果迥异。故一则成为附会中西之学说,如心无义即其一例,后世所有融通儒释之理论,皆其支流

① 陈寅恪:《与刘叔雅论国文试题书·附记》,陈美延编:《陈寅恪集·金明馆丛稿二编》,第252页。

演变之余也。一则与今日语言学者之比较研究法暗合,如明代员珂之楞伽经会译者,可称独得'合本'之遗意,大藏此方撰述中罕觏之作也。"①

就比较研究而言,陈寅恪推崇合本子注法而批评格义法,显然意在讥讽晚清以来附会中西学说的猖獗。除了痛批《马氏文通》外,所举要例为中国文学系中外文学比较一类课程。此事颇有几分蹊跷。当时中国各大学开设中外文学比较课程者极少,而且不在中国文学系,而在外国文学系。乐黛云主编的《中西比较文学教程》称:吴宓1924年在东南大学开设的"中西诗之比较",是中国第一个比较文学性质的讲座。而比较文学作为一门学科正式进入大学课堂是在(20世纪)20年代末30年代初。1929年12月,英国剑桥大学文学系主任、语义派的创始人瑞恰慈(I.A.Richards)应邀到清华任教,在清华开设了"比较文学"和"文学批评"两门课程,这是中国大学第一个以"比较文学"为名的正式课程。清华中文系则在朱自清、杨振声的主持下,提出要"注意新旧文学的贯通与中外文学的结合",在高年级学生中开设"中国文学专家研究"、"外国文学专家研究"等课程,同时开出"当代比较小说"、"佛教翻译文学"选修课及"中国文学中印度故事研究"等专题课。中文系教师还在外文系开设"近代中国文学之西洋背景"等选修课。此外,北京大学、燕京大学、齐鲁大学、复旦大学、中国公学、岭南大学等学校也开设过类似的课程。②

上述细节方面有小误,据齐家莹编《清华人文学科年谱》,"佛教翻译文学"应为陈寅恪所开设的"佛经翻译文学","中国文学中印度故事研究"应为"中国文学中佛教故事之研究",而开设"近代中国文学之西洋背景"的叶崇圣,即叶公超,1929年至1935年一直任教于清华大学外文系。瑞恰慈到清华任教是在1929年9月,其1929—1931年在外文系所开课程为:"第一年英文"、"西洋小说"、"文学批评"、"现代西洋文学(一)诗(二)戏剧(三)小说"等。③ 所谓瑞恰慈开设的"比较文学",似从未出现在正式课表上。直到

① 陈寅恪:《支愍度学说考》,陈美延编:《陈寅恪集·金明馆丛稿初编》,第166、173、185页。
② 乐黛云主编:《中西比较文学教程》,高等教育出版社1988年版,第65—66页。
③ 齐家莹编撰,孙敦恒审校:《清华人文学科年谱》,清华大学出版社1999年版,第89页。所记可与1931年《清华大学本科学程一览》相印证。该学程自1928年以来一直实行。吴宓日记1929年9月18日记:"Richards愿代授《第一年英文》二小时,而宓则允助Richards君研究中国文学学术云。"吴宓著,吴学昭整理注释:《吴宓日记》第四册,第292页。

1934—1935 年度,才有翟孟生(R.D.Jamesan)的"比较文学研究"作为外国语文学系的研究部暂设课程。或谓翟氏曾据瑞恰慈的观点和讲稿写成《比较文学》的批评著作,对英、法、德三国文学进行了比较研究。① 这大概是指 1934年 4 月翟孟生发表于《清华学报》第 9 卷第 2 期的 On the Comparision of Literature。这些描述,容易令人理解为翟孟生的著述及讲学,均为受瑞恰慈影响的结果。其实二者之间是否有直接联系,以及究竟怎样联系,仍需进一步考察。有学人便声称在清华外文系讲比较文学的,"先是曾任美国芝加哥大学教授的翟孟生,后是曾任英国剑桥大学英国文学系主任的瑞恰慈。"②次序刚好相反。

至于清华大学中国文学系,自 1928 年杨振声被聘为教授兼主任后,鉴于"中国各大学的国学系,国文学系,或中国文学系的课程,范围往往很广;除纯文学外,更涉及哲学、史学、考古学等。他们所要造成的是国学的人才,而不一定是中国文学的人才。对于中国文学,他们所要学生做的是旧文学研究考证的工夫,而不及新文学的创进",如清华大学中国文学系的课程设置,"新的只有当代比较文学、中国新文学研究、新文学习作(高级作文的一部分)三种",对此状况深致不满,认为更重大的使命是创造新文学,因而提出一个新的目的,就是"创造我们这个时代的新文学"。而创造新文学的重要途径之一,"便是参考外国文学"。③ 这段话出自 1931 年朱自清代理清华大学中文系主任时撰写的《中国文学系概况》,在弥漫着"非考据不足以言学术"气氛的北平学术界,多少有些隐晦。

据杨振声后来的回忆,当时所面对的主要问题是,"自新文学运动以来,在大学中新旧文学应该如何接流,中外文学应该如何交流……可是中国文学系一直在板着面孔,抵拒新潮。如是许多先生在徘徊中,大部学生在困惑中。这不止是文言与语体的问题,而实是新旧文化的冲突,中外思潮的激荡。大学

———————
　　① 乐黛云:《比较文学原理》,湖南文艺出版社 1988 年版,第 33 页。
　　② 黄延复:《吴宓先生与清华》,《第一届吴宓学术讨论会论文选集》,转引自李继凯、刘瑞春选编:《追忆吴宓》,社会科学文献出版社 2000 年版,第 294 页。
　　③ 朱自清:《中国文学系概况》,《清华周刊·向导专号》,第 35 卷第 11、12 期合刊,1931 年6 月 1 日,第 47—48 页。

恰巧是人文荟萃,来协调这些冲突,综合这些思潮所在的,所以在文法两院的科系中,如哲学、历史、经济、政治、法律各系都是冶古今中外于一炉而求其融合贯通的,独有中国文学与外国语文二系深沟高垒,旗帜分明。这原因只为主持其他各系的教授多归自国外;而中国文学系的教授深于国学,对新文学及外国文学少有接触,外国语文系的教授又多类似外国人的中国人,对中国文化及文学常苦下手无从,因此便划成二系的鸿沟了。""朱自清先生是最早注意到这个问题的一个","系中一切计划,朱先生与我商量规定者多。那时清华国文系与其他大学最不同的一点,是我们注重新旧文学的贯通与中外文学的融会。""在当时的各大学中,清华实在是第一个把新旧文学、中外文学联合在一起的。"①

杨振声事后的回忆,因语境大变,也不免夸张。中国文学系"文学"观念与实事的新旧之争,各校普遍存在,而且一直持续到抗日战争胜利以后,焦点之一,就是能否以中外为古今新旧,涉及问题甚多,影响极为深远。当时清华大学中国文学系改造课程的原则是:"一方面注重研究我们自己的旧文学,一方面参考外国的新文学。"②所开设的课程旧的仍占多数,"新的只有当代比较文学、中国新文学研究、新文学习作三种。"③朱自清所说的"当代比较文学",应为杨振声自 1929 年度所开设的选修课"当代比较小说"之误。而参考外国文学的具体措施,是在必修课中增加由外国语文系教师开设的西洋文学概要和西洋文学专集研究两科,并计划增设第二外语。不过杨振声、朱自清等人确有进行中外比较文学研究或教学的设想,据杨振声所拟《中国文学系的目的与课程的组织》,该系自 1928 年 10 月改订课程后,目的就是要一方面注意研究中国各体文学,另一方面注意于外国文学各体的研究,"对文学的各体都亲炙了,再贯之以中国文学批评史。对于中外文学都造成相当的概念了,再证之以中外比较文学。对于某家或某体文学养成相当的倾向了,再继之

---

① 杨振声:《为追悼朱自清先生讲到中国文学系》,《文学杂志》第 3 卷第 5 期,1948 年 10 月,第 34—36 页。

② 1929—1930 年度《清华大学一览·大学本科学程一览》,引自齐家莹编撰,孙敦恒审校:《清华人文学科年谱》,第 84 页。

③ 朱自清:《中国文学系概况》,《清华周刊·向导专号》,第 35 卷第 11、12 期合刊,第 47—48 页。

以文学专家研究。"①

1930年暑假后,杨振声就任青岛大学校长,由朱自清代理清华大学中国文学系主任。1931年8月,朱自清休假游欧,由刘文典继任。到1932年9月朱自清归国,再正式担任主任。从时间上看,刘文典任内的对对子风波,应由朱自清来善后。目前找不到朱自清对于此事的直接表态,值得注意的是,1932年10月3日,任教于清华大学中文系的浦江清来访,谈及两大问题,"一、中国语言文字之特点,中国语乃孤立语,与暹罗、西藏同系,异于印欧之屈折语及日本、土耳其之黏着语(Agglutinative Language),以位置定效用。又为分析的,非综合的,乃语言之最进化者。中国字为象形,形一而声可各从其乡,所谓书同文,象形字不足用,幸有谐声等五书辅之,乃可久存,见于记载,以省文故,另成一体与语言离,如今之拍电报然,又如数学公式然。故中国文开始即与语离。中国文学当以文言为正宗。至《尚书》之文难读者,盖杂白话分子多。又谓以后文体变易,大抵以杂入白话分子故。……二、比较文学史方法:中国中古文学多受印度影响,小说话与诗杂,继乃移诗于前,话渐多。此种诗至宋变为大曲,又变为诸宫调,为戏曲之原。至唐七言诗则受波斯影响,日本、朝鲜则被中国影响。又谓人类学有所谓传布说,谓文化大抵由传布,异地各自独立发展同样文化者,绝鲜其例。因思希腊无小说,印度无戏剧,至亚历山大东征后乃相交易而有。故元曲实间接受希腊影响,其具悲剧味盖非无因。"对此朱自清叹道:"浦君可谓能思想者,自愧弗如远甚。"②其实浦江清的许多见识,显然来自陈寅恪。这在陈寅恪与历任助手的关系中,可谓异例。或许陈寅恪当时仍在少壮,与助手的年龄差距较小,论人论学,比较直白。因而浦江清所说,往往可见陈寅恪的影子。

浦江清的到访及其所论,虽然不一定与对对子之事直接相关,但时间如此凑巧,话题又复切近,而且相关各人与此事多有关联,多少反映了一些背景。是年底,清华中国文学系教授会通过《改定必修选修科目案》,除保留新文学

① 《清华大学本科学程一览·中国文学系的目的与课程的组织》,《清华周刊·向导专号》,第35卷第11、12期合刊,第24—25页。
② 朱乔森编:《朱自清全集》第9卷,日记编,第163—164页。

课程和外文课程外,开始偏重于古典文学的研究,新开设"国学要籍"一类的课程,并将全部课程大致分为中国文学与中国语言文字两类,以培养古典文学研究和中国语言文字学研究的人才。① 但这一变动并不影响朱自清对比较文学的重视。他于1934年写的《中国文学系概况》,仍然坚持:"本系必修课程,以基本科目及足资比较研究之科目为限。……所谓足资比较研究之科目,指西洋文学概要及英文文字学入门两科而言。比较研究不独供给新方法,且可供给新眼光,使学者不致抱残守缺,也不致局促一隅。"②

杨振声等人将中外文学几乎等同于古今新旧的观念,以及各大学的中国文学系所谓新旧之争的情况,可以说相当普遍,当时北京大学的中国文学系也是暗流涌动,以致两三年后就引发公开冲突。通过中西比较试图将古今新旧文学熔于一炉,其实是清季将中西学合为一体的延续,只不过被勉强塞进西洋文学框架中的所谓中国文学,一直无法完全削足适履,致使西化的新文学在中国文学系中没有稳固地位。比较中西文学的结果,旨在消除中国的古旧文学并驱逐相关的学人,让西式的新文学一统天下。然而,定于一尊的新"文学",只是迫使所有文学遵从其条理系统,并不能协调抹煞彼此的差异,非但没有真正沟通古今中外新旧,反而造成严重的隔膜,让后来人无所适从。③

二、影响研究与平行比较

针对中国文学系比较文学一类课程的批评,即使当事人主观所指不包括外国语文系,实际影响也必然波及。较早将比较文学观念引进中国、又任教于清华外文系的吴宓于1934年说:"其《与刘文典教授论国文试题书》及近作《四声三问》一文,似为治中国文学者所不可不读者也。"④而清华的外国文学

---

① 齐家莹编撰,孙敦恒审校:《清华人文学科年谱》,第124页。

② 朱自清:《中国文学系概况》,《清华周刊》第41卷第13、14期合刊,1934年6月1日,第18—19页。

③ 桑兵:《马裕藻与1934年北大国文系教授解聘风波》,《近代史研究》2016年第3期,第32—55页。

④ 吴宓:《空轩诗话》,吴宓著,吴学昭整理:《吴宓诗话》,商务印书馆2005年版,第196页。

系在选修他系文学科课程方面,认为"中国文学与西洋文学关系至密",无论是创造中国的新文学,还是将中西文明精神及文艺思想互为传播,中国文学史学之知识修养均不可不丰厚,因此特别"注重与中国文学系联络共济"①。按照吴宓的观念,同样当在不可不读陈寅恪文之列。

吴宓的学术传承,可谓正规的比较文学科班出身,与半路出家者的参野狐禅不可同日而语。他留学哈佛大学时,在比较文学系师从法国文学及比较文学教授白璧德(I.Babbitt),修过后者讲授的比较文学课程。从比较文学学术史的角度看,20世纪前半叶是法国学派的影响研究占据主导地位,后半叶才有美国的平行研究异军突起。白璧德的正式课程讲授,仍以影响研究为正鹄。1918—1919年度吴宓所选比较文学课程即为《卢梭及其影响》,他为该课程以及另一《近世文学批评》课合撰的论文,题为"Shelley as a Disciple of Rousseau",自译为"论雪莱之生活及思想,所受卢梭之影响甚大"。1919—1920年度选修的比较文学课程为白璧德的《十九世纪浪漫主义运动》、珀瑞(Bliss Perry)教授的《十八、十九世纪小说类型》,撰写的论文则为《卢梭与罗拔士比》("Rousseau and Robespierre"),吴宓自注为:"即是:卢梭对罗拔士比之影响"②。1920年吴宓应同学力邀,撰写《论新文化运动》投登《留美学生季报》,文中谈及:"文学之变迁,多由作者不摹此人而转彼人,舍本国之作者,而取异国为模范,或舍近代而返求之于古,于是异采新出,……近者比较文学兴,取各国之文章,而究其每篇每章每字之来源,今古及并世作者互受之影响,考据日以精详。"③由此可见其学术训练之所在。

但这并不等于说白璧德和吴宓不用平行比较的观念。照吴宓所说,白璧德"西洋古今各国文学而外,兼通政术哲理,又娴梵文及巴利文,于佛学深造有得,虽未通汉文,然于吾国古籍之译成西文者靡不读。特留心吾国事,凡各国人所著书,涉及吾国者,亦莫不寓目。"其学说则主张"宜博采东西,并览古今,然后折衷而归一之。夫西方有柏拉图、亚里士多德,东方有释迦及孔子,

---

① 吴宓:《外国文学系课程编制大旨》,《国立清华大学校刊》第398号,1932年4月27日。
② 吴宓著,吴学昭整理:《吴宓自编年谱》,第178—179页、197页。吴宓还选修过勃里斯·帕瑞的比较文学课程《抒情诗》(吴宓著,吴学昭整理注释:《吴宓日记》第二册,第14页)。
③ 吴宓:《论新文化运动》(节录《留美学生季报》),《学衡》第4期,1922年4月,第4—5页。

皆最精于为人之正道,而其说又在在不谋而合。"①吴宓翻译了白璧德1924年出版的《民治与领袖》一书的第5章《论欧亚两洲文化》,其中谈道:"昔在新古学派盛行时代,著书立说者,每喜细究礼之一义。或且以东西两大陆划分界限,而曰欧洲人之有礼者(即足为欧洲人之表率者)如何如何,亚洲人之有礼者(即足为亚洲人之表率者)如何如何,以细较其异同焉。此类之说,骤观之似若谬妄,而其实不然。盖亚西亚人与欧罗巴人之性行,根本不同。其不同之处,不但可以审知,抑且可以言说而论定之也。惟所谓欧洲云云,非指欧洲之全体,乃指其一部分而言。而于亚洲亦然"。认可平行比较的同时,又有所限定。白璧德以释迦牟尼、耶稣、孔子、亚里士多德为四圣,认为"西方之人文大师,以亚里士多德为最重要,孔子与亚里士多德立说在在不谋而合。"同时又指出:"亚里士多德与孔子,虽皆以中庸为教,然究其人生观之全体,则截然不同,而足以显示欧洲人与亚洲人习性之殊异焉。……西方有苏格拉底,其专务道德,与孔子同,故舍亚里士多德,而取苏格拉底以与孔子比较,则不复见东西人习性之不同矣。"②白璧德的论断当否姑且不论,其所用比较的观念及方法,显然不是以事实为依据的影响法,而类似以问题为中心的平行法。

吴宓本人学习比较文学时,也自觉或不自觉地使用平行法来比较东西文化。1920—1921年度他选修政治学课程《欧洲政治学说史》,写了一篇长达40页的论文《孔子、孟子之政治思想与柏拉图及亚里士多德比较论》,并在论文中提出要进行一项研究,即以孔子、孟子之全部思想、学说,与柏氏、亚氏之全部思想、学说作比较研究。③ 如果不拘泥于比较文学的范围,而用陈寅恪的观念看,此类比较,与以荷马比屈原、孔子比歌德,相去似也不会太远。吴宓归国后据说是最早在中国开设比较文学课程之人,有学人誉之为中国比较文学之父,所讲《中西诗之比较》,大体也并非影响法的路径。④ 因此有人提出,"如今谈比较文学,不仅要追溯到吴宓,而且有必要研究一下吴宓当年怎样对

① 美国白璧德教授撰,胡先骕译:《白璧德中西人文教育谈》吴宓附识之按语,《学衡》第3期,1922年3月,第1—2页。
② 吴宓译:《白璧德论欧亚两洲文化》,《学衡》第38期,1925年2月,第1、7—8页。
③ 吴宓著,吴学昭整理:《吴宓自编年谱》,第207页。
④ 参见赵连元:《吴宓——中国比较文学之父》,《四川大学学报》1990年第2期。

中西文学进行过平行比较。"①

有学人以为，陈寅恪《与刘叔雅教授论国文试题书》表明，他"只认可有事实联系的影响研究的方法，而对无事实联系的平行研究颇不以为然"。"在今天看来，陈先生的这种观点未免失之偏颇。注重实证的影响研究固然重要，必不可少；但如果比较文学只囿于此种研究方法，那么比较文学的天地将大为缩小，因为能够找到事实联系的国与国之间的文学影响毕竟是有限的。……如果陈先生能活到今天，相信他会愉快地修正自己的观点的，事实上，在解放后写的《论再生缘》等文章中，陈先生已开始运用平行研究的方法，以考察中西文学的异同。"②此论看似不无道理，与今人对中国比较文学发展史的看法大致吻合，但回到历史现场，放眼于比较研究的全体以及陈寅恪对于比较研究的系统观念，细究起来，则颇多可议。

从学术视角看，比较研究进入中国相当早，只是开始不一定与文学发生联系。与近代许多观念一样，比较研究出现于中国，与日本的影响关系甚大。或许由于学科本身的需要，法学体系内较早使用比较研究的概念。康有为1897年依据东京书籍出版营业者组合的出版目录改编而成的《日本书目志》，在"法律门"的"外国宪法"项下列有辰己小二郎著的《万国现行宪法比较》，在"法理学"项下列有松野贞一郎、伊藤悌治译的《罗英佛苏各国比较法理论》③。以日本学制为蓝本编制的《奏定大学堂章程》，理学门科目有"比较法制史"，

① 冯至：《略说吴宓》，李继凯、刘瑞春选编：《解析吴宓》，社会科学文献出版社2001年版，第5页。

② 袁荻涌：《陈寅恪与比较文学》，张杰、杨燕丽选编：《解析陈寅恪》，第249页。

③ 姜义华编校：《康有为全集》第3卷，上海古籍出版社1992年，第781、783页。康有为的《日本书目志》著录的日本新书相当详尽，据说涵盖了明治以来全部书籍的一多半，分门别类也相当成熟，连当时的日本学人也很难有这样完备的目录学知识。该书全面展现了日本在知识领域领先中国的差距，对于举国转而通过日本学习西方起到推波助澜的作用，以致造成东学压倒西学的情形，也使得康有为熟悉域外新知的形象大为丰满。康有为自称"购求日本书至多，为撰提要，欲吾人共通之。因汉志之例，撮其精要，剪其无用，先著简明之目，以待忧国者求焉。"虽然言之凿凿，可是程度实在过于超前，后来引起中外学人的质疑，长期反复探究，始终不得要领。直到2010年，王宝平教授发表了《〈日本书目志〉出典考》，才知道该书实际上是康有为根据1893年编辑出版的《东京书籍出版营业者组合员书籍總錄》加以调整改造而成，虽然在著录及分类方面有所补充改动，所收书目及分类办法，基本袭用《東京書籍出版營業者組合員書籍總目錄》。详见王宝平《〈日本书目志〉出典考》，古典研究会编：《汲古》第57号，第13—28页，平成22年6月。

政治学门和法律学门科目均有"东西各国法制比较"①。此后这一精神一直贯彻,进入民国,北洋大学法律学门设有"比较法制史",山西大学法律学门则有"比较法审判实习"②。

依据1904年颁布的《奏定学堂章程》,中国史学门的科目虽然没有直接冠名为"比较",但在"中国史学研究法"一科所解释的"研究史学之要义"中注明:要注意"外国史可证中国史之处"③。不过,与明治后日本教育的规章及实践相比,《奏定学堂章程》的制定者显然有所取舍。王国维对此提出尖锐批评,除要求合并经学科于文学科大学中以及增加哲学课程外,还规划了各学科应设科目,其中史学科增设"比较言语学"和"比较神话学"。王国维与欧洲各国大学对照,批评《奏定学堂章程》"但袭日本大学之旧"④,其实比较语言学早已在东京大学的规程之内,其言语学科及英、法、德等国文学科均设"罗孟斯语及绰托奴语比较文法"和"印度欧罗巴语比较文法"课程。⑤

王国维结合欧日的设想,要落实于中国的教育及学术,还有相当长的路要走。直到20世纪20年代初,北京大学开始研究国学,在钢和泰等人的影响下,才将比较言语学列为"与国学相关之各种科学",要"与以相当之地位"。⑥受此影响,1926年厦门大学国文系改革课程,选修他系科目中列有"比较语言学"。⑦ 而在北京大学,1931—1932年度文学院中国文学系有金九经开设的"中日韩字音沿革比较研究",史学系有陈受颐开设的"近代中欧文化

① 朱有瓛主编:《中国近代学制史料》第2辑上册,华东师范大学出版社1987年版,第775—781页。

② 《北洋大学校周年概况报告》,《教育公报》第11册,1915年4月;《山西大学校报告五周年概况报告书》(1916年18月至1917年7月),《教育公报》第5年第4期,1918年4月。均见潘懋元、刘海峰编:《中国近代教育史资料汇编·高等教育》,上海教育出版社1993年,第410、419页。

③ 朱有瓛主编:《中国近代学制史料》第2辑上册,华东师范大学出版社1987年版,第775—781页。

④ 海宁王国维撰:《奏定经学科大学文学科大学章程书后》(节录丙午第二、三期《教育世界》),《东方杂志》1906年第6期,第109—117页。

⑤ 关庚麟撰:《日本学校图论》,王宝平主编、吕长顺编著:《晚清中国人日本考察记集成·教育考察记》,杭州大学出版社1999年,第181—182页。

⑥ 《国立北京大学国学季刊编辑略例》,《国学季刊》第1卷第1号,1923年1月,封三。

⑦ 《国文系课程草案》,《厦大周刊》第157期,1926年10月2日,第3页。

接触研究"①。清华大学改制后,西洋哲学组课程设有"比较哲学思想"和"比较宗教"两门。后来社会学系设有"比较宗教学"。

研究方面,无论中国学人还是外国来华学者,都不乏进行中外比较研究之人。仅以与清华大学有关者为例,1924 年 3 月,为纪念戴震 200 周年诞辰,尉礼贤(R.Wilheim)到清华大学演讲"中国之戴东原与德国之康德"。② 1928 年 3 月,吴宓应本校终南社之邀,演讲《中国文学与西洋文学之比较》,要点为:"中国文学之优点有三。(一)以人为中心 Humanitic。(二)有限的形式之完美 Limited Perfection of Form。(三)文字兼具形声之美。中国文学之缺点亦有三。(一)无高远之感情 No Religious, Mystic, or Tragic Experience or Feeling。(二)无深邃之哲理。(三)无宏大之著作。"十余日后,任教于清华大学外文系的温特(Winter)在科学馆教职员公会上演讲《中画与西画之比较》,吴宓任翻译。③ 1934 年,冯友兰在布拉格举行的第八届国际哲学大会上演讲"现代中国哲学",将现代中国哲学史的发展分为三期,首期为以旧说旧,即以老的思想方法阐述过去的哲理;二期为说明东西方哲理的差别;三期则"使用类比的方法使东西方的哲理更为人所了解。最后一个时期的学者乐于对东西方哲理作相互解释",并预言:"我们不久将会看到,中国的哲学思想将用欧洲的逻辑和明确的思维加以阐明"。④ 抗日战争以后,清华大学为促进文法各系同人的研究工作,设立社区比较和文化比较等三个研究室,前者要将所得与其他国家中之社区进行比较,后者更着重于中西文化比较,自人文学科以至文化人类学,均可包括在内,具体计划有潘光旦的"先秦及希腊哲学之比较研究",政治、经济、社会三系中教授思想史之诸同人的"西方思想与中国社会变迁之关系"等。次年又设立了社区比较研究、文化比较研究等委员会,分别由吴景超、冯友兰任主席。⑤

---

① 《(二十年度)北京大学法、文、理学院各系课程大纲》,《北京大学日刊》第 2682 号,1931 年 9 月 14 日,第 5、9 版。

② 《要闻》,《清华周刊》第 305 期,1924 年 3 月 14 日,第 21 页。

③ 吴宓著,吴学昭整理注释:《吴宓日记》第四册,第 35、41 页。

④ 朱乔森编:《朱自清全集·日记编》第 9 卷,第 322—323 页。

⑤ 齐家莹编撰,孙敦恒审校:《清华人文学科年谱》,第 330—331、360 页。

晚清以降,"西学"由卑而尊,学贯中西变成中国学术的至高境界,沟通中西自然成为学人普遍追求的目标。而留学生便成为引领时趋的重要群体。与吴宓一样,留学国外的中国学人往往喜欢选择中西比较的课题,或包含此项内容。清末蔡元培留学德国,在莱比锡大学世界文明史研究所研究比较文明史。① 冯友兰留学期间,即有意将西方哲学史与中国哲学史相比较,并以经院学派、近代哲学、近代科学三期与中国对应,又作专文《论"比较中西"(为谈中西文化及民族论者进一解)》,批评"空口谈论文明及民族性之优劣",其博士论文《天人损益论》("The Way of Decrease and Increase with Interpretations and Illustrations from the Philosophies of the East and the West"),比较东西方哲学家关于天然与人为的观念。照冯友兰自己的看法,"这实际上是一种中西哲学史比较研究的工作",②所以后来出版英文版时,就索性改名为《人生理想之比较研究》("A Comparative Study of Life Ideals")。③ 1922 年许仕廉在美国爱荷华大学作博士论文《孔孟政治哲理》,其中第二部分为"孔孟政治哲理与西洋学者的政理比较的研究"。④ 陈受颐 1928 年在芝加哥大学则以"The influence of China on English culture during the 18th century"一文获博士学位。⑤

"戊戌"尤其是"五四"和新文化运动以来,思想文化日益以西为新,新派学人著书立说,鲜有不以西洋为参照者。只是做法各异,途则不一,简单附会而外,或以本土资料填充外来框架,或以外来理论解释固有知识,或作超越时空的系统对应,或探索接触影响的脉络变化。对近代新学的形成起过至关重要作用的梁启超,1902 年撰写《论中国学术思想变迁之大势》,就以专节比较先秦学派与希腊、印度学派。1904 年编辑《子墨子学说》,又以专节比较中西宗教家哲学家之爱说。胡适于 1919 年出版的《中国哲学史大纲》中声明:"找

① 蔡元培:《传略》,高平叔编:《蔡元培全集》第 3 卷,中华书局 1984 年版,第 327 页。
② 冯友兰:《三松堂自序》,人民出版社 1998 年版,第 193 页。
③ 蔡仲德:《冯友兰先生年谱初编》,河南人民出版社 1994 年,第 37—55 页。
④ 《许仕廉致胡适》(1922 年 6 月 7 日),杜春和、韩荣芳、耿来金编:《胡适论学往来书信选》上册,第 485 页。
⑤ 袁同礼编:*A Guide to Doctoral Dissertations by Chinese Students in America* 1905-1960,Published Under the Auspices of the Sino-American Culture Society.Inc. Washington.D.C.1961,p.11。

所用的比较参证的材料,便是西洋的哲学。……故本书的主张,但以为我们若想贯通整理中国哲学史的史料,不可不借用别系的哲学,作一种解释演述的工具。"蔡元培为之作序,也肯定"我们要编成系统,古人的著作没有可依傍的,不能不依傍西洋人的哲学史。所以非研究过西洋哲学史的人不能构成适当的形式。"①

刘文典任教于北京大学期间,写了《怎样叫做中西学术之沟通》的长文,一面批评好以"古已有之"附会中西学说的所谓"沟通家",一面肯定"各系文明的发达,时间上虽难免有些参差,那路径却都是一致的",希望"有那好学深思之士,具有综观世界各系文明的眼光,去了这虚体面的客气,晓得了近世科学的方法、性质、价值,明白了学术之历史的发达路径,把中西学术作个比较的研究,求两系文明的化合,这倒是学界一种绝大的胜业。要照这样的沟通,中国的玄学、心学、政治哲学、人生哲学,可以和西洋学术沟通的处所多着呢。"并对胡适在《中国哲学史大纲》一书导言所表明的对待东西学术思想的识见与胸襟大加赞赏,劝胡适"再用几年心力,做一部需要最切的、西洋学者都还想不到、做不出的《比较哲学史》,把世界各系的古文明,做个大大的比较研究",而且断言:"我以为除了这种研究之外,再没有什么中西学术的沟通了。"②

运用比较研究方法解释、建立或重建中国的哲学体系,是胡适留学美国时已经确立的自觉。他在博士论文的导论中明确表示:"更重要的还是我希望因这种比较的研究可以使中国的哲学研究者能够按照更现代的和更完全的发展成果批判那些前导的理论和方法,并了解古代的中国人为什么没有因而获得现代人所获得的伟大成果。"归国途中他在轮船上重申:"我比过去的校勘者和训释者较为幸运,因为我从欧洲哲学史的研究中得到了许多有益的启示。只有那些在比较延究中(例如在比较语言学中)有类似经验的人,才能真正领会西方哲学在帮助我解释中国古代思想体系时的价值。"③胡适对于学院派的

---

① 胡适:《中国哲学史大纲》,欧阳哲生编:《胡适文集》6,第155、182页。
② 刘文典:《怎样叫做中西学术之沟通》,转录《新中国》,《北京大学日刊》第469、470、471号,1919年10月25、27、28日,第2—4版。
③ 胡适:《中国哲学史大纲》,欧阳哲生编:《胡适文集》6,第12、4页。

比较研究多少有所了解,留美期间,他参加过康奈尔大学基督教青年会组织的"宗教之比较研究"演讲活动。① 1922 年,他还撰文介绍用比较研究法研究歌谣的"母题",颇为地道,表明他至少看过有关的西书。②

在 1923 年发表的国学季刊《发刊宣言》中,胡适提出研究国学要注意"博采参考比较的材料","用比较的研究来帮助国学的材料的整理与解释",并批评"向来的学者误认'国学'的'国'字是国界的表示,所以不承认'比较的研究'的功用。最浅陋的是用'附会'来代替'比较',……附会是我们应该排斥的,但比较的研究是我们应该提倡的。有许多现象,孤立的说来说去,总说不通,总说不明白;一有了比较,竟不须解释,自然明白了。"又举了语言学、制度史、音韵学、哲学史、政治思想史、文学史的众多实例,还附带提及宗教、民俗、美术等研究,也须利用参考比较的材料。③ 这几乎可以看成是一篇用比较法研究中国学问的宣言。

不过,胡适虽然声言要摒弃简单附会,所列举的比较类型依然相当混杂。音韵学方面因为有钢和泰等人的影响,用方言、藏文及日、朝、安南语为对象,合乎比较语言学的规则,但以西洋文法比文言词性,以西洋议会制度史理解中国御史制度的性质与价值,以社会主义等西洋近世思想理解韩非、王莽、王安石等中国古代政治家的思想和政策,以柏拉图的"法象论"比较易象,以亚里士多德的"类不变论"解释荀子,其系统异同的可比性究竟是如何确定和把握,不无疑问。如胡适以为用印度因明学和欧洲哲学作参考,解读《墨子》的经上、下诸篇颇见成效,陈寅恪则认为整理国故者谈墨学,仍是附会而非了解之同情,所著中国哲学史,依其自身遭际的时代、居处的环境和熏染的学说,推测解释古人的意志,其实是今日自身的哲学史。④ 照此看法,胡适所谓"自然明白",还是依据体验直觉,因人而异的感悟,并非比较研究的通则。

在中国比较研究的学术史上,陈寅恪占有重要位置。归国之始,他在清华

① 曹伯言整理:《胡适日记全编》,安徽教育出版社 2001 年版,第 224—225 页。
② Q:《歌谣的比较的研究法的 1 个例》,《努力周报》第 31 期,1922 年 12 月 3 日。
③ 《发刊宣言》,《国学季刊》第 1 期,1923 年 1 月,第 7、14 页。
④ 陈寅恪:《冯友兰〈中国哲学史〉上册审查报告》,陈美延编:《陈寅恪集·金明馆丛稿二编》,第 280 页。

研究院担任的指导学科，就包括古代碑志与外族有关系者之比较研究、佛教经典各种文字译本之比较研究。其运用比较语言学和比较宗教学的方法，研治中国文史所取得的多项重要成就，已经有目共睹。① 尤其是发覆格义及合本子注，对于认识中国历史上输入融合外部文化的进程形态，具有重要意义。《与刘叔雅论国文试题书》可谓陈寅恪关于比较研究的宣言。所坚持的"具有历史演变及系统异同之观念"，当是那一时代比较研究的正宗。所批评的种种现象，以今日的观念看，似乎属于平行研究的类型。不过，是否能够据此断定陈寅恪本人完全否定平行研究的可能性，则大有疑问。

就思想文化的整体而言，陈寅恪以理学为格义，而对理学的评价甚高，认为宋儒吸收异教，不忘本来，不仅爱国济世，而且造成宋元时期中国思想学术登上新高，并以唐宋新儒家的旧途径，为两千年中华民族与他民族思想接触史所昭示的典范，认定吸收输入外来思想，必须遵循这一必由之路。②

就治学方法而论，陈寅恪总结王国维的治学内容及方法，举三目以概括之，除地下之实物与纸上之遗文互相释证外，异族之故书与吾国之旧籍互相补正、外来之观念与固有之材料互相参证，均与比较研究关系密切。尤其是后一条，"凡属于文艺批评及小说戏曲之作，如《红楼梦评论》及《宋元戏曲考》、《唐宋大曲考》等是也"。照今人的眼光，王国维的《红楼梦》评论，正在比较文学的先驱者之列。而其所用方法，明显不是影响研究。陈寅恪认为："此三类之著作，其学术性质固有异同，所用方法亦不尽附会，要皆足以转移一时之风气，而示来者以轨则。吾国他日文史考据之学，范围纵广，途径众多，恐亦无以远出三类之外。此先生之书所以为吾国近代学术界最重要之产物也。"③这至少表明，陈寅恪在观念上并不绝对排斥平行比较之类的研究。1933 年 4 月，

---

① 参见钱文忠：《略论寅恪先生之比较观及其在文学研究中之运用》，王永兴编：《纪念陈寅恪先生百年诞辰学术论文集》，第 494 页。

② 陈寅恪：《冯友兰〈中国哲学史〉下册审查报告》，陈美延编：《陈寅恪集·金明馆丛稿二编》，第 284—285 页。

③ 陈寅恪：《王静安先生遗书序》，陈美延编：《陈寅恪集·金明馆丛稿二编》，第 247—248 页。王国维早年的文学、美学、哲学甚至文学史著述，也有不少是在看起来像其实未必之列，所以他本人后来付之一炬或一笑置之。必须明白此节，才能深入理解和评价俨然一新进少年时期的王国维的学行，进而领会把握陈寅恪推重的曲隐。

浦江清与朱自清谈治中国学问用外国模型之事,认为无所谓优劣,但是讲中国文学史,必须用中国间架,不然就会完全抹杀古人的苦心。① 这多少也可以反映陈寅恪的看法。

早在 1919 年,相识不久的陈寅恪就赠诗记吴宓"用西洋小说法程来衡量《红楼梦》"②的《红楼梦新谈》,此文被誉为继王国维用美学观念分析解释《红楼梦》之后,用西方文学观念评论《红楼梦》的又一先驱之作。1923 年,吴宓在《学衡》连载《希腊文学史》,用荷马史诗比中国弹词,并列举 12 个相似之处。③ 后来陈寅恪也以弹词与印度希腊的史诗名著相比较,《论再生缘》其事虽晚,机缘却甚早。所谓"寅恪少喜读小说,虽至鄙陋者亦取寓目。独弹词七字唱之体则略知其内容大意后,辄弃去不复观览,盖厌恶其繁复冗长也。及长游学四方,从师受天竺希腊之文,读其史诗名著,始知所言宗教哲理,固有远胜吾国弹词七字唱者,然其构章遣词,繁复冗长,实与弹词七字唱无甚差异,绝不可以桐城古文义法及江西诗派句律绳之者,而少时厌恶此体小说之意,遂渐减损改易矣。"④只是陈寅恪推测弹词与佛曲相关,果真如此,则仍然属于影响研究的文类学范畴。

在日常言谈思考中,陈寅恪更加常用平行比较的观念,观察中外社会生活与精神文化的异同。留美期间,他与吴宓谈法国大革命事,吴宓认为"与吾国之革命前后情形相类"。陈寅恪谓:"西洋各国中,以法人与吾国人,性习为最相近。其政治风俗之陈迹,亦多与我同者。美人则与吾国人,相去最远,境势历史使然也。然西洋最与吾国相类似者,当首推古罗马,其家族之制度尤同。稍读历史,则知古今东西,所有盛衰兴亡之故,成败利钝之数,皆处处符合;同一因果,同一迹象,惟枝节琐屑,有殊异耳。盖天理 Spiritual Law 人情 Human Law,有一无二,有同无异。下至文章艺术,其中细微曲折之处,高下优劣、是非邪正之判,则吾国旧说与西儒之说,亦处处吻合而不相抵触。"具体而言,又比较中西古今学术之短长,并以中外学术派分进行相较,将程朱、陆王之争与

① 朱乔森编:《朱自清全集·日记编》第 9 卷,第 213 页。
② 吴学昭:《吴宓与陈寅恪》,第 4 页。
③ 参见(韩国)李泰俊:《吴宓与中国比较文学》,《红岩》1998 年第 6 期。
④ 陈寅恪:《论再生缘》,《陈寅恪文集·寒柳堂集》,第 1 页。

西国贤哲相比拟。吴宓与之交往接谈,觉得"中西实可古今而下,两两比例。中国之儒,即西国之希腊哲学。中国之佛,即西国之耶教,……中国史事,与西洋史事,可比较者尚多"。他在日记中记道:"自受学于巴师,饫闻梅、陈诸良友之绪论,更略识西国贤哲之学说,与吾国古圣之立教,以及师承庭训之所得,比较参证,处处符合,于是所见乃略进。"①凡此种种,均可见陈寅恪并不一概排斥平行比较,只是对于比较的对象类别有所限制。

三、具有统系与不涉附会

虽然陈寅恪并不一概反对平行比较,其所批评的附会中西学说的种种表现,则确与平行比较相似,而他所主张的,则是当时居于正统地位的影响研究。其间的差异,虽有平行比较方法后来日趋完善的反衬,更重要的恐怕还是平行比较与影响研究相比,前者规则较宽,学人如果没有建立在系统训练基础上高度自觉的严格自律,容易流于穿凿附会的歧途。正如陈寅恪评论清代经学极盛而史学不振的原因时所说,二者同为考据,号称朴学,可是史学的材料大多完整齐备,解释亦有所限制,不能各执一说,无从判决当否。经学则材料往往残阙而寡少,解释尤不确定,谨愿之人只能各别解释文句,不能综合贯通,成为有系统的论述。夸诞之人则不甘以片段论述为满足,因材料残阙寡少及解释无定,反而利用一二细微疑似的孤证,附会成广泛难征的结论。犹如图画鬼物,很难说像与不像,所以群舍史学而趋于经学。民国时期学人竞言古史,与清季夸诞的经学家所为不无类似。②

影响研究与平行比较,在比较文学领域固然是两大流派学术观念不同的体现,可是如同清代的史学与经学,或光绪朝的公羊春秋与西北史地之学,一则规则与得失较易把握判断;二则不易到达既能各别解释,又能综合贯通的境界,而夸诞者似是而非的附会则见效快得名易。今人多舍影响研究而群趋于

---

① 吴宓著,吴学昭整理注释:《吴宓日记》第二册,第58—59、68、103页。
② 陈寅恪:《陈垣元西域人华化考序》,陈美延编:《陈寅恪集·金明馆丛稿二编》,第269页。

平行比较,与清代趋于经学及民国竞言古史的情形大体同因。其实平行比较要见功力卓识而不逾矩,确系比较而非附会,其难度不在影响研究之下,其自觉或许要求更高。

以影响方法治比较研究之学者,既要经过严格训练掌握多种具有相关联系的语言文字工具,①又需长期追寻搜索积累各种史料,并具有高超的推理判断能力和综合贯通的见识,未经训练或不耐劳烦者自然难以下手。此法因为有历史演变及系统异同的踪迹可寻,可以清楚判断其当否。平行比较则不同,如果不是对所比较的人事有全面深入系统的了解认识,确定为普遍的天理人心,则主观任意性极强,容易流于格义附会,似是而非。好弄中西比较文学的吴宓1931年游学欧洲,尚未遍览,便"深觉不到欧洲,不知西洋文学历史之真切"②。则此前比较中西,虽然鄙视"竞谈'新文学'"的"国内人士",以为"真能确实讲述《西洋文学》之内容与实质者则绝少",并自诩在《学衡》所撰各国文学史,"述说荷马至近二万言,亦当时作者空疏肤浅,仅能标举古今大作者之姓名者所不能为者矣"③,与真正的西洋文学相较,还是不免隔靴搔痒,不得要领。

晚清以来,西学凌驾中学,中国被动进入以欧洲为中心的世界体系,无论态度肯定与否,参照比附西学为中土学人的一大共性。即使不简单附会,间架与术语也不得不采用舶来品。其实,喜好类比未必真的与欧洲的比较研究有所渊源,说到底不过是中国文化传统和语言习惯的作用。1937年陆志韦在清华大学作《中国人类比的思想方法及其对科学之阻碍作用》的演讲,认为中国人喜欢平行推理,"它既非演绎的亦非归纳的,而是类比的。"这是理解诗歌之最好方法,但对科学则大为不利。"为了取得科学精神,中国人必须摆脱这种思想方法。"④喜欢类比与汉语言文字的特性关系密切,用成语和好譬喻即为典型体现。而语言制约思想,说是逻辑的演绎,未必吻合非逻辑的汉语。

---

① 据说欧洲传统要求比较文学者掌握十种西、北欧语言(参见钱文忠:《略论寅恪先生之比较观及其在文学研究中之运用》,王永兴编:《纪念陈寅恪先生百年诞辰学术论文集》,第494页)。
② 吴宓著,吴学昭整理注释:《吴宓日记》第五册,第170页。
③ 吴宓著,吴学昭整理:《吴宓自编年谱》,第222页。
④ 朱乔森编:《朱自清全集·日记编》第9卷,第456—457页。

比较中西的前提应是两面兼通，可是世上并无西学一物，即使勉强以心中所有为实事，中西学皆博大精深，能通一面已经至为不易，所谓学贯中西，几乎是不可能之事。在输入西学的同时要建立起合乎规矩的新学，对于近代读西书乃至留西学的一般学人而言多少有些力不从心。然而，从思想史的角度考察，作为由中心而边缘的后进国家，必须时时考虑如何在新的世界体系中求生存，则近代中国的思想先驱几乎天生具有比较中西异同的本能和观念。仅仅存在于东亚人观念世界中的西方，尽管地位有所变化，一直是中国人心中的主要参照。无论是西学中源，还是中体西用，所用观念方法，大体为平行类比，其中附会中西学说者比比皆是。最为典型的当属五四前后的东西文化论战，交战双方的认识大相径庭，看问题的态度和方法却如出一辙，都是将所谓东方与所谓西方平行类比，求其异同。

陈独秀提出："世界民族多矣，以人种言，略分黄白；以地理言，略分东西两洋。东西洋民族不同，而根本思想亦各成一系，若南北之不相并，水火之不相容也。"进而对比为西洋民族以战争、个人、法治、实力为本位，东洋则以安息、家族、感情、虚文为本位。① 与陈独秀观念相反的杜亚泉，认为西洋为动，中国为静，因而西洋重人为，生活向外，社会多团体，崇拜竞争之胜利，以战争为常态，和平为变态；中国重自然，生活向内，社会无团体，崇尚与世无争，以和平为常态、战争为变态。② 两年后李大钊的《东西文明根本之异点》，从"东洋文明主静，西洋文明主动"的基本判断出发，排列出一系列差异："一为自然的，一为人为的；一为安息的，一为战争的；一为消极的，一为积极的；一为依赖的，一为独立的；一为苟安的，一为突进的；一为因袭的，一为创造的；一为保守的，一为进步的；一为直觉的，一为理智的；一为空想的，一为体验的；一为艺术的，一为科学的；一为精神的，一为物质的；一为灵的，一为肉的；一为向天的，一为立地的；一为自然支配人间的，一为人间征服自然的。"③ 稍后梁漱溟的《东西文化及其哲学》讲演，虽然将东方分为中国与印度两大支，还是在西方向前要求、中国自为调和持中、印度反身向后要求的概括下，比较三种文化的

---

① 陈独秀：《东西民族根本思想之差异》，《青年杂志》第 1 卷第 4 号，1915 年 12 月，第 1 页。
② 伧父：《静的文明与动的文明》，《东方杂志》第 13 卷第 10 号，1916 年 10 月，第 1—8 页。
③ 陈崧编：《五四前后东西文化问题论战文选》，中国社会科学出版社 1985 年版，第 57 页。

种种差异。

对于这类比较,多少了解一些比较研究基本规则的胡适指为"拢统"。他以为:"至于'此刻'的问题,更只有研究双方文化的具体特点的问题,和用历史的精神与方法寻求双方文化接触的时代如何选择去取的问题,而不是东方文化能否翻身为世界文化的问题。"梁漱溟的分析辨别看似仔细精微,实则"想把每一大系的文化各包括在一个简单的公式里,这便是拢统之至。公式越整齐,越简单,他的拢统性也越大。"其所发明的"文化公式","只是闭眼的拢统话,全无'真知灼见'。他的根本缺陷只是有意要寻一个简单公式,而不知简单公式决不能笼罩一大系的文化"。[1] 还在美国留学的冯友兰也致函梁漱溟,直言后者的东西文化观"过于自恃直觉","抽象之论未足令人即信"[2]。

其实,简单类比并非国人的专利,第一次世界大战后,鉴于战事的惨烈,建立在科学理性基础上的欧洲中心论动摇,"一般学者颇厌弃西方物质文明,倾慕东方精神文明"[3],德国的斯本格勒(Oswald Spengler)著《西方的没落》,以文化类型比较法对比东西,"最喜比较",社会上轰动一时,但在学术界则评价甚低,认为"彼以体验与认识等列,为不伦;以民族之相异极大,为非实故也。"历史教授"皆谓 Spengler 不知历史"。可是中国留学生却认为其书中"好思想颇多",对于当时在欧洲站在东方文化立场上到处演讲、同样好以东西对比的泰戈尔,反而觉得"皆吾辈所常谈,新意绝寡"[4]。

东西文化论战无果而终,但融合中西文化一直是有志者的梦想,为此,比较二者的异同优劣以便取舍,始终不曾离开近代中国思想史的主线。这种功利性势必影响到学术研究。清华大学设立文化比较研究室的目的,就是"对于中西文化之异同,当有所发现;对于中西文化之沟通,当有贡献。"[5]而学人也不断试图以比较研究所得影响社会,西化与否,便是斩不断理还乱的重要情结。1930 年 1 月,因胡适在美国大学妇女联合会的演讲,英文的《中国评论周

① 《读梁漱溟先生的〈东西文化及其哲学〉》,《读书杂志》(《努力周刊》增刊)第 8 期,1923 年 4 月 1 日。

② 蔡仲德:《冯友兰先生年谱初编》,第 48 页。

③ 王光祈:《旅欧杂感》,《少年中国》第 2 卷第 8 期,1921 年 2 月 15 日,第 63 页。

④ 魏时珍:《旅德日记》,《少年中国》第 3 卷第 4 期,1921 年 11 月 1 日,第 31、37 页。

⑤ 齐家莹编撰,孙敦恒审校:《清华人文学科年谱》,第 331 页。

报》开始讨论全盘西化还是重新复活中华文明的问题。① 这可以说是几年后全盘西化以及本位文化大论战的前奏,东西文化论战的种种问题以新的形式再次被提出。同年胡适还写了《东西文化之比较》一文,批评欧洲消极的学者和亚洲的东方文化夸耀者。② 陈寅恪是否感觉到山雨欲来风满楼的变化,不得而知,有所不同的是,以往他谈及中西文化及社会的比较,很大程度上是针对盲人摸象似的将中外妄加比较误导公众遗患无穷的时势而发。

在比较研究的范围里,陈寅恪虽然也同意或不得不接受国人好类比的现实,对于应用外国架构解释中国思想学说多少还是有所保留。1933 年初陈寅恪审查冯友兰的《中国哲学史》下册,对其"取西洋哲学观念,以阐明紫阳之学",虽然赞许为"宜其成系统而多新解",实则认为汉魏晋一段中国哲学史难治,尤其需要用影响研究法厘清儒释道三教相互融合的渊源关系。③ 对于欧阳渐的唯识学以印度烦琐哲学解佛学,似觉劳而少功,但认为比熊十力的新唯识派以 Bergson(亨利·柏格森)的创化论解佛学,还算正途确解。④ 所以他虽有平行比较的眼光意识,著述却谨守历史演变与系统异同的规则。民国时期在比较研究方面真正作出学术贡献的,主要也是采用影响研究而来。后来以"打通"法深究古今中外的诗眼文心取得极高成就的钱锺书,看似无拘无束、从心所欲,其实同样经过影响研究的严格训练,并且批评一般牵强附会者的所谓比较不是研究。

此外,陈寅恪虽然文史兼治,仍以史学为重,而按照傅斯年的看法,史学便是史料学,"史料学便是比较方法之应用"。然而,如何才算是"以科学的比较为手段",又怎样去处理不同的记载,⑤依然分歧不小。担任清华大学历史系主任的蒋廷黻即偏向于综合史观,反对一味考据,治史书而忽略历史。1932年,他聘请雷海宗回校任教,陈寅恪对于后者以文化形态史观为依据的国史初

---

① 曹伯言整理:《胡适日记全编》5,第 613—631 页。

② 胡适:《东西文化之比较》,欧阳哲生编:《胡适文集》11,第 182—193 页。

③ 陈寅恪:《冯友兰中国哲学史下册审查报告》,陈美延编:《陈寅恪集·金明馆丛稿二编》,第 282—284 页。浦江清也不满于冯友兰的《中国哲学史》时期划分与西方哲学对应,低估了中国的哲学(朱乔森编:《朱自清全集·日记编》第 9 卷,第 330 页)。

④ 吴宓著,吴学昭整理注释:《吴宓日记》第六册,第 152—153 页。

⑤ 傅斯年:《史学方法导论》,欧阳哲生主编:《傅斯年全集》第二卷,第 309 页。

步综合颇不以为然。后来雷海宗等人发起的战国策派,用"文化统相法"和"形态历史观",试图在五四以来承受自欧西的"经验事实"与"辩证革命"之外另辟蹊径,虽然自称"并不是主张回到中古的缥缈恍惚的'玄学'办法"①,在学术范围内,陈寅恪恐怕也很难认可。

古今中外的天理人情,看似大同小异,但异同的代表性及其适用范围的界限游移不定,难以把握。五四新文化时期及其后国人好比较中西文化,而异同之所在及优劣之评判,则谨愿者亦不免见仁见智,夸诞者更是迹近图画鬼物。尽管陈寅恪口头上常常将中西社会文化作平行比较,可是因其对于中外各国社会文化的历史演变及现实状况有系统了解和深入体察,所见却与时人大异。如他以为救国经世,必须以精神之学问(即形而上之学)为根基,而中国古人惟重实用,不究虚理,"今人误谓中国过重虚理,专谋以功利机械之事输入,而不图精神之救药,势必至人欲横流,道义沦丧,即求其输诚爱国,且不能得。"②这与东西文化论战各派的观点均截然相反。只是即使对于这样的洞察,仍然难免见仁见智。

无独有偶,胡适早于1923年就认为中国文艺复兴时期"当自宋起。宋人大胆的疑古,小心的考证,实在是一种新的精神。印书术之发达,学校之广设,皆前此所无有。北宋自仁宗至徽钦,南宋自南渡至庆元党禁,皆是学术思想史上极光荣之时代。程颐提倡格物致知,张载提倡善疑,皆前古所不敢道。这种精神,至朱熹而大成。不幸而后来朱学一尊,向之从疑古以求得光明的学者,后来皆被推崇到一个无人敢疑的高位! 一线生机,几乎因此断绝。……故朱熹本可以作中国的培根、笛卡尔,而不幸竟成了中国的圣汤姆(St. Thomas Aquinas)!"③同样将朱熹比作阿奎那斯,意思却与陈寅恪相去甚远。

或以为影响研究范围狭窄,单就文学而言,不无道理,放大到历史文化领域,则不尽然。即以陈寅恪本人的研究范围而论,中古以降民族文化史,大多涉及与外国、外族接交之事。尤其是唐代,因"与外国、外族之交接最为频繁,

---

① 林同济:《形态历史观》,温儒敏、丁晓萍编:《时代之波——战国策派文化论著辑要》,中国广播电视出版社1995年版,第5—6页。

② 吴宓著,吴学昭整理注释:《吴宓日记》第二册,第101—102页。

③ 曹伯言整理:《胡适日记全编》4,第7页。

不仅限于武力之征伐与宗教之传播,唐代内政亦受外民族之决定性的影响。故须以现代国际观念来看唐史"。近代史更不必言,按照陈寅恪的看法,"中国之内政与社会受外力影响之巨,近百年来尤为显著"。① 治近代史事,无论政治、经济、军事、思想、文化、学术、社会,不能沟通中外则几乎无法下手,即使勉强立论,也难以得其要领。影响研究与其说是范围不宽,毋宁说是研究者训练不足,工具不够,积累有限,所以无从下手。而若不在大量影响研究的基础上再作平行比较,则明比固然穿凿附会,怪诞百出,无所谓研究之可言,暗比也难免用自身所熏染之学说与经验,以推测解释,妄断是非异同。就此而论,近代史研究的空间极广,范围极大,对学人训练与智慧的要求也极高。② 那种缺乏必要的基本训练,中外两面均一知半解,仅凭鸡零狗碎的个人体验和问题甚多的几本译书,望文生义、格义附会式的所谓比较研究,虽然可以反映时代思想的潮流动向,在人类知识与学术积累上,其实并无贡献。临渊羡鱼,不如退而结网。立意纵高,也须循序渐进,否则,越是高明的方法,越是要求举重若轻,旁观以为胸有成竹,临场必然弄巧成拙,结果未得其利,反受其害了。

① 石泉、李涵:《听寅恪师唐史课笔记一则》,张杰、杨燕丽选编:《追忆陈寅恪》,第270页。
② 日本京都大学人文科学研究所的梁启超如何通过明治日本吸收西方思想的研究表明,以往中国近代史在影响研究方面的工作极不充分,而所牵涉的问题对于理解近代中国人的精神世界、社会文化变迁乃至当代中国的走向,都相当关键。

陈寅恪的西学

陈寅恪向来被誉为学贯中西的大家,其西学的水准似乎不成问题。另外,陈寅恪治学主要在中国文史及东方学领域,不大论及所谓西学,而且极少称引西说,似乎又不在后人眼中的近代输入新知者之列。近年有学人提出陈寅恪的西学未必好,只是并无论证,亦未树立准则,似有故标高的之嫌。不过,陈寅恪很少专门谈论或称引西学,一般指为学贯中西,大概也是泛泛而论,并无确切标准和真凭实据。同样被誉为学贯中西的近代中国学人当中,西学程度更加可议者不在少数,有的则所谓西学程度略好,中学却很成问题。此事牵扯到对待域外思想学问的态度,为近代以来国人普遍遭遇的一大难题。有鉴于此,陈寅恪的西学究竟如何,有必要提出来讨论,并且应该设法加以论证,以免但凭主观,难得一当。

一、学问难以贯通中西

所谓"西学",如同西方一样,本来没有一成不变的固定指向。中国历史上的西方,最早联系的大概是西王母所在的昆仑,然后是佛教的西方极乐世界,最后才是泰西即欧美。所谓大小西洋,使是以中国为中心的方位判断。即使指泰西,也不过是中国人的看法,在被指为西方的人们自己看来,并不存在统一实有的西方。所以有欧洲学人认为,西方只存在于东方人的观念世界之中。正如欧洲人心目中的东方,在吾等东方人看来很少共同性一样。虽然人类学者列维·斯特劳斯和文化形态学者如斯本格勒等人在面向东方或非西方之际,心目中也有一个自我认定的虚拟性统一西方。

与此相应,所谓西学的内涵外延,其实相当模糊。西人之学,因时因地因人而异,欧洲各国,大陆与英伦三岛已不一致,大陆内部也是千差万别。如科学一词的意涵,英国与德国即很不相同。各自的联系与区别,不知渊源流变的外人很难理解把握。当年杨成志留学法国,对于社会学、人类学不同分支之间的激烈争辩便感到莫名所以,觉得似无必要。实则诸如此类的派分科别,渊源于历史文化等实事的联系,不能说毫无人为意气的成分,毕竟蕴含了相当深奥的学理讲究。日本明治时西化也有德、法、英不同流派之争,成功或成为主导的一方非但未必深刻,而且往往简化,所以易于流行。国人接受的西学系统,主要经过日本和美国的再条理,两国都是发达国家的后进,都曾经不同程度地兼收并蓄,也同样面临渊源各异、脉络不同的条理,不易把握,因而其分科系统,均不得不抹去难以理解的缠绕纠结。清楚条理的结果,看似整齐易懂,便于掌握,实则难免流于混淆肤浅。这样的道理,长时期游学多国著名高等学府的陈寅恪领悟较深,这也是他极少称引西说的原因之一。批评者大概以为西学是内涵外延明确的客观实在,所以提出对西学掌握的高下之分。如果西学其实只存在于东方人的心目之中,好坏优劣的标准就变得模糊且难以捉摸。以今日的时势,西学作为方便名词固无不可,甚至是非用不可,认真计较起来,却是越理越乱的。

既然西学并不实在或是内涵外延模糊不清,学贯中西便是绝无可能之事。或谓近代名家辈出,原因在于那一代人古今中外纵横兼通。此说为后人的看法,而且多少出于自愧不如的反衬,并非当日的实事。按照章太炎等人的说法,历代名家,通人最难得,达到如此化境者不过数人而已。中国人一生研治本国学问,尚且不能说通,试问有一西人能通汗漫无边的西学否?近代学人承袭清代学术梳理历代学问的余荫(当然也不免受其偏蔽的负面影响),兼受西洋学术新风的熏染,名家辈出,但也并非如今人所说,大师成群结队,个个学贯中西。能够沟通古今,且不受分科的局限,已经难能可贵,要想兼通中外,只能相对而言。章太炎、梁启超、刘师培、王国维、陈垣等人的西学,多由读译书或东学转手而来,钱穆的西学更被讥讽为看《东方杂志》而来的杂志之学。所以后来章太炎、王国维、刘师培等人绝口不谈西学,梁启超和钱穆则继续谈而并不见其所长,反而自曝其短。西学稍好的严复和辜鸿铭,中学功底太差,后来虽然恶补,难以登堂入室。而且其西学也只是较当时一般国人的理解有所深人而已,距离通还相去甚远。胡适的输入新知在学衡派看来粗浅谬误,其中学在章太炎眼中则是游谈无根。这样指陈并非有意贬低前贤,只是说明兼通中外实为虽不能至,心向往之的极高境界。除了明治、大正时期日本少数自负的"支那学"者,以了解中国的水准远在国人了解外国之上的东西各国人士而言,试问有谁敢自诩贯通中学? 何况中国一统,西洋分立,难易相去何止道里计。所以,无论推崇还是贬抑,都反映出评议者对所谓西学的知之甚少甚浅,而无从论断被评议对象的所谓西学水准。

钱穆在遭受主流学者的白眼之后,仍不得不讲西学,在个人而言固然未能免俗,就整个社会风尚而论,则表明时势变迁,体用关系本末倒置,称引西学已成证明自我价值不得不然的时髦,像章太炎、刘师培、王国维那样不再侈谈格义之西学,已经不大可能。1929 年傅斯年声称此时修史非留学生不可,[1]抗战期间胡适不满于《思想与时代》杂志的态度,特意指出编辑人员当中"张其昀与钱穆二君均为从未出国门的苦学者"[2]。其实除此二人外,该刊的重要成员如冯友兰、贺麟、张荫麟等,均曾留学欧美,所学与胡适相近,至少毕业时在异域得到的评价甚至还在胡适之上。在渐居主流者挟洋自重的取向之下,不留学大有不能"预流"之势,可见中西学乾坤颠倒至于此极,则未曾留学者所承受的压力可想而知。

与时流有别,陈寅恪在民国学人中,是为数极少的敢于言不必称西学之人。他几乎从不以西学为著述主题,而且很少标榜西学理论、概念和方法。这一方面固然由于近代中国以游学时间之长,所到外国学府之多,所学语言门类之广而论,很少有人能出其右,因而无人能够质疑其西学水准,也就不必证明自己的西学水准。换成他人,即使像章太炎、刘师培、王国维等过来人的幡然醒悟,也难免被视为守旧落伍。另一方面,一旦发生诸如此类的误会,陈寅恪便会立即作出强烈反应,以显示其对于西学的认识远在一般国人甚至专门学人之上。1932 年,因为出本年度清华大学入学考试国文试题的对对子等事,

---

① 《傅斯年致陈寅恪》(1929 年 9 月 9 日),王汎森、潘光哲、吴政上主编:《傅斯年遗札》第一卷,台北"中研院"史语所 2012 年版,第 227 页。
② 曹伯言整理:《胡适日记全编》7,第 540 页

引发不小的风波,招致各种非议,甚至被斥为"国学之蠹"。① 本来陈寅恪极不愿为此类事牵扯精力,卷入是非,留学期间就因"吾国人情势隔阂,其自命新学通人,所见适得其反",表示在国中将"不论政,不谈学,盖明眼人一切皆已自悉,不须我之述说。若半通不通,而又矜心作气者,不足与言,不能与辩,徒自增烦恼耳。"②尽管不想惹祸上身,可是对于找上门来的麻烦,却绝不回避,而是毫不客气地予以反击。

陈寅恪不愿谈学,主要是因为国内一班所谓新学通人大多半通不通,与自己所见正相反对。而这些混杂中西学两面半桶水的新锐,虽然一知半解,却往往自以为是,好自炫其实为陈货的新说。在陈寅恪看来,清季民国时期,借西学变中国,包括学术文化的用西洋系统条理本国材料,大半为 19 世纪后半期的格义之学。至于自己所讲世界学术的前趋,既昧于世界学术现状,复不识汉族语文特性的流俗非但无法理解,还会遭到不知元和新样却自矜天宝旧装者的非难讥笑。③ 这些议论者"皆痴人说梦、不学无术之徒"④。其批评的双锋直指两面:一是过时,二是附会。

近代好鼓吹过时的西学者,典型之一便是梁启超。清季以来,梁启超由东学转手引进西学,影响巨大,可是所及大多已是陈言(当然其中有些部分已经变成常识)。陈寅恪游学期间,欧洲经历了第一次世界大战血与火的惨烈,学术风尚大幅转变,科学主义从万能的神坛跌落,战前对西方社会发展前景的乐观情绪一落千丈,转而信仰东方主义。受此影响,梁启超的思想也出现转向。不过,陈寅恪所谓过时,显然并非这样表面的趋时标准所能衡量。在学衡一派学人眼中,即使以输入新知为己任的胡适,所讲西学也是表浅浮泛之谈。相比于白璧德的新人文主义,追求教育普及的杜威的思想学术显得表浅。所以吴宓等人认为引进西学,应从希腊罗马时代,至少要从文艺复兴时期讲起,才能知所本源。虽然陈寅恪主张学术应当预流,可是所预决非趋时也容

---

① 陈旭旦:《国蠹》,《国学论衡》第 1 期,1933 年。
② 吴宓著,吴学昭整理注释:《吴宓日记》第二册,第 66 页。
③ 陈寅恪:《与刘叔雅论国文试题书》,陈美延编:《陈寅恪集·金明馆丛稿二编》,第 252—256 页。
④ 陈寅恪:《致傅斯年》二十一,陈美延编:《陈寅恪集·书信集》,第 42—43 页。

易过时的时流。民国时期,留学一改清季风气,由地近费省的东游转而远渡重洋。而有切身体验的陈寅恪,深知欧洲学问的博大精深远非美东可比,曾经表示对哈佛的印象只有中国餐馆的龙虾,言下之意该校的学问并不足道,甚至指派送留美官费生与袁世凯北洋练兵一样,为祸害中国最大的二事之一。①

尽管留美学生逐渐占了数量人脉的优势,当时有口皆碑的还是求学问者去欧洲,求学位者去美国。留美出身的佼佼者胡适,即不断被人质疑学问的根底。1926年胡适访学欧洲时,有几位英、德学者曾当面讥嘲美国,尤其不赞成美国的哲学,其实并未读过美国的哲学著作。胡适由此而生的感想是:"我感谢我的好运气,第一不曾进过教会学校。第二我先到美国而不曾到英国与欧洲。如果不是这两件好运气,我的思想决不能有现在这样彻底。"②之所以彻底,很大程度是因为简单。以新旧论是非,是胡适对付不少国人的利器。可是这样的辩词对于留学者未必有效。国人学习西学,往往对其变动不居而动静较大的边缘部分较为敏感,易生共鸣,胡适的学生傅斯年出国前也一度向往趋新的西学,到欧洲尤其是英国留学后,从剑桥、牛津与伦敦大学的比较中领悟到,讲学问与求致用不同,专求致用,学术不能发展,专讲学问思想才能彻底,牛津、剑桥以守旧著名,"但此两校最富于吸收最新学术之结果之能力","而且那里是专讲学问的,伦敦是专求致用的。剑桥学生思想彻底者很多,伦敦何尝有此? 极旧之下每有极新"。而这时北京大学的风气仍是议论而非讲学,"就是说,大学供给舆论者颇多,而供给学术者颇少",长此以往,很难成为一流大学。③ 胡适与傅斯年都言及思想彻底的话题,而看法截然相反,显然两人对于什么是思想彻底以及彻底的思想影响社会的哪些层面,大异其趣。胡适所谓彻底,用傅斯年的标准,恐怕刚好是浅薄的表现。虽然或许与时下某些争取成为世界一流大学的取向不谋而合。

趋时者的西学不仅容易过时,而且因为缺乏深度,大多格义附会,似是而非。诚然,陈寅恪具体所指并非一般好讲西学者,如果说确有对象,胡适等人

---

① 浦江清:《清华园日记·西行日记》,生活·读书·新知三联书店1999年版,第4页。
② 《胡适日记》手稿本,1926年11月29日,台北远流出版事业股份有限公司1990年版。
③ 《傅斯年君致校长函》,《北京大学日刊》第715号,1920年10月13日,第3—4版。

的新派很难置身事外。在胡适用来"通"旧籍的《马氏文通》,在陈寅恪的眼中就不通之至！1932年,陈寅恪因清华大学入学考试国文科出题引起争议事致函系主任刘文典,申辩说明之余,即对《马氏文通》痛加批驳,指为"非驴非马,穿凿附会之混沌怪物。"他说:"从事比较语言之学,必具一历史观念,而具有历史观念者,必不能认贼作父,自乱其宗统也。往日法人取吾国语文约略摹仿印欧系语之规律,编为汉文典,以便欧人习读。马眉叔效之,遂有文通之作,于是中国号称始有文法。夫印欧系语文之规律,未尝不间有可供中国之文法作参考及采用者。如梵语文典中,语根之说是也。今于印欧系之语言中,将其规则之属于世界语言公律者,除去不论。其他属于某种语言之特性者,若亦同视为天经地义,金科玉律,按条逐句,一一施诸不同系之汉文,有不合者,即指为不通。呜呼！文通,文通,何其不通如是耶？"①这段话的矛头看似指向马建忠,板子却打在胡适等人的身上,对于后者的国语文法以及用西文文法解中国旧籍,无异于釜底抽薪。只是胡适的办法简便易行,至今仍被无知者奉为治学的康庄大道。

　　或许有意避免流俗,陈寅恪非但极少称引西学,还不时对国人信奉的西学予以批评。他认为中国自戊戌以后五十年来的政治似有退化之嫌,"是以论学论治,迥异时流,而迫于事势,噤不得发",因而自称"少喜临川新法之新,而老同涑水迂叟之迂"②。在吴宓看来,陈寅恪始终坚持中体西用。1961年,吴宓与分别多年的老友重逢,在日记中记道:历经世事变幻,"然寅恪兄之思想及主张,毫未改变,即仍遵守昔年'中学为体,西学为用'之说(中国文化本位论)"。所谓中国文化本位,吴宓的理解是"但在我辈个人如寅恪者,则仍确信中国孔子儒道之正大,有裨于全世界,而佛教亦纯正"③。具体而言,即陈寅恪1927年《王观堂先生挽词并序》所指出:"吾中国文化之定义,具于白虎通三纲六纪之说"。④

---

①　陈寅恪:《与刘叔雅论国文试题书》,陈美延编:《陈寅恪集·金明馆丛稿二编》,第251—252页。

②　陈寅恪:《读吴其昌撰梁启超传书后》,《陈寅恪文集·寒柳堂集》,第150页。

③　吴学昭:《吴宓与陈寅恪》,第143页。

④　陈美延编:《陈寅恪集·诗集》,生活·读书·新知三联书店2001年版,第12—13页。

陈寅恪重视纲常名教,源于他对民族文化史的深刻认识。因为两千年来华夏民族受儒家学说影响最深最巨者,在于制度法律公私生活方面。[①] 不过,《王观堂先生挽词并序》,很容易被理解为陈寅恪的夫子自道,而引发遗少或文化遗民的推测。实则纲常系于社会伦理关系,并非一家一姓的兴亡。此为理解把握中国社会的重要关节。陈寅恪坚持以中国文化为本位,其中西体用文化观的经典表述,仍是《冯友兰〈中国哲学史〉下册审查报告》所说:"其真能于思想上自成系统,有所创获者,必须一方面吸收输入外来之学说,一方面不忘本来民族之地位。此二种相反而适相成之态度,乃道教之真精神,新儒家之旧途径,而二千年吾民族与他民族思想接触史之所昭示者也。"[②]这与晚清名臣张之洞的中体西用说明显有别。

陈寅恪之所以很少称引西学,更重要的还是他对中西古今学术的基本判断以及相关的理智情感的复杂纠结。早在留美期间,他就对中西学术的优劣短长概括把握,认为中国古人与罗马人最相似,擅长政治及实践伦理学,家族伦理的道德制度,发达最早。周公的典章制度,为上古文明的精华。至于周秦诸子,实无足称。老、庄思想虽然高尚,相较于西国哲学士,则浅陋之至。其他除管、商等之政学尚足研究外,不见有充实精粹的学说。哲学、美术,远不如古希腊,近代科学则逊于泰西。汉、晋以还,长于性理之学 Metaphysics 的佛教输入,使得中国的学问立时增长元气,别开生面。故宋、元时学问、文艺均大盛,而以朱子集其大成。无论古今,国人都过于讲究实际的利害得失,缺乏精深远大之思。不能探究超越时空、精深博奥的天理人事之学。而救国经世,必须以精神之学问(谓形而上之学)为根基。所以中国人将来可为世界之富商,却难以学问、美术等造诣胜人。[③]

据此,依照常理,陈寅恪理应大力提倡输入引进西学,或是大量称引西学,而实情似相反对。究其原因,除了不与时趋同流,以及以中国文化为本位外,

---

① 《冯友兰〈中国哲学史〉下册审查报告》,陈美延编:《陈寅恪集·金明馆丛稿二编》,第283页。

② 《冯友兰〈中国哲学史〉下册审查报告》,陈美延编:《陈寅恪集·金明馆丛稿二编》,第284—285页。

③ 吴宓著,吴学昭整理注释:《吴宓日记》第二册,第102—103页。

还在于他所看重的西学,与流俗有别。留学期间,对于盛行一时的学说,如马克思和弗洛伊德的著作,陈寅恪曾特意学习过,以为食色性也,中国古已有之,言下之意,不足为奇。后来陈寅恪还明确表示不能以马克思为研究历史的指导。此说令有意回护之人也感到难以辩解。实则陈寅恪绝非轻视马克思的学说,之所以言辞看似偏激,主要是针对前来劝驾的汪篯关于陈寅恪的论著屡屡出言不当,同时认为研究中国的历史文化,不能附会套用欧洲新说,应该立足本国,用西学的本源大道于无形。即使谋求救国,也不能仅仅致用于一时,而要从学术文化的根本着手。这样的根本,又并非钱穆所批评的清季以来的革新派史学,从现实宣传的角度,企图根本解决所有问题,往往偏于一端。① 近代以来的挟洋自重者,于西学不过各取所需,若能全面关照把握,或许不至于信口开河以致自欺欺人。

二、中国的东方学首席

陈寅恪既然很少言说和称引西学,即使作为方便名词,要想判断其西学的高下,也未免难于着手。对此,首先还是要着落于陈寅恪的本行,即文史之学方面。1928 年傅斯年等人创立中央研究院历史语言研究所时,针对当时汉学研究的中心在巴黎和京都,中国的历史语言之学久已落于人后,提出"要科学的东方学之正统在中国"的口号。所谓科学的东方学,看似以研究中国为主,其实不然。傅斯年不赞成国学的概念,以为扩充材料和工具,势必弄到不国不故,不仅主张搜集材料不局限于中国的范围,而要关注"汉广",所以强调以"东方学"代替"国学","并不是名词的争执,实在是精神的差异之表显"。其实科学的东方学并不是中国固有的学问,而是西学的组成部分。无论研究的范围重心还是方法取径,都是西洋学人的拿手好戏。欧洲汉学则是东方学的延伸。"假如中国学是汉学,为此学者是汉学家,则西洋人治这些匈奴以来的问题岂不是虏学,治这学者岂不是虏学家吗?然而也许汉学之发达有些地方

---

① 钱穆:《国史大纲·引论》,商务印书馆 1991 年版,第 5—6 页。

正借重虏学呢!"①

西人之东方学实为虏学的意思,稍早之前胡适也曾说过。1927 年,胡适从欧洲回国,因国内政局变动而滞留日本,在京都乐友会馆召开的支那学会演讲,顺应京都学人尤其是狩野直喜的主张,说不能只研究"虏学",即周边民族,必须研究中国本部,幸而京都有这方面的优秀学者,自己十分佩服,希望在场的学生多向狩野直喜等人请教。② 由此看来,虏学有二义:其一,和西学相似,东方学是西人研究其心目中的东方的学问,是西学的重要组成部分,而东方并不实有此种统一的学问。中国、日本、印度、中亚的学术文化分别甚大。其二,与中国相关的东方学研究的重心在于四裔,如西域、南海以及满蒙回藏鲜等。从时间上看,目前所见资料显示胡适使用虏学的概念早于傅斯年,然而胡适有此认识,应是访欧时与傅斯年多次长谈的结果,而且傅斯年影响胡适的可能性较大。至于傅斯年的看法,当与陈寅恪有关。后者所学,正是西人东方学的长技,而且实际水准已经进入先进行列。傅斯年留欧前后,学术观念和取向出现明显变化,而变化的成因,除了直接接触欧洲学术,陈寅恪的影响应有重要作用。傅斯年与陈寅恪在德国期间多次详谈,使得傅斯年的学术观念在若干重要方面较出国前大异其趣。虽然迄今为止尚未见到陈寅恪直接使用虏学的证据,此一说法很可能来自陈寅恪,或是在傅、陈二人论学之际所激发出来的一种笑谈。

如果此说虽不中亦不远,陈寅恪应是对自己治学取向的自嘲。在 20 世纪二三十年代的中国,陈寅恪可以说是所有学人中最有条件和能力依照欧洲东方学之正统治"虏学"的有数之人。陈寅恪回国后,在清华研究院国学所担任的指导学科是:"佛经译本比较研究"、"东方语言学"、"西人之东方学",而普通演讲课为:"西人之东方学之目录学"、"梵文"。1926 年担任北京大学研究所国学门导师,所提出的研究题目四项,由本科三年级以上学生选修,包括:1.长庆唐蕃会盟碑藏文之研究(吐蕃古文)。2.鸠摩罗什之研究(龟兹古语)。3.

① 傅斯年:《历史语言研究所工作之旨趣》,欧阳哲生主编:《傅斯年全集》第三卷,第 6、9、12 页。

② 《胡适》,《吉川幸次郎全集》第 16 卷,东京,筑摩书房 1974 年版,第 431—433 页。

中国古代天文星历诸问题之研究。4.搜集满洲文学史材料。① 从课程科目所设标题可见，陈寅恪清楚地知道所谓东方学乃是西人的学问。毋庸讳言，陈寅恪所掌握的多种古今中外语言文字以及比较语言学的研究方法，在禹内的确为不二人选，可是在这方面学术传统深厚的欧洲，就未必算得上出类拔萃。所以陈寅恪并不是跟着西人之东方学的轨则亦步亦趋，而是扬长避短，在中西之间寻求主攻方向，所选择的历史、佛教以及蒙古满洲回文书，既能发挥其汉文典籍熟悉的优势，又能利用西人东方学的长处，而为中外学人力所不及。② 同样注意到上述问题的日本学人，虽然避开古史，致力于相关研究，不失为明智的取舍，但直到20世纪三四十年代，在陈寅恪看来，水准仍然有限。③

　　正因为有了像陈寅恪这样精于西人东方学的高手，算不上擅长东方学的傅斯年才敢于喊出要科学的东方学之正统在中国的口号。中研院史语所1928年10月成立于广州，陈寅恪即被聘请为研究员，其所属历史语言研究所第一组的研究标准是：以商周遗物，甲骨、金石、陶瓦等，为研究上古史对象；以敦煌材料及其他中亚近年出现的材料，为研究中古史对象；以内阁大库档案，为研究近代史对象。第一项分别由傅斯年、丁山、容庚、徐中舒负责，第二项由陈垣负责，而陈寅恪负责整理明清两代内阁大库档案史料，应为第三项，同时作为个人研究项目的有考定蒙古源流及校勘梵番汉经论。④ 则此时陈寅恪的研究仍然偏重倚靠异族域外语言的民族文化关系一面。

　　不过，要科学的东方之正统在中国，固然是傅斯年的向往期望，更是他排斥一般国学家的托词。在与东西两洋学术争胜方面，傅斯年的实际做法与公开宣言之间存在明显反差。他不像陈垣等人希望将汉学的中心争回到中

① 《研究所国学门通告》，《北京大学日刊》第2000号，1926年12月8日，第2版。
② 参见陈寅恪《与妹书》，陈美延编：《陈寅恪集·金明馆丛稿二编》，第355—356页。
③ 1937年2月31日陈寅恪复函陈述，谈论契丹辽史研究，内称："白鸟之著作，盖日人受当时西洋东方学影响必然之结果，其所依据之原料、解释，已依时代学术进步发生问题，且日人对于此数种语言尚无专门威权者，不过随西人之后，稍采中国材料以补之而已。公今日著论，白鸟说若误，可稍稍言及，不必多费力也。"陈美延编：《陈寅恪集·书信集》，第183页。
④ 蔡元培：《中央研究院过去工作之回顾与今后努力之标准》，《蔡元培全集》第5卷，中华书局1988年版，第371页；蔡元培：《三十五年来中国之新文化》，高平叔编：《蔡元培全集》第6卷，中华书局1988年版，第84—85页。

国,因为他知道国际汉学属于东方学系统,所以内心深处对于中国人研治纯粹中国问题的"全汉"情有独钟,可是宣传上要顺应甚至凭借清季尤其是五四以来西风压倒东风的时势,树起中国的"科学的东方学之正统"的大旗,并掌控最终解释的话语权,使得那些不知何谓"科学的东方学之正统"的学人望而却步或是知难而退。1934 年,傅斯年在承认西洋人治中外关系史等"半汉"的问题上有"大重要性"的同时,觉得"全汉"的问题更大更多,"更是建造中国史学知识之骨架",批评"西洋人作中国考古学,犹之乎他们作中国史学之一般,总是多注重在外缘的关系,每忽略于内层的纲领"①。这实际上等于说西人的东方学对于研究中国问题还是旁支边缘。

傅斯年关于半汉与全汉的分别及取舍,早在他大张旗鼓地高调打出"要科学的东方学之正统在中国"的旗号之际,就已经形成并且暗中操作。1929年,傅斯年即提议陈寅恪领军研究"比较纯粹中国学问"的"新宋史",以免治魏晋隋唐蒙元"非与洋人拖泥带水不可"。是年 9 月,傅斯年回复陈寅恪的来函,专门商议修宋史之事。此事似由傅斯年提议,而得到陈寅恪的响应。傅斯年的计划是:专聘一人或由陈寅恪领军组队,分工合作,五六年后,可成一长篇之材料有余,以便后续展开各项具体问题的研究,进而编撰新宋史,并同时产生如全宋文、全宋笔记、全宋艺文志等副产物。期于十年之内成大功效,五年之内成小功效,三年之内有文章出来。②

照此看来,傅斯年在以宣言的形式断绝那些并不了解"东方学正统"的国学家趋时的念头并将他们统统打入另册后,其与欧洲东方学角胜的取径,并非如顾颉刚所揣测,是"欲步法国汉学之后尘",③一旦成功地对国学家"标新",他对西人的东方学也要"立异"了。而立异的本钱,是"比较纯粹"的"中国学问"。所以,"要科学的东方学之正统在中国"的所谓"正统",还是华洋有别,而非将中心从欧洲夺回中国的空间地理位置转移而已。对于国人,强调要科学的东方学之正统即其西学的一面;对于西人,却是主张不与洋人拖泥带水的

---

① 傅斯年:《〈城子崖〉序》,欧阳哲生主编:《傅斯年全集》第二卷,第 235—236 页。

② 《傅斯年致陈寅恪》(1929 年 9 月 9 日),王汎森、潘光哲、吴政上主编:《傅斯年遗札》(第一卷),第 227—228 页。

③ 顾潮编著:《顾颉刚年谱》,中国社会科学出版社 1993 年版,第 152 页。

具有内层纲领性的全汉。

然而,修宋史之事并无下文。据 1930 年度《中央研究院过去工作之回顾与今后努力之标准》,研究员陈寅恪的研究工作无论是作为机构的整理明清两代内阁大库档案史料,还是个人的考定蒙古源流、及校勘梵番汉经论,①均未涉及宋史或宋代。考虑到傅斯年与陈寅恪通信讨论着手研治新宋史的时间,则很有可能是制定该项文件时需要确定陈的研究计划。陈寅恪虽然对修宋史表示"如许兴趣",最终并未同意作为其近期研究工作的重点。

陈寅恪何以搁置此事,未见直接证据。根据相关史事,可能性甚多,与西人的东方学相关者,如对于偏重倚靠异族域外语言的民族文化关系的研究仍然不忍舍弃,尤其是佛教以及夹杂些外国东西的唐史研究。更为重要的是,宋史是否比较纯粹的中国学问,可以不与外国人拖泥带水,陈、傅二人之间存在罕有的严重分歧。陈寅恪认为,唐宋诸儒是先受到佛教道教性理之说的影响,再上探先秦两汉的儒学,以外书比附内典,变儒家为禅学,构建新儒学,然后避名居实,取珠还椟,并据以辟佛。傅斯年适相反对,认为唐宋诸儒是受汉儒之性情二元说的影响,鉴于时代风气人伦道丧,先从古儒学中认出心学一派,形成理学,以抵御佛教,因而与禅无关,于儒有本。为此,两人著文暗中争执十余年,最终依然各执己见。② 理念相差甚远,当时傅斯年或许一无所知,陈寅恪却心知肚明,自然不愿横生枝节,自找麻烦。

一直到 20 世纪 40 年代,陈寅恪仍然稳坐中国的东方学祭酒的位置,没有人能够挑战他的权威地位。可是,形势比人强,陈寅恪所讲西人之东方学,在欧洲本来就是极小众研治的绝学,因为必须掌握多种古今语言,经过比较语言学和比较文献学的长期训练,又要各种文献的大量积累,当时中国很少有人能够承接延续,清华大学国学院的高才生如姜亮夫等也基本不能理解。陈寅恪在清华研究院所讲西人之东方学之目录学和梵文(1928 年度改讲梵文文法和唯识二十论校读),前者"先就佛经一部讲起,又拟得便兼述西人治希腊、拉丁

---

① 蔡元培:《中央研究院过去工作之回顾与今后努力之标准》,高平叔编:《蔡元培全集》第 5 卷,第 371—372 页。

② 详见桑兵《求其古与求其是:傅斯年〈性命古训辨证〉的方法启示》,《中国文化》2009 年第 1 期。

文之方法途径,以为中国人治古学之比较参证"①,学生的普遍感觉是听不懂。

清华国学院研究生的程度较一般大学本科为高,当时国内顶尖的北京大学和清华大学两校学生,对于陈寅恪所讲东方学更加力不从心。1928年春,北京大学请其兼任"佛经翻译文学"课程,秋季改授"蒙古源流研究"。前者因为同学中无人学过梵文,只能得到一点求法翻经的常识,难以深入。后者因部分学生对元史有所准备,勉强能够应付。② 清华国学院结束后,陈寅恪改到清华大学的文史两系任教,所讲课程较研究院时期一再降低难度,学生仍然不能适应。学问本来就存在可信与可爱的不可兼得,越是高深玄奥,越是曲高和寡,难以即时验证。如果不能超越时流,坚守良知,以一般青年为主体的大学反而最容易成为欺世盗名者横行无忌的场所,遑论并非故意的误人子弟。这也是大学稍有不慎即变为学术江湖的重要成因。

学生无力承受,还不足以让陈寅恪放弃心仪的西人之东方学,全力转向其他领域。可是后来逐渐发生资料不足等难以逾越的困难,终于令其无法继续坚持。尽管陈寅恪游学期间大量购书,以备归国研究,回国前后又想方设法鼓动各部门机构购置相关图书资料,由于基础太差,又是不急之务,一时间难以充分改善。到20世纪30年代后期,材料方面已经感到捉襟见肘的陈寅恪还想勉为其难地奋力一搏,不料全面抗战爆发,辗转迁徙,颠沛流离,巧妇难为无米之炊。1942年,陈寅恪为朱延丰《突厥通考》作序,公开声称:"寅恪平生治学,不甘逐队随人,而为牛后。年来自审所知,实限于禹域以内,故仅守老氏损之又损之义,捐弃故技。凡塞表殊族之史事,不复敢上下议论于其间。"③同年底为陈述《辽史补注》作序,又表明因"频岁衰病,于塞外之史,殊族之文,久不敢有所论述。"④并且将所有相关西人东方学的书籍卖给北大,最终放弃在此领域与国际学术界角逐比肩的努力。⑤ 尽管陈寅恪屡屡自称其"平生述作皆

---

① 《教授来校》,《清华周刊》第24卷第10号,1926年11月,第19页。
② 劳干:《忆陈寅恪先生》,《传记文学》第17卷第3期,1970年9月,第31—33页。
③ 陈寅恪:《朱延丰突厥通考序》,《陈寅恪文集·寒柳堂集》,第144页。
④ 陈寅恪:《陈述辽史补注序》,陈美延编:《陈寅恪集·金明馆丛稿二编》,第265页。
⑤ 此事多以为出于生计艰难,实则对于学人而言,安身立命处更为重要。

出于不得【已】"①,令人难以捉摸真意如何,此番转向的确是出于情非得已。既然未必心甘情愿,所以后来陈寅恪一直关注西人之东方学的研究动向,战后对于学界新锐季羡林的研究能够突进到国际学术前沿大加赞赏。后来有人指季所治实为胡学,而非国学,并非妄言。而季老自己主动卸下旁人加诸头顶的"国学大师"的桂冠,也算是正本清源之举。

三、国人里西学较优

西人之东方学虽然是西学的组成部分,如果仅仅以此为准来衡量陈寅恪的西学,不无取巧之嫌。其实,即使在西学的正统方面,以国人为范围比较,陈寅恪的西学也无可争议地在出类拔萃之列。此处之较,不仅与当时一般的中国人比,而且与专门的学问家比,甚至是与以输入新知为职志,号称通西学者比较。或者指陈寅恪未必通西学,如果以为西人有西学,并以西人为范围整体而言固然,可是要说陈寅恪是近代中国学人当中西学最好的有数之人,亦非过誉。此事可从几方面略加申论。

清季以来,对于西学了解较深者,首先当属留学生。所谓读西书不如留西学,确有几分道理。读西书尤其是翻译书,隔了不止一层,很难领会到位。当然,留学又有东西洋之别,留学东洋而求西学,也是转手负贩的二手货。留学西洋还有欧美之分,前者重在求学问,后者着眼于求学位。进而言之,无论东西洋还是欧美,受时势的影响,近代留学生当中从事社会政治活动以及如各种留洋外史小说所描述的混迹江湖者不在少数,肯用心读书的为数不多。即使肯读书,大多也是着眼于各种能够即时兑现的实用性学科,学习精神学问者少之又少。正是在后一部分留学生当中,陈寅恪的中西学问俱佳可谓有口皆碑。

陈寅恪在东西两洋各国的各大名校浸淫多年,当为中国有史以来留学时间最长、读过的学校最多之人,知道求学问到欧洲、求学位到美国的道理。所学习的范围虽有重点,亦相当广泛,而且他不求学位,但求学问,专心读书。与

---

① 陈寅恪:《致陈述》十九,陈美延编:《陈寅恪集·书信集》,第197页。

之交往甚笃的吴宓称:"陈君中西学问皆甚渊博,又识力精到,议论透彻,宓佩服至极。古人'闻君一席话,胜读十年书'。信非虚语。"①所以如此,除天分高之外,在于读书多,尤其读西书多。"哈佛中国学生,读书最多者,当推陈君寅恪,及其表弟俞君大维。两君读书多,而购书亦多。到此不及半载,而新购之书籍,已充橱盈箧,得数百卷。陈君及梅君,皆屡劝宓购书。回国之后,西文书籍,杳乎难得,非自购不可。而此时不零星随机购置,则将来恐亦无力及此。"②其时陈寅恪不仅谈西学,而且"谈印度哲理文化,与中土及希腊之关系。"③所以吴宓后来说,他于 1919 年与陈寅恪在美国哈佛大学相识之时,就驰书国内诸友,"谓'合中西新旧各种学问而统论之,吾必以寅恪为全中国最博学之人'。"④

吴宓读书治学教书,均以外国文学尤其是比较文化为主,其西学较一般中国人为优。不过,尽管他后来成为部聘教授,其中西学识与陈寅恪相比,还是差距较大。而自视甚高且读书亦多的傅斯年对刚到德国留学的北京大学同学毛子水说:"在柏林有两位中国留学生是我国最有希望的读书种子,一是陈寅恪,一是俞大维。"⑤另一位北大毕业派遣留德的姚从吾(士鳌)于 1924 年 3 月 12 日致函母校,介绍在柏林的中国留学生,如罗家伦、陈枢、及俞大维、傅斯年等,称后二人"博通中西,识迈群流",对陈寅恪尤为推崇,指其"能畅读英法德文,并通希伯来、拉丁、土耳其、西夏、蒙古、西藏、满洲等十余国文字,近专攻毗邻中国各民族之语言,尤致力于西藏文。印度古经典,中土未全译或未译者,西藏文多已译出。印度经典散亡,西洋学者治印度学者,多依据中国人之记载,实在重要部分,多存西藏文书中,就中关涉文学美术者亦甚多。陈君欲依据西人最近编著之西藏文书目录,从事翻译,此实学术界之伟业。陈先生志趣纯洁,强识多闻,他日之成就当不可限量也。又陈先生博学多识,于援庵先生所著之《元也里可温考》、《摩尼教入中国考》、《火祆教考》,张亮丞先生新译

---

① 吴宓著,吴学昭整理注释:《吴宓日记》第二册,第 28 页。

② 吴宓著,吴学昭整理注释:《吴宓日记》第二册,第 55 页。

③ 吴宓著,吴学昭整理注释:《吴宓日记》第二册,第 90 页。

④ 吴宓:《空轩诗话》,吴宓著,吴学昭整理:《吴宓诗话》,第 196 页。

⑤ 毛子水:《记陈寅恪先生》,《传记文学》第 17 卷第 2 期,1970 年 8 月,第 10 页。

之《马可孛罗游记》,均有极中肯之批评"。① 此函载于 1924 年 5 月 9 日《北京大学日刊》第 1465 号,是当时国内能够公开见到的关于陈寅恪的重要信息。同年 7 月,顾颉刚在书信中列举现今国学五派的趋势,其中第二派为东方古言语学及史学,"研究亚洲汉族以外的各民族的文化,他们在甘肃、新疆、中央亚细亚等处发掘,有巨大的发见。法人伯希和、英人斯坦因、中国罗福成、张星烺、陈寅恪、陈垣等都是这一派的代表。"②所依据的信息当与姚从吾的函件有关。

陈寅恪不仅通过书本了解西学,还实地考察留学各国的社会实情,增加切身体验,以便加深对于西方社会的理解认识。1919 年吴宓与之相识于哈佛,"聆其谈述,则寅恪不但学问渊博,且深悉中西政治、社会之内幕。"③如偶及婚姻之事,陈为其细述所见欧洲社会实在情形,竟能将贵族王公、中人之家和下等工人的情况分别详述,指出"西洋男女,其婚姻之不能自由,有过于吾国人。"并且进而申论:"盖天下本无'自由婚姻'之一物,而吾国竟以此为风气,宜其流弊若此也。即如宪法也,民政也,悉当作如是观。捕风捉影,互相欺蒙利用而已。"④这与"五四"以来东西文化笼统类比下的西方认识,不啻天壤之别。陈寅恪对西方婚姻制度及男女色欲之事的见解,决非纸上谈兵,为了具体了解,在巴黎时还曾实地考察。详究比较之下,认为"吾国旧日之制,男女各得及时配偶,实属最善之道。父母为儿女择偶綦殷,固是爱子之心,抑亦千百年经验所得。本乎学理,而重事实。故吾国风俗实较西洋为纯正。今之少年俗夫,不察西国实在情形,妄倡迟婚之说,甚或愚盲顽傲,自诩英雄,愿终身不嫁不娶,此风日炽,而流毒实非浅鲜。"⑤1923 — 1924 年留学欧洲期间,陈寅恪与积极组织政党活动的曾琦等人交往,"高谈天下国家之余,常常提出国家将来致治中之政治、教育、民生等问题:大纲细节,如民主如何使其适合中国国情

---

① 《史学系遣留德学生姚士鳌致朱遏先先生书》,《北京大学日刊》第 1465 号,1924 年 5 月 9 日,第 2—3 版。
② 顾潮编著:《顾颉刚年谱》,第 97 页。
③ 吴宓、吴学昭整理:《吴宓自编年谱》,生活·读书·新知三联书店 1995 年版,第 188 页。
④ 吴宓著,吴学昭整理注释:《吴宓日记》第二册,第 20—21 页。
⑤ 吴宓著,吴学昭整理注释:《吴宓日记》第二册,第 120—121 页。

现状,教育须从普遍征兵制来训练乡愚大众,民生须尽量开发边地与建设新工业等。"①后来他指责戊戌以来五十年中国的政治退化,依据之一即是以国会为象征的所谓恶质民主政治。②

陈寅恪口头上常常将中西社会文化作平行比较,因其对于中外各国社会文化的历史演变及现实状况有系统了解和深入体察,所见往往与时人大异。留美期间陈寅恪向吴宓阐述其对中西思想文化异同流变的一整套看法,便与东西文化论战各派的观点均大相径庭。而号称通西学的人士乍听之下,大都愕然诧异,认真思考过后,加以验证,则转而心悦诚服。胡适一派有英国通之称的陈源,1922 年在柏林第一次听到陈寅恪的妙论,"说平常人把欧亚做东西民族性的分界,是一种很大的错误。欧洲人的注重精神方面,与印度比较的相近些,只有中国人是顶注重物质,最讲究实际的民族。"当时觉得是"闻所未闻的奇论,可是近几年的观察,都可以证实他的议论,不得不叫人惊叹他的见解的透澈了"③。

正是由于陈寅恪对于西学和西方的认识相当精辟,超越流俗和常人,甚至远在以输入新知为己任的趋新人士之上,尽管见解大异其趣,还是受到后者的推重。1930 年底,中华教育文化基金会董事会成立编译委员会,由胡适担任委员长,张准任副委员长。该委员会分为甲乙两组,甲组文史,乙组科学。甲组委员有丁文江、赵元任、陈寅恪、傅斯年、陈源、闻一多、梁实秋,皆一时之选。④ 主持其事的胡适提出历史和名著的拟译名单。关于历史,胡适所开书单为:1. 希腊用 Grote【格罗特】。2. 罗马用 Moumsen【莫姆森】与 Gibbon【吉本】。3. 中世纪拟用 D.C.Munse【穆斯】。4. 文艺复兴与宗教改革拟用 E.M. Hulme:*The Renaissance, the Protestant Revolution & the Catholic Reformation*《文艺复兴,新教革命和大主教改革》。5. 近代欧洲拟用 A.W.C.Abbott:*The Ex-*

① 李璜:《忆陈寅恪登恪昆仲》,钱文忠编:《陈寅恪印象》,学林出版社 1997 年版,第 6 页;曾琦:《旅欧日记》,曾慕韩先生遗著编辑委员会编:《曾慕韩先生遗著》,台北,中国青年党中央执行委员会 1954 年,第 407—418 页。
② 陈寅恪:《读吴其昌撰梁启超传书后》,《陈寅恪文集·寒柳堂集》,第 149—150 页。
③ 西滢:《闲话》,《现代评论》第 3 卷第 65 期,1926 年 3 月 6 日,第 11 页。
④ 曹伯言整理:《胡适日记》5,第 759 页;胡颂平编著:《胡适之先生年谱长编初稿》,台北联经出版事业公司 1984 年版,第 950 页。

pansion of Europe【艾博特:《欧洲的扩张》】(1415—1789)。B.H.E.Bowrne: *The Revolutionary Period*【鲍恩:《革命时代》】(1763—1815)。6. 英格兰拟用 I.R. Green【格林】或 E.Wingfield—Stratford(*The History of Brirish Civilization*)【温菲尔德—斯特拉福德】(《不列颠文明史》)。7. 法国拟从李思纯说,用 Albert Malet *Nouvelle Historie de France*【阿尔伯特·马莱:《法国新史》】(1924)。8. 美国拟用 Beard: *Rise of American Civilization*【比尔德:《美利坚文明的兴起》】。议论时陈寅恪认为:"前四人悬格过高,余人则降格到教科书了。"胡适的答复是:"此亦是不得已之计,中世与近代尚未有公认之名著,故拟先用此种较大较佳之教科书作引子,将来续收名著。比如廿四史中虽有《史记》、《汉书》,也不妨收入一些低二三流之作也。孟真则主张译 *Cambridge Medieval History*【《剑桥中世纪史》】,此意我也不反对。"①揣摩当时情形,显然陈寅恪所言切中要害,胡适的辩词有些牵强,傅斯年的意见表面折中,实际是既支持陈,又使胡适有台阶可下。所反映出来的,恰是各人对西方不同时期史学整体把握的差异。

陈寅恪的研究虽以文史为主,其对于西学的认识,并不限于史学一科。1931 年清华大学成立 20 周年纪念之际,陈寅恪提出:"今世治学以世界为范围,重在知彼,绝非闭户造车之比。"并将"吾国大学之职责,在求本国学术之独立",作为"实系吾民族精神上生死一大事"的公案,"与清华及全国学术有关诸君试一参究",以国际学术为参照,全面表达了对于"吾国学术之现状及清华之职责"的看法。他认为,求本国学术独立为大学的职责所在,考察全国学术现状,则自然科学领域,中国学人能够将近年新发明之学理,新出版之图籍,知其概要,举其名目,已经不易,只有地质、生物、气象等学科,因为地域材料的关系,还有所贡献。西洋文学哲学艺术历史等,能够输入传达,不失其真,即为难能可贵,遑论创获。至于社会科学领域,则本国政治、社会、财政、经济状况,非乞灵于外人的调查统计,几无以为研求讨论之资。教育学与政治相通,多数教育学者处于"仕而优则学,学而优则仕"的状态。即使中国史学文学思想艺术,实际上也不能独立,能够对大量发现的中国古代近代史料进行具

---

① 曹伯言整理:《胡适日记》5,第 822—823 页。

有统系与不涉附会的整理,还有待努力,而全国大学很少有人能够胜任讲授本国通史或一代专史。至于日本研究中国历史的著作,国人只能望其项背。国史正统已失,国语国文亦漫无准则。并且痛斥垄断新材料以为奇货可居、秘不示人、待价而沽的私人藏家为"中国学术独立之罪人"。① 此意与哈佛时期对吴宓所谈"中国人当可为世界之富商。然若冀中国人以学问、美术等之造诣胜人,则决难必也"的意思相参照,可见陈寅恪的旨意在于中国必须脱胎换骨,深究关于天理人事的精神学问,才能以学问美术胜人,获得独立,且贡献于世界。而要达到这一目的,治学必须具有世界眼光和关怀,闭门造车与格义附会,都是缘木求鱼。

如今重温陈寅恪的论断,虽然整体而言局面已经发生了很大变化,可是基本情况仍然没有根本改观,某些方面甚至还有每下愈况之势。尤其是要在基础性的精神学问领域(包括从零到一的自然科学)真正达到原创性领先世界的程度,依然路漫漫兮修远,还有待于长时期的不懈努力。

四、取珠还椟

陈寅恪的此番表态,看似与输入新知的新文化派旨趣一脉相通,仔细考察,还是大有分别,关键在于既要以世界为范围,又能具有统系而不涉附会。而当时的中国学人,往往偏于一端。陈寅恪关于文化史研究的批评,即颇具针对性。他说:

> 以往研究文化史有二失:(一)旧派失之滞。旧派作"中国文化史",……不过钞钞而已。其缺点是只有死材料而没有解释,读后不能使为了解人民精神生活与社会制度的关系。(二)新派失之诬。新派是留学生,所谓"以科学方法整理国故"者。新派书有解释,看上去似很有条理,然甚危险。他们以外国的社会科学理论解释中国的材料。此种理论,

---

① 陈寅恪:《吾国学术之现状及清华之职责》,陈美延编:《陈寅恪集·金明馆丛稿二编》,第361—363页。

不过是假设的理论。而其所以成立的原因,是由研究西洋历史、政治、社会的材料,归纳而得的结论。结论如果正确,对于我们的材料,也有适用之处。因为人类活动本有其共同之处,所以"以科学方法整理国故"是很有可能性的。不过也有时不适用,因中国的材料有时在其范围之外。所以讲大概似乎对,讲到精细处则不够准确,而讲历史重在准确,功夫所至,不嫌琐细。①

据此可见,陈寅恪的基本取向,仍然是他在《冯友兰〈中国哲学史〉下册审查报告》中所说的相反相成,即一方面吸收输入外来学说,另一方面不忘本来民族地位。这种由两千年中外民族思想接触史所昭示的道教之真精神,新儒家之旧途径,是真能于思想上自成系统、有所创获的必由之路。对此陈寅恪的直接论述相当简约概括,而通过其学术实践的身体力行,以及对于相关史事的发覆讨论,可以进一步揣摩领会。

陈寅恪治学,比较研究是相当重要的方法取径,这不仅因为史学必须通过比较不同的材料以近真并得其头绪,本来就是天然的比较研究,而且缘于用异族域外语言研究民族文化关系的西人东方学之正统,主要凭借比较语言学、比较文献学、比较宗教学的理念方法。陈寅恪的比较研究,遵循欧洲的正轨,立足本国的史事,至关重要的概念之一便是格义,他曾在多篇论文中屡次详细论述。而陈寅恪对于格义的理解应用,明显体现出相反相成的态度,有助于领悟其对待西学的态度做法。

就外在的形式而言,陈寅恪从比较研究正轨的角度,对望文生义的"格义"之法大加挞伐。其《与刘叔雅论国文试题书》,不仅依据比较语言学的轨则痛批《马氏文通》,指为"何其不通如是耶?"并且批评流行一时的附会中外学说的格义式比较,深究其历史根源和现实表现,认为中国文学系的中外文学比较一类课程,只能就白居易等在中国及日本的文学上,或佛教故事在印度及中国文学上的影响及演变等问题,互相比较研究,才符合比较研究的真谛。这样的比较研究方法,必须具有历史演变及系统异同的观念。否则古今中外,人天龙鬼,随意可以拿来相与比较。荷马可比屈原,孔子可比歌德,穿凿附会,怪

———————
① 卞僧慧:《陈寅恪先生年谱长编(初稿)》,中华书局2010年版,第146页。

诞百出,莫可追诘,就无所谓研究可言。①

就比较研究而言,陈寅恪无疑旗帜鲜明地倡导合本而排斥格义。不过,转换角度,他并非全然否定格义的积极意义。作为"我民族与他民族二种不同思想初次之混合品"的流别,他对唐宋诸儒援儒入释的理学评价极高,对于类似的格义,给予充分的了解同情和高度肯定。正是由于先贤面对中外文化的缠绕,具有取珠还椟、避名居实的苦心孤诣,既充分输入吸收外来学说,又不忘本来民族地位,外体中用,才使得民族文化一脉相承,生生不息。

以此为准则,形式上穿凿附会随意类比的格义,取西洋观念解释古代思想,或用中国学问比附西洋,不仅附会中外学说,不能得外来学说义理之高明,无助于理解领悟古人的思想,反而陷入愈有条理系统,去事实真相愈远的尴尬,而且不无用夷变夏,流于西洋学问的附庸,以致数典忘祖之嫌。而善用格义之学,借鉴西洋学说,重新解读古人思想,既不违于古,又有利于今,求珠还椟,面向未来,或可继宋代之后,进一步丰富提升中华民族的思维能力,再创思想学术的新高。

要想达成两方面的相反相成,应当领悟把握 1931 年清华大学 20 周年纪念时陈寅恪所提出的准则:即"具有统系与不涉附会"②。既有系统解释,以免失之于滞,又不格义附会,以防失之于诬。所谓系统解释,并非生吞活剥地套用外国的观念方法,或是将中国的材料削足适履地塞进外国的框架;而是运用欧洲现代治学良法于研究的过程,发现中国观念史事的内在联系与特征,而且在表述方面尽力符合本意本事。历史研究无疑都是后人看前事,用后来观念观照解释前事,无可奈何,难以避免。但要防止先入为主的成见,尽量约束主观,以免强古人以就我,这不仅因为后人所处时代、环境及其所得知识,与历史人物迥异,而且由于这些知识经过历来学人的不断变换强化,很难分清后来认识与历史本事的分界究竟何在。

要将古今中外熔于一炉,取高明义理而不着痕迹,由事实见解释,重要方

---

① 陈寅恪:《与刘叔雅论国文试题书》,陈美延编:《陈寅恪集·金明馆丛稿二编》,第 252 页。

② 陈寅恪:《吾国学术之现状及清华之职责》,陈美延编:《陈寅恪集·金明馆丛稿二编》,第 361 页。

法即与格义相对的合本子注。在陈寅恪看来,其方法之精审美备,"即今日历史语言学者之佛典比较研究方法,亦何以远过。"①合本子注法还影响了中国的史学,尤其与宋代长编考异法颇有渊源。合本子注和长编考异法的应用,后来进一步有所扩展。1948年陈寅恪为杨树达撰《论语疏证》作序,并代为总结所采用办法,据此可知以俱舍宗领悟俱舍学之道,后来聚讼纷纭的内外理路之争亦可化为相辅相成。至于所谓形似而实不同,主要是指佛藏与儒经分别面向出世与世间,因而合本子注与长编考异,一重神话物语,另一重人间事实。若就形式和方法而言,二者可谓异曲同工。② 而杨树达讲学,在好用西方解释框架的蒋廷黻等人看来,全然不上轨道,没有意思。

陈寅恪的时代,除了地道的老辈,治学或多或少都会受西学的影响。即使像陈垣那样自称土法上马的学者,在傅斯年看来也是留学生,意思就是认为其治学办法符合世界潮流。而钱穆等未出国者,在学界以及社会的压力下,只好附和谈论西学的时流。不过,借用西法乃至以西法为本治学,却有隐显之别。越是大张旗鼓地谈论西学者,对西学的了解未必多而且深;而对西学的认识越是深入堂奥,反而不一定侈谈西学的皮毛,只是善用其精髓。在此层面,中外相通,无须此疆彼界,壁垒森严。相比于陈寅恪之于西学的取珠还椟,大道无形,傅斯年的要科学的东方学之正统在中国,尽管他内心有全汉的追求,对于海外汉学家,除伯希和、高本汉等少数高明外,很少能入其法眼,实际做法也的确与众不同,更多是用作制人的法器,但客观上还是不免助长了挟洋自重的恶俗,加深了格义附会的流弊。

结　　论

总括前述各节,可以得出如下意见,进而有所申论:

西学只是东方人的说法,并无内涵外延的标准实事,无从把握。漫无边际

① 陈寅恪:《支愍度学说考》,陈美延编:《陈寅恪集·金明馆丛稿初编》,第185页。
② 陈寅恪:《杨树达论语疏证序》,陈美延编:《陈寅恪集·金明馆丛稿二编》,第262—263页。

的所谓学贯中西其实是不可能之事,包括西方人在内,没有人可以贯通包括各种文化、方面的所谓西学。因此,陈寅恪当然不能无所不包地学贯中西,其中学较通,以专业的眼光看,也有限度(如古文字);其西学除基本知识以及作为外来者由切身体验洞察所得真知灼见外,主要集中于文史之学。可是相对于同时代的国人,陈寅恪的西学可谓出类拔萃,不用说与国学家比较,即使号称通西学者也难出其右。陈寅恪主张治学以世界为范围,实际上多用比较语言学、比较文献学、比较宗教学、比较历史学等欧洲时行的正统方法,其推许王国维的治学方法,其中之一便是将外国观念与本国材料相参证。不过他绝不挟洋自重,很少称引附会西学,宁愿仿宋儒的成例,取珠还椟,以免数典忘祖。而在批评一味趋新者的西学为过时的格义之学时,才显示其对元和新样的了解与把握,已经臻于化境。陈寅恪于举世以西化为时尚的风气中,敢于特立独行,固然由于学问上早已悟道,同时也得益于长期留学的背景以及留学生当中关于其中西学皆通的口碑,只不过震慑世人时俗的,还是掌握多种外语和擅长西人之东方学。待到其捐弃故技,不复言塞表殊族之史事,学问谨守禹域以内,西学的痕迹日益隐去,本来一般人认为以西学见长的陈寅恪,逐渐变得似乎与西学无缘。

中外文化的交流影响,源远流长,随时发生。就精神领域的学问集中而论,受域外影响最深的大致有三期,即以唐宋为中心的新儒学之产生及其传衍、明清之际耶稣会士传入泰西新学以及晚清的西学东渐。前两个时期虽然源流不同,实际上已经用夷变夏,形式上还仍然坚持取珠还椟。后一时期则夷夏大防全面崩溃,不仅西体中用,甚至全盘西化。正是针对世人不以舍己从人为耻,反而挟洋自重成风的时尚,陈寅恪凭借两千年中外思想接触史之所昭示,重申中国今后即使能忠实输入北美或东欧的思想,其结局在思想史上既不能居最高地位,而且势将终归于歇绝,主张必须坚守道教之真精神及新儒家之旧途径,一方面吸收输入外来学说,另一方面不忘本来民族地位的相反相成态度,才能于思想上自成系统,有所创获。他本人即身体力行。其大声疾呼未必能够即时挽回世运,所提出的法则却有颠扑不破的效应,可以检验所有与此相关的人与事。

不过,唐宋明清诸儒取珠还椟的苦心孤诣,却给后世的研究者留下难以破解的谜题。即以陈寅恪所论新儒学的产生及其传衍,断为先吸收异教精粹,融成新说,再阐明古学,以夷夏之论排斥外来教义,便与傅斯年等人的看法截然不同。唐宋诸儒究竟是先受到佛教道教性理之说的影响,再上探先秦两汉的儒学,以外书比附内典,构建新儒学,然后据以辟佛,还是相反,鉴于时代风气人伦道丧,先从古儒学中认出心学一派,形成理学,以抵御佛教,两说可谓针锋相对。在多位近代学界高明参与的讨论中,陈寅恪的看法曲折反复,难以信而有征,明显处于少数。① 至于明清之际耶稣会士的影响,近年来有学人分门别类地搜集比较不同时期的中外文本,在自然科学各方面,逐渐可以证实。而在精神思想学问方面,由于方以智等人用西说解读经典而故意掩饰,同样陷入认识新儒学发生演化的迷惑,只能言其大概,很难具体实证。

历史尤其是学术思想史上,实事未必皆有实证,看似可以证实的往往又可能是表面假象,扑朔迷离。如何破解此类谜题,考验今日学人的智慧功力。同样,陈寅恪秉承先贤之道,用西学而不着痕迹,较一般皮傅西学、食洋不化者,固然判若云泥,即使与忠实输入新知者相较,也不可同日而语。研究类似问题,应当以实证虚。一味信而有征,则不仅表浅简单,而且未必可信,甚至可能误读错解。唯有用陈寅恪探究中国思想发展的大事因缘之法,庶几可达虽不中亦不远的境地。如此,也可为破解类似谜题提供案例参证。

综上所述,陈寅恪究竟是一般称许的学贯中西,还是有人所指西学不佳,值得探究。所谓西学,其实只存在于东方人的心目之中;即使西方人要想贯通西学,也几无可能。至于学贯中西,可以说任何人决做不到。作为方便名词整体而言,相比于同时代的中国学人,留学时间长、所到国家多的陈寅恪的西学算得上出类拔萃,甚至是西学最好的有数之人。其西学主要集中于文史方面,还一度是中国研治西人东方学的首席。此节不仅得到留学生和通西学人士的承认,其本人还被推为中华教育文化基金会编译委员会委员。陈寅恪主张尽量吸收外来学说与不忘本来民族地位相反相成,绝不挟洋自重、舍己从人,很

---

① 参见桑兵:《求其是与求其古:傅斯年〈性命古训辨证〉的方法启示》,《中国文化》第 29 期,2009 年春季号。

少称引附会西学,宁愿仿宋儒先例,取珠还椟,以免数典忘祖。在批评一味趋新者的西学为过时的格义之学时,才显示其对国际学术界元和新样的了解与把握。其具有统系与不涉附会的主张,则体现了中外学术文化融通取向的高妙境界。

陈寅恪与民国学人的宋代研究取向及纠结

民国时期,学人沿袭清中叶以来的风气转换,对于赵宋一代的学术文化渐趋推崇,同时随着研究时段的下移,中古历史开始受到重视。两相作用,关于宋代历史文化的研究层面日益扩展深入,意见分歧也逐渐多点展开。不无蹊跷的是,对于宋代越是推崇备至的学人,如陈寅恪、傅斯年等,反而越是很少直接下手撰写关于宋代的论著。而其提出的各种问题,却陆续引起宋代研究专家以及关注这一时期的各科学人的回应讨论。其间玄奥,颇为耐人寻味。对于陈寅恪重视宋代而无直接著述一事,学人已经有所注意,并且概括陈的宋代观或宋学理念。① 可是陈寅恪等人关于宋代研究的种种议论引起近代学人广泛讨论的渊源流变,却鲜有通盘爬梳解读,因而论及相关史事文本,误读错解不在少数。梳理相关史事,将思想学术还原为历史,可以进一步把握陈寅恪及其他学人对于宋代看法的异同,探寻其何以无宋代专著的缘由。而以陈寅恪等人所主张的办法,寻绎当时学人重视宋代的前因后果和各自侧重,及其关于重修宋史、"宋学"渊源以及宋代史学、新宋学的讨论争议,②不仅有助于深入理解近代学人关于宋代言说的本意,而且对于今日研治宋史乃至整个中国历史研究,都有至关重要的启示作用。治学须取法乎上,以免等而下之。有鉴于此,不揣冒昧,就近代学人关于重修宋史、宋学渊源以及新史学和新宋学等事,略作讨论,以就教于方家。③

---

① 王水照:《陈寅恪先生宋代观之我见》,《中国文化》第 17—18 期,2001 年 3 月;侯宏堂:《陈寅恪对"宋学"的现代诠释》,《文艺理论研究》2006 年第 6 期;王永兴:《陈寅恪先生史学述略稿》,北京大学出版社 1998 年版。

② 迄今为止,学人间讨论相关史事,大多笼统而谈,未免混淆宋史、宋代史学、宋学、宋代思想文化的联系与分别,且少注意当事各人的歧义。

③ 此前发表的《傅斯年"史学就是史料学"再析》(《近代史研究》2007 年第 5 期)、《"了解之同情"与陈寅恪的治史方法》(《社会科学战线》2008 年第 10 期)、《求其是与求其古:傅斯年〈性命古训辨证〉的方法启示》等文,已就此事有所提及或申论。本文引述部分相关材料,侧重及解读有所不同,望予体察。

一、宋代为中国学术文化高峰

民国学术，由经入史，或是以治史的方法治经子，学人所重，大多偏于上古，兼及清代，至于中古一段，显然重视不够。经陈寅恪等人提倡，用力于魏晋隋唐者渐多，而宋元以下，专攻的学人依然鲜少。这一方面固然由于中国学术历来尚古，另一方面则由于新发现的上古出土材料较多，易于创新。如钱穆所说："当时学术界凡主张开新风气者，于文学则偏重元明以下，史学则偏重先秦以上。"①不过这种捷径到 20 世纪 30 年代已经渐成畏途。1934年 2 月，赵万里与朱自清谈论"现在学术界大势"，慨叹："大抵吾辈生也晚，已无多门路可开矣。日本人则甚聪慧，不论上古史而独埋首唐宋元诸史，故创获独多也。"②当然，不愿着手于宋元，还有另一重原因，即认为宋代国家赢弱衰败，各方面均无可取，即使有研究价值，身处乱世，情感上也宁可回避。

对于宋代，陈寅恪的看法与时流不同。他认为："中国史学莫盛于宋……元明及清，治史者之学识更不逮宋"。③ "有清一代经学号称极盛，而史学则远不逮宋人。"并称许陈垣的《元西域人华化考》"材料丰实，条理明辨，分析与综合二者俱极其工力，庶几宋贤著述之规模"。④ 蒙文通在 1941 年发表的《四库珍本〈十先生奥论〉读后记》一文中提到："往时陈君寅恪于语次称汉人经学、宋人史学皆不可及。"⑤新版《蒙文通学记》（增补本）记：1934 年前后，蒙文通"曾访陈寅恪氏于清华园，谈论间，陈盛赞'汉人之经学，宋人之史学'，余深佩其言，惜当时未能详论。异日，再往访之，欲知其具体论旨。晤谈中，陈详论欧

---

① 钱穆：《八十忆双亲·师友杂忆》，第 144 页。

② 朱乔森编：《朱自清全集》第 9 卷，日记编，第 282 页。

③ 陈寅恪：《陈垣明季滇黔佛教考序》，陈美延编《陈寅恪集·金明馆丛稿二编》，第 272 页。

④ 陈寅恪：《陈垣元西域人华化考序》，陈美延编《陈寅恪集·金明馆丛稿二编》，第 270 页。

⑤ 蒙文通：《四库珍本〈十先生奥论〉读后记》，《图书季刊》新第 3 卷第 1—2 期合刊，1941年 6 月，第 47 页。

阳永叔、司马君实,亦略及郑渔仲。"①

陈寅恪所论并非空谷足音,参以晚清民国学术变化发展的时势,不无先见之明。有学人指出,道咸以后,鉴于乾嘉学术不能应对危局,"学风遂变,其时学者知大乱之将至,乃归咎于考证学之无用。又学术之事,有时而穷,才智之士不能不别启途径,故宋学文史复兴"。② 不过,所谓宋学文史复兴,当有所分别,曾国藩等人的复兴理学,力图挽回乾嘉以来因汉宋分争的颓势,文学则有"同光体"的尊宋诗,二者影响后世颇大,以致有学人认为,推崇宋代是道咸以后的一个基本风气。③

与理学、文学重在本身价值有所不同,民国学人虽以宋代为近世起点,认为赵宋一朝是古今变革的枢纽,中国所以成于今日现象,多宋人所造就,因而主张究心赵宋一代历史,"当留心细察古今社会异同之点"。④ 但这还是就内容立论,重视赵宋历史而非推崇宋代史学,更不及整个学术文化。即使如王国维,断言"近世学术多发端于宋人",总体上在人智活动与文化的多方面,前后历朝皆不如宋代,可是所举直接关于史学的例子还是金石学。⑤ 推崇宋代史学而非仅仅重视宋代历史,并且推许为中国传统史学的高峰,陈寅恪即使不能称最,也是少数前驱之一。况且在讲究宋代史学方法方面,很少有人能出其右。

上述主要以史学为标的,不过,不能据此理解为陈寅恪对宋代学术文化的推许仅限于史学一科。不仅如此,陈寅恪看重宋代学术文化并非由于其对于史学的偏爱,而是整体上将宋代视为中国历代学术文化的高峰,宋代史学能够

---

① 蒙文通:《治学杂语》,《蒙文通学记》(增补本),生活·读书·新知三联书店 2006 年版,第 44 页。是条笔记写于 20 世纪 50 年代,原文误为"1944 年",张凯订正为 1934 年(见张凯《"义与制不相遗":蒙文通与民国学界》,博士学位论文,中山大学历史系,2009 年,第五章第三节之一——"'汉人之经学,宋人之史学':蒙文通与陈寅恪之交涉")。这两段的相关史料,张凯多已述及。此处着重于各人的分别。

② 李源澄:《经学通论》,路明书店 1944 年版,第 26—27 页。

③ 罗志田:《新宋学与民初考据史学》,《近代史研究》1998 年第 1 期。

④ 严复:《与熊纯如书》(1917 年 4 月 26 日),王栻主编:《严复集》第 3 册,中华书局 1986 年版,第 668 页。

⑤ 王国维:《论性》《释理》《宋代之金石学》,《静安文集》第 1—24 页,《静安文集续编》第 70—73 页,《王国维遗书》第 5 册,上海古籍书店 1983 年影印。

登峰造极,恰是因为这一大背景。他赞赏欧阳修撰五代史记作义儿冯道等人传,贬斥势利,尊崇气节,使得世风返归淳正,宋代文化竟为我民族遗留之瑰宝,①虽以史传为例,重心却在文以载道的义理一面。这番话说于向蒋天枢托命之时,在举世"俗学阿时似楚咻"中慨叹"可怜无力障东流",将百万罪言藏山付托的旨趣,系于让圣籍神皋留诸后世,希望以学术趋向转移人心治道世局的良苦用心。②

至少从可见的资料看,陈寅恪对于宋代学术文化尤其是宋学的推崇,还在标举宋代史学之前。早在留美期间,他就详细阐述过中西文化的长短优劣,认为中国古代擅长政治及实践伦理学,哲学、美术远不如希腊。汉、晋以还,输入的佛教于性理之学 Metaphysics 独有深造。程朱等宋儒皆深通佛教,于是采佛理之精粹,注解四书五经。得到佛教的禅助,中国的学问立时增长元气,别开生面。所以宋、元时学问、文艺均大盛,而集大成的朱熹厥功至伟。③

虽然晚清民国学人重视赵宋,以宋元为衰世的观念仍居主导,因而所重与宋代学术文化所处的高度以及陈寅恪的看法之间还是存在差距。在同时代学人当中,傅斯年对于宋代史学以及宋代学术文化整体的看法与陈寅恪较为近似。他的《评丁文江的〈历史人物与地理的关系〉》称:"大野三百年一统后(这个一统之为一统,也和我们五族共和之为共和一样),大乱上一回,生出了一个文化最细密的宋朝。在许多地方上,宋朝是中国文化最高点。"④他任教中山大学时讲《诗经》,又说欧阳修大发难端,在史学、文学和经学上一面发达些很旧的观点,一面引进了很多新观点,摇动后人。宋朝人经学思想解放,眼光敏锐。宋末王应麟(伯厚)则开近代三百年朴学之源。⑤

相比较而言,傅斯年对于宋代的肯定更多地是指史学,认为宋代史学最发达,其中最有贡献而趋向于新史学方面进展者,以《通鉴考异》、《集古录跋尾》

---

① 陈寅恪:《赠蒋秉南序》,《陈寅恪文集·寒柳堂集》,第 162 页。

② 参见李锦秀《圣籍神皋寄所思(代序)——读陈寅恪先生〈赠蒋秉南序〉》,王永兴:《陈寅恪先生史学述论稿》,北京大学出版社 1998 年,第 4—13 页。

③ 吴宓著,吴学昭整理注释:《吴宓日记》第二册,第 102—103 页。

④ 傅斯年:《评丁文江的〈历史人物与地理的关系〉》,欧阳哲生主编:《傅斯年全集》第一卷,第 430 页。

⑤ 傅斯年:《〈诗经〉讲义稿》,欧阳哲生主编:《傅斯年全集》第二卷,第 146—147 页。

两部书为代表。前者引书多至数百种,折中权衡不同材料,后者利用新材料以考订古事,自此脱去八代以来专究史法文学的窠臼而转注于史料的搜集、类比、剪裁,"下手研究直接材料,是近代史学的真功夫"。"宋朝晚年一切史料的利用,及考定辨疑的精审,有些很使人更惊异的。照这样进化到明朝,应可以有当代欧洲的局面了。"不幸因为胡元之乱,以及清政府最忌真史学发达,不仅不能开新进步,反而退步。① 就此而论,傅斯年所看重的显然是以史学为主的实学一面,因而"以为近千年来之实学,一炎于两宋,一炎于明清之际"。②

关于陈、傅二人学问上是否互为影响以及如何影响,较为复杂。1924 年傅斯年在柏林时,看到顾颉刚在《努力》上疑夏禹诸文,"发生许多胡思乱想,曾和陈寅恪先生每一礼拜谈论几回,后来也曾略写下些来,回国途上只抄了一半给颉刚"。③ 就吴宓日记所记陈寅恪谈中外学术文化等情形看,其时陈影响傅的可能性较大,而傅影响陈或英雄所见略同的可能性相对较小。傅斯年出国前以科学为准则,以清代学问为最佳,认为:"宋朝学问的原动力是佛、道两宗。谈起心性来,总是逃禅;谈起道体来,必要篡道。"原因在于唐代的学者不能在科学上研究得有些粗浅条理,唐朝的学问太不成东西了,宋人无从取材,只好逃禅篡道去,走了错道。而清代学问是宋明学问的反动,宋明的学问是主观的、演绎的、悟的、理想的、独断的,清代的学问是客观的、归纳的、证的、经验的、怀疑的,方法截然不同,主义完全相左。"清代的学问,很有点科学的意味,用的都是科学的方法。""清代学问在中国历朝的各派学问中,竟是比较的最可信、最有条理的。"④

出国前的傅斯年肯定清代的学问相对高明,从后来将两宋与明清并列为中国历史上实学兴盛的时期,还依稀可见影子。推崇宋代学问,甚至将宋代置于清代之上,则是出国以后的转折变化。而变化的原因,很难说仅仅来自读书和修课,最大的可能,还是与陈寅恪每周数次的交谈。尽管傅斯年在北京大学

① 傅斯年:《历史语言研究所工作之旨趣》,欧阳哲生主编:《傅斯年全集》第三卷,第 4 页。
② 傅斯年:《致王献唐》1931 年 4 月 20 日,欧阳哲生主编:《傅斯年全集》第七卷,第 100—101 页。
③ 傅斯年:《〈新获卜辞写本后记〉跋》,欧阳哲生主编:《傅斯年全集》第三卷,第 113 页
④ 傅斯年:《清代学问的门径书几种》,欧阳哲生主编:《傅斯年全集》第一卷,第 227—228、231 页。

读书期间所读旧籍已经优于胡适,与陈寅恪的交游还是使其学问功力突飞猛进,见识较出国前增长不止一层。所以后来顾颉刚擅自将可能包含陈寅恪见解的傅斯年论古史来函公开发表,让后者多少有些尴尬。

1929 年 9 月,傅斯年就商议修宋史之事专门回复陈寅恪的来函。此事当由傅斯年提议,而得到陈寅恪的响应,傅因而表示:

> 此事兄有如许兴趣,至可喜也。此事进行,有两路:一、专此为聘一人,二、由兄领之。弟觉专聘一人,实难其选。此时修史,非留学生不可(朱遏先、陈援庵亦留学生也),粹然老儒,乃真无能为役。然留学生之博闻,而又有志史学,而又有批评的意觉者,尠矣。算来算去,不过尔尔!故如吾兄领之而组织一队,有四处寻书者,有埋头看书者,有剪刀忙者……,则五、六年后,已可成一长篇之材料簿录矣。此时无论研究一个什么样的小问题,只要稍散漫,便须遍观各书,何如举而一齐看之乎?弟意,此一工作,当有不少之副产物,如全宋文(括诗词)、全宋笔记、全宋艺文志(或即为新宋史之一部)等,实一快事!目下有三、四百元,一月,便可动手。若后来有钱有人,更可速进。如研究所地老天荒,仍可自己回家继续也。且此时弄此题,实为事半功倍,盖唐代史题每杂些外国东西,此时研究,非与洋人把泥带水不可;而明、清史料又浩如烟海。宋代史固是一个比较纯粹中国学问,而材料又已淘汰得不甚多矣。此可于十年之内成大功效,五年之内成小功效,三年之内有文章出来者也。此时吾等大可细想:一、如何收集材料,二、如何样之体例,三、如何组织此一 staff。下月开会讨论之,如何?①

这一修宋史的计划,在学术界发端较早,此前只有刘咸炘、蒙文通等个别学人议论过重修宋史之事。据刘咸炘《重修宋史述意》记:"戊辰三月二日,余至成都大学,晤友人盐亭蒙文通,商课事。文通忽谓余曰:'学林中有一事,须君为之。君文出笔如史,又熟史学,宜以重修宋史为任。'余谢不敏,然心为之怦怦。越数日,晤宜宾唐迪风,复以促余。余念兹事太大,未易着手,余于宋事

---

① 《傅斯年致陈寅恪》(1929 年 9 月 9 日),王汎森、潘光哲、吴政上主编:《傅斯年遗札》(第一卷),第 227—228 页。

实不甚熟,弟子中亦尚未有能助我者,无已,则先以宋事诸大端多拈题目,与诸弟子合力辑论,如吾旧作《北宋政变考》《南宋学风考》之例,将来有数十篇,便足为史篇之底稿,如其能备规模,则谓之宋史略,如不能备,则谓之宋史别裁。"①虽然刘咸炘 1926 年写过《宋史学论》等文,专论宋代史学,但是并未认真考虑过重修宋史。所说既不甚熟悉宋代史事,又缺少可用的助手,应该不是谦辞。事出偶然,仓促上阵,自然不易大见成效。

如果照傅斯年与陈寅恪所议的办法、路径实行,以中央研究院历史语言研究所得天独厚的优势条件,以及陈寅恪超卓不凡的见识功力,所获必多,不敢说独步天下,能与之比肩抗衡甚至得为同道者也是屈指可数。即使刘咸炘等实施相同计划,照傅斯年的观念,因为并非留学生出身,仍在"无能为役"之列。

然而,不无蹊跷的是,此事似乎并无下文,至少不见具体实行的蛛丝马迹。据 1930 年度《中央研究院过去工作之回顾与今后努力之标准》,研究员陈寅恪的研究工作为"整理明清两代内阁大库档案史料,政治、军事、典制收集、并考定蒙古源流、及校勘梵番汉经论"。② 该文件原载《中央周报》第 83、84 期合刊,为新年增刊,于 1930 年 1 月 1 日出版。高平叔编中华书局版《蔡元培全集》据此署期,则该项文件的制定应在 1929 年下半年。傅斯年与陈寅恪通信讨论宋史,很可能是制定该项文件时需要确定陈的下一步研究计划,而陈寅恪虽然对修宋史表示"如许兴趣",最终并未同意作为其近期研究工作的重点。

不仅如此,极为推重宋代学术文化、重视宋史的陈、傅二人,一生均很少直接下手于两宋史事。尤其是喜谈中古以降民族文化史的陈寅恪,自魏晋迄明清,论著甚多,又考订蒙古源流,却从未撰写过主题为宋史、宋学乃至宋代学术文化的文字。此一现象,当事者本人(包括傅与陈)从无解释说明,后来学人亦罕有索解。其中玄奥,值得深究。

诚然,宋代史料较为繁杂,如陈寅恪所说:"宋代之史事,乃今日所亟应致力者。此为世人所共知,然亦谈何容易耶? 盖天水一朝之史料,曾汇集于元修

---

① 黄曙辉编校:《刘咸炘学术论集·史学编(下)》,广西师范大学出版社 2007 年版,第 591—592 页。
② 蔡元培:《中央研究院过去工作之回顾与今后努力之标准》,高平叔编:《蔡元培全集》第 5 卷,第 371—372 页。

之宋史。自来所谓正史者,皆不能无所阙误,而宋史尤甚。若欲补其阙遗,正其讹误,必先精研本书,然后始有增订工事之可言。宋史一书,于诸正史中,卷帙最为繁多。数百年来,真能熟读之者,实无几人。更何论探索其根据,比较其同异,藉为改创之资乎?"①正史卷帙繁多芜杂,即使熟读历代史籍的陈寅恪也感到治宋史并非轻而易举。可是,相比而言,明清史料的繁杂尤在宋代百倍以上,陈寅恪以盲目膑足之身,过了花甲之年尚且贾其余勇,研治明清之际的史事以检验自己和他人的学识功力,两相比较,宋史的卷帙再多,研读再难,也不至于成为不可逾越的障碍。

修宋史之事议而未决数年之后,陈寅恪因为评审冯友兰《中国哲学史》下册,论及宋代新儒学的产生及其传衍,引发各学科学人的长期讨论争议。这一争论,表面看来不如近代学术思想史上其他论争那样你来我往,公开叫板,竞相登台,热闹非常,实则参与者多为高手,相互过招,依据事实,讲究学理,各具所见,牵扯极为广泛深入,又不动声色,不像20世纪前半期一般学术论争那样,夹杂不少外行的臆见和意气的争辩。此事无形中将宋代研究的立足点提升到超乎寻常的高度,使得宋史、宋代学术文化研究与"宋学"(即宋代新儒家,并非清代与汉学相对的宋学)渊源流变几大要事相互牵连。这些彼此缠绕纠结的事件,无疑会影响到陈寅恪动手修宋史的兴趣和实施计划的决心,一方面力图全面表述自己对于宋代的看法见解,另一方面则更加严谨慎重地处理相关问题,以免陷入不可置辩却不得不辩的境地。尽管曲高和寡,陈寅恪显然并未因此改变自己推崇宋代学术文化的态度,以及对于宋代新儒学的产生及其传衍这一历史进程的基本观念。

二、"宋学"渊源

1932—1933年间,陈寅恪借着审读冯友兰《中国哲学史》下册之机,概括阐述了自己对秦以来中国思想史渊源、脉络、枢纽的看法,即"中国自秦以后,

①　陈寅恪:《邓广铭宋史职官志考证序》,陈美延编:《陈寅恪集·金明馆丛稿二编》,第277页。

迄于今日,其思想之演变历程,至繁至久。要之,只为一大事因缘,即新儒学之产生,及其传衍而已。"而关于新儒家的产生与道教方面的关系,海内外新著或未曾涉及,或虽有论述仍多未能解决的问题。"盖道藏之秘籍,迄今无专治之人,而晋南北朝隋唐五代数百年间,道教变迁传衍之始末及其与儒佛二家互相关系之事实,尚有待于研究。此则吾国思想史上前修所遗之缺憾,更有俟于后贤之追补者也。"陈寅恪进而提出:"自晋至今,言中国之思想,可以儒释道三教代表之。此虽通俗之谈,然稽之旧史之事实,验以今世之人情,则三教之说,要为不易之论。"这显然是在指示另一条与冯友兰用西洋哲学解朱子不同的研治新儒学的产生及其传衍的取径。

关于儒家学说的本来面目以及佛道如何影响新儒学的历史进程,陈寅恪有着清晰的分别和阐释:伦理社会的古代中国,重视切身实际的人伦关系以及体现规范这些关系的制度法律,而不重形而上的玄想。儒者在古代本为典章学术所寄托的专家,李斯受荀卿之学,佐成秦治。儒家学说附系于秦的法制,中庸的"车同轨,书同文,行同伦",其实就是儒家的理想制度,而由秦始皇得以实现。汉承秦业,官制法律也袭用前朝。遗传至晋以后,法律与礼经并称,儒家周官的学说全部采入法典。政治社会的一切公私行动,均与法典相关,而法典就是儒家学说的具体实现。两千年来华夏民族受儒家学说影响最深最巨者,在于制度法律公私生活等方面,至于学说思想,或许不如佛道二教。① 这与宋以后乃至今人的感受大相径庭。

宋明以来的虚玄冥想从何而来? 陈寅恪的看法是来自道教以及道教所参酌的外来佛教等。结合吴宓所记留美期间陈寅恪关于中西文化渊源流变、优劣长短的谈话,可见按照后者的认识,究明宋儒的心性之学,必须了解汉魏以来佛教性理之学由道教吸收融合后作用于儒家对中国产生的深远影响。宋代思想学说能力大幅提升,重要原因是融汇了佛教的性理之学。而佛教的性理之学不易为占据主导地位、偏重政治社会制度的儒家所吸收,六朝以后思想上易于融贯吸收外来学说的道教,居间扮演了沟通联系的要角,所以新儒家的学

---

① 以上征引均见陈寅恪《冯友兰〈中国哲学史〉下册审查报告》,陈美延编:《陈寅恪集·金明馆丛稿二编》,第282—283页。

说,多有道教,或与道教有关的佛教为先导,由此成为启新儒家开创的动机。道教一方面尽量吸收输入佛教、摩尼教等外来思想,另一方面不忘其本来民族地位,既融成新说,仍坚持以夷夏之论排斥外来教义。新儒家继承发扬这种相反相成的道教之真精神的遗业,于是得以大成。据此,则新儒家其实是在通过道教尽量吸收输入外来学说思想后,再以夷夏之论排斥外来教义。也就是前引与吴宓所说,中国本来缺少精粹学说,佛教于性理之学独有深造,程朱等宋儒深通佛教,既喜其义理高明详尽,足以救中国缺失,而忧其用夷变夏,遂采佛理精粹,以注解四书五经,名为阐明古学,实则吸收异教,声言尊孔辟佛,实则佛之义理,已与儒教宗传浸染混合。而这一吸收影响的历史因为宋儒避名居实、取珠还椟的苦心孤诣,变得模糊不清,难以捉摸。宋儒所谓来自孔孟,本系拉大旗之举,而海内外学人每每以为其真的是上承道统。这样的通行说法究竟是实情本相,还是为宋儒的障眼法所迷惑?不联系外来的佛教因缘,能否将先秦、两汉、唐宋的思想一脉相连?这一系列重大问题,因为陈寅恪的审查报告而提到同时代中国学人的面前。

陈寅恪的意见,关系新儒学产生的内外因缘,可谓秦以后中国思想变化发展进程的一大关节,因而引起学界的广泛关注,不少有识之士陆续参与讨论。

作为当事人的冯友兰,早于 1932 年 5 月,就曾在《清华周刊》第 37 卷第 9、10 期合刊发表论文《韩愈李翱在中国哲学史中之地位》,以韩愈极推尊孟子,以为得孔子正传,因缘孟子提出心性之学,由《大学》提出“道”与“道统”说;李翱则由《中庸》和《易辞》讲“性命之道”,于是认为“韩愈实可谓宋明新儒家之先河也”,“宋明新儒家之学之基础与轮廓,韩愈、李翱已为之确定”。韩愈谈心性,是因为孟子之学本有神秘主义倾向,“可认为可与佛学中所讨论,当时人所认为有兴趣之问题,作相当之解答,故于儒家典籍中,求与当时人所认为有兴趣之问题有关之书,《孟子》一书,实其选也”。同样,李翱讲性命之书,也是因为当时人普遍关心如何成佛,欲从儒家典籍中寻求解答,使人以中国的方法成中国的佛。其所说圣人为宗教的或神秘的。①

---

① 冯友兰:《韩愈李翱在中国哲学史中之地位》,冯友兰:《三松堂全集》第 11 卷,河南人民出版社 2000 年版,第 252—254 页。

重视韩愈和李翱奠定新儒学基础的历史地位,看似与陈寅恪的认识相似,甚至还在陈寅恪明确提出之前,仔细分辨,在最为关键的部分,却是截然相反。冯友兰的解释着重于儒学对外来宗教发生作用的一面,他虽然以宋代为新儒学,但据其上一年在《清华周刊》第 35 卷第 1 期发表的《中国中古近古哲学与经学之关系》,认为中国哲学史只可分为子学(孔子至淮南王)和经学(董仲舒至康有为)两期,理学家之经学,与今文家、古文家、清谈家、考据家、经世家一起,构成经学的六派。① 所以 1934 年《中国哲学史》上下册一齐出版时,上册(原上卷)第一篇即由"上古哲学"改为"子学时代",下册为第二篇"经学时代"。由此可见,在冯友兰看来,汉以后中国思想的变化都发生在经学系统之内,是经学自身的变化,动因与外缘无涉。

在 1948 年出版的《中国哲学简史》中,冯友兰认为宋代新儒学有三个来源:一是儒家本身的思想;二是佛家思想,以及经由禅宗的中介而来的道家思想;三是道教。三者的结合,可以"上溯到唐代的韩愈和李翱"。② 后来又坦承,《中国哲学史》这部著作有两大弱点,第一点就是"讲佛学失于肤浅",因为对于佛学没有学通,所以也不能讲透。③ 至于冯友兰是否接受陈寅恪的观点,或者说陈寅恪审查报告提出的意见究竟对他产生了什么样的影响,还可以进一步考究。

在尊孔子和朱熹方面,冯友兰与陈寅恪立场接近,因而被胡适等人看成"正统派"。④ 而关于新儒学的来源,冯友兰虽然三者并列,仍是将儒家本身的思想放在首位,对佛道两家的影响作用,反而认为是在借助儒经以成佛方面。《三松堂自序》引述陈寅恪对于《中国哲学史》的审查意见只有上册而不及下册,关于佛学部分,则有意只揭林宰平的意见,这种回避的态度显然也是对陈寅恪审查报告的一种回应。也许在他看来,陈寅恪对下册的审查意见与张荫麟一样,是历史学者追究"谁是谁",与自己作为哲学学者着重于"什么是什么",截然不同。

---

① 冯友兰:《三松堂全集》第 11 卷,第 226 页。参见蔡仲德《冯友兰先生年谱初稿》,第 102、121 页。
② 冯友兰:《中国哲学简史》(1948 年),天津社会科学出版社 2005 年版,第 234 页。
③ 冯友兰:《三松堂自序》,人民出版社 1998 年版,第 214 页。
④ 曹伯言整理:《胡适日记全编》8,第 353 页。

　　当然,冯友兰刻意避而不谈陈寅恪对《中国哲学史》下册的审查意见,更为直接的原因大概是后者对于上册看似肯定较多,而对下册的异议与冯自己的看法出入较大,却又不易讨论,因而迟迟不能作答。实际上,冯友兰对于史家的哲学史质疑并不能置若罔闻,其态度从他与傅斯年《性命古训辨证》一文发生的瓜葛,可以看出一些蛛丝马迹。

　　1936 年夏,傅斯年公余开始撰写《性命古训辨证》一书,据称所究问题关系儒家性命说在古代思想史上的地位,"始悟之于民国二十二三年间",恰好是陈寅恪写冯友兰《中国哲学史》下册审查报告之际。傅斯年自称其时公务繁忙,又身在南京,并未关注到冯友兰的著作和陈寅恪的审查报告,动笔时只是曾先后与同事丁声树、徐中舒谈及,反应不一。年余完稿,适逢抗战爆发,迁延至 1938 年才交付出版社。《性命古训辨证》"以演化论之观点疏理自《论语》至于《荀子》古儒家之性说,则儒、墨之争,孟、荀之差,见其所以然矣。布列汉儒之说,以时为序,则程、朱性论非无因而至于前矣。夫思想家陈义多方,若丝之纷,然如明证其环境,罗列其因革,则有条不紊者见矣。"①该书绪篇从先秦、汉代、宋儒梳理下来,试图探究心性之学的源流演变,进而对戴震、阮元之说加以辩驳。虽然注意到各时代诸说的异同,还是循着儒家思想自我演化的内在理路,形式上求其古,从发生演化顺下来,观念层面却暗藏着依照宋儒的自我型塑倒上去的潜在危险,或者说与宋儒的自我塑造相当合拍。

　　对于李翱的复性说,《性命古训辨证》本来只是根据前人成说标出其在孟子与陆王之间的历史位置,没有予以特别重视。此书出版后,学术界反应不一,陈垣、张政烺等赞誉有加,冯友兰读后,向傅斯年表示"前日问题仍未释",希望"见面时再谈"。②他一再希望深谈的问题,应当包括冯友兰自己的看法以及陈寅恪审查报告的观点。稍微大胆地推测,冯友兰对于陈寅恪关于其《中国哲学史》下册的审查报告曲折表达的批评意见始终耿耿于怀,对于陈所提出的秦以后中国思想发生衍化的大事因缘一节相当留意,很想积极回应,只是尚未找到合适成熟的立论凭借。而傅斯年的新著显然为其旧说增添了论

---

①　傅斯年:《性命古训辨证》,欧阳哲生主编:《傅斯年全集》第二卷,第 509 页。
②　王汎森、杜正胜主编:《傅斯年文物资料选辑》,第 107 页。

据,以致可以借由傅文代答,而不必亲自出面回应。

三年后,傅斯年专门写了《论李习之在儒家性论发展中之地位》的短文,发表于1943年1月的《读书通讯》第57期,后来又作为《性命古训辨证》一书的附录,则冯友兰与傅斯年会谈的议题之一,应与短文的内容不无关联,至少冯友兰会提示傅斯年注意陈寅恪在此问题上与之意见相左,使得傅斯年感到有必要加以申论。傅斯年与陈寅恪之间,论学很少出现这样观点截然不同的情形,所以一定相当在意。虽然此前两人未必针对彼此,可是此后却不无暗中过招的故意。傅斯年的文章虽短,但紧扣陈寅恪《冯友兰中国哲学史下册审查报告》论点论据的关键,而且数年之后才出手,无论是问题的把握还是论述的展开,看似没有具体指向,其实经过深思熟虑。其文要旨如下:

> 李习之者,儒学史上一奇杰也。其学出于昌黎,而比昌黎更近于理学,其人乃昌黎之弟子,足为其后世者也。北宋新儒学发轫之前,儒家惟李氏有巍然独立之性论,上承《乐记》、《中庸》,下开北宋诸儒,其地位之重要可知。自晋以降,道、释皆有动人之言,儒家独无自固之论。安史之乱,人伦道尽,佛道风行,乱唐庶政,于是新儒学在此刺激下发轫。退之既为圣统说(即后世道统说所自来),又为君权绝对论,又以"有为"之义辟佛老,自此儒家乃能自固其藩篱,向释道反攻。习之继之,试为儒教之性论,彼盖以为吾道之缺,在此精微,不立此真文,则二氏必以彼之所有入于我之所无。李氏亦辟佛者,而为此等性说,则其动机当在此。遍览古籍,儒家书中,谈此虚高者,仅有《孟子》、《易·系》及戴记之《乐记》、《中庸》、《大学》三篇,于是将此数书提出,合同其说,以与二氏相角,此《复性书》之所由作也。戴记此三篇,在李氏前皆不为人注意,自李氏提出,宋儒遂奉之为宝书。即此一端论之,李氏在儒学史上之重要已可概见。清儒多讥其为禅学玄宗者,正缘其历史的地位之重要。夫受影响为一事,受感化为又一事,变其所宗、援甲入乙为又一事,谓《复性书》受时代之影响则可,谓其变换儒家思想而为禅学,则言不可以若是其亟也。①

----

① 傅斯年:《论李习之在儒家性论发展中之地位》,欧阳哲生主编:《傅斯年全集》第二卷,第664—665页。

这段话的意思,乍看与陈寅恪所说有几分相似,至少是相当缠绕纠结,实则立意完全相反。关于"新儒学起于中唐"一事,傅斯年特意声明"此说吾特别为一文论之"。可惜这篇计划内论新儒学发源的专文始终未见,仅据其论李翱的这篇短文,可知与陈寅恪的看法大异其趣。尽管傅斯年只字未提陈寅恪、冯友兰等人的前因,文章的用意显然是针对陈寅恪之说而表示不同意见。

傅斯年认为,《复性书》三篇当中,上下两篇皆不杂禅学,中篇诸问则或杂或不杂。具体而言,中篇"设为问答之词,仍是以《易·系》、《中庸》为口号,然其中央思想则受禅学感化矣。此篇列问答十二,末一事问鬼神,以不答答之,自与性论无干,其前十一问则或杂禅学,或为《复性书》上之引申。其杂禅者,第一问'弗思弗念',第二问'以情止情',皆离于儒说,窃取佛说以入者。第三问'不睹不闻',第四问格物,第五问'天命之谓性',第六问'事解心解',皆推阐古心学之词。如认清古之心学一派,知其非借禅学以立义矣。第七问凡人之性与圣人之性,第八问'尧舜岂有不情',皆《复性书》上之引申义,第九问嗜欲之心所由生,乃是禅说。第十问性未灭,似禅而实是《孟子》义。第十一问亦近禅。意者《复性》三书非一时所作,即此十一问恐亦非一时所作,故不齐一耶?"①

傅斯年虽然承认《复性书》中篇诸问颇杂禅学,结论却与陈寅恪的看法适相反对。在他看来,李翱并不是借由佛教的性理之学开启新儒学,而是因为重新发现了上古的心学和汉儒的性情善恶二元说。其理据在于对《复性书》上篇的解读,他将《复性书》上篇的要义概括为两点:

> 其一为性情二本,性明情昏说。此说乃汉代之习言,许、郑所宗述,而宋儒及清代朴学家皆似忘之,若以为来自外国,亦怪事也。此论渊源,本书下篇第一章已详叙之,今知其实本汉儒,则知其非借禅学也。禅学中并无此二元说,若天台宗性恶之论,则释家受儒家影响也。果必谓李习之受外国影响,则与其谓为逃禅,毋宁谓为受祆教景教摩尼之影响,此皆行于唐代之善恶二元论者。然假设须从其至易者,汉儒既有二元论,则今日不

① 傅斯年:《论李习之在儒家性论发展中之地位》,欧阳哲生主编:《傅斯年全集》第二卷,第666页。

必作此远飏之假设矣。

其二为复性之本义。此义乃以《乐记》"人而生静至灭天理而穷人欲者也"一节为基本,连缀《易·系》、《中庸》、《大学》之词句而成其说也。所谓"寂然不动,感而遂通"者,《易·系》之词也。所谓"尽性"者,《孟子》之词、《中庸》之论也。所有张皇之词虚高之论,不出《易·系》则出《中庸》。铺张反复,其大本则归于制人之情以尽天命之性,犹《乐记》之旨也。今既已明辩古儒家有唯心一派之思想,则在李氏性说固未离于古儒家。李氏沾沾自喜,以为独得尼父之心传,实则但将《中庸》、《大学》等书自戴记中检出而高举之,其贡献在于认出此一古代心学之所在,不在发明也。

显然,傅斯年的看法与陈寅恪所说宋儒义理源于道教吸收融贯佛教性理之学大相径庭。虽然他指名宋儒及清代朴学家如戴震、阮元等为批评标靶,心目中直接的言说对象却是陈寅恪。傅斯年的结论是:"李氏于古儒学中认出心学一派,是其特识,此事影响宋儒甚大。若其杂禅则时代为之,其杂禅之程度亦未如阮元等所说之甚也。戴、阮诸氏皆未认明古有心学之宗,更忽略汉儒之性情二元说,故李氏说之与禅无关于儒有本者,号称治汉学者反不相识矣。"[1]断言李翱学说与禅无关于儒有本,批评清代汉学家外,主要就是针对陈寅恪前说。

傅斯年认为,古代儒家原有心学一派,到了汉代,性情善恶二本已成习言,李翱的贡献在于认出古代心学之所在,所说未脱离古儒家;李翱虽然受时代影响甚至感化,并未变换儒家思想而为禅学,而且杂禅程度较浅。宋儒及清代朴学家误以为心性说来自佛教的性理之学,实际上反而是释家受儒家的影响更多。李翱所受时代影响,在中外之间应取较为接近的汉儒二元论,如果包含外来部分,则宁可说是受祆教、景教、摩尼教而非佛教的影响。此说无异于将陈寅恪的避名居实、取珠还椟说釜底抽薪,如果新儒家不是通过道教吸收禅学,而是直接上溯先秦儒家的心学和汉儒的性情二元说,就谈不上是旧瓶装新酒。

---

[1]　傅斯年:《论李习之在儒家性论发展中之地位》,欧阳哲生主编:《傅斯年全集》第二卷,第 665—666 页。

可是,宋代新儒家及其唐代先行者,究竟是如陈寅恪所说,先受到佛教道教性理之说的影响,再上溯先秦两汉儒学的心性说,以外书比附内典,融成新儒学,然后据以辟佛,还是如傅斯年所论,鉴于时代风气人伦道丧,先从先秦儒学中认出心学一派,形成理学,用以抵御佛教,的确颇费思量。相比而言,傅斯年的说法不难找到直接证据,但也容易落入宋儒故意布置的陷阱迷局,因为将义理说成是儒学一脉相承的正统,以免用夷变夏之嫌,恰恰是自诩接续道统的宋儒想方设法希望后人认定的结果。而陈寅恪的看法虽然曲折反复,不易获得直接证据,道理上却较为可信。人类历史上,必须借助外力才能突破精神桎梏的情况不止一端,欧洲中世纪思想即借鉴儒学的天人合一以突破神道一元观念的笼罩。同样,很少抽象思维的唐宋诸儒,如果没有佛道二教流行之下性理之学盛行的时代风尚影响,将内典外书相互比附,大概也很难跳出思想局限,形成深究义理的思维方式。

陈寅恪以佛学为新儒学先导的看法,看似与"向来攻宋明诸师者,皆谓其阳儒阴释",以及民国学人(如余嘉锡、钱穆等)讲宋学渊源,多追溯至唐末古文运动援佛入儒相仿,实则一为史事探究,二为道理判断。宋儒义理学说多源于唐,此前及同时学人多能言之,分歧在于源于儒经还是佛典,以及何者为体,何者为用。陈寅恪的审查报告引起不少学人重新探讨和争论新儒学的渊源。1936年3月,熊十力和张东荪联名发表《关于宋明理学之性质》于《文哲月刊》第1卷第6期,披露两人关于这一问题的不同观点,张东荪认为:"宋明儒实取佛家修养方法,而实行儒者入世之道。其内容为孔孟,其方法则系印度。"熊十力反驳道:"夫孔曰求己,曰默识。孟曰反身,曰思诚。宋明儒方法,皆根据于是。虽于佛家禅宗,有所参稽,要非于孔、孟无所本,而全由葱岭带来也。"①

熊十力和张东荪的争论,多是讲道理而非究事实。二者的分别,不在于是否引经据典,而是如何证明。傅斯年动手撰写《性命古训辨证》,当与这样的语境不无关联。由探究事实来显示前人的道理,虽仍然难免各执一词,似乎回到起点的道理判断,其证明之法却与陈寅恪不无相通之处。

如果说傅斯年是误打误撞与陈寅恪发生分歧,蒙文通则是有心与陈寅恪

---

① 熊十力、张东荪:《关于宋明理学之性质》,《文哲月刊》1936年第1卷第6期,第1—2页。

的宋代新儒学渊源说立异。其着眼点与傅斯年或有不同,牵扯层面大为扩张繁复,取向和结论却大体相似相通。蒙文通 1941 年发表的《四库珍本〈十先生奥论〉读后记》,虽然表示赞成陈寅恪所说“汉人经学,宋人史学,皆不可及”,并且“叩诸陈君援庵、余君嘉锡,皆以为然”,却刻意声称:“乃鄙意复又稍别者,以经学有西汉、东汉之分,史学亦有北宋、南宋之异。”①不过,指陈寅恪推崇宋代史学固然,说他盛赞汉人经学,则或有所误会。从陈寅恪本人的文字中,不见有诸如此类的说法。即使依据蒙文通自己的记述,陈寅恪也并未亲口对他谈及两汉经学的孰轻孰重。如果由史学重北宋而推及经学重西汉,或以陈的说法过于笼统而细分,这样周折复杂的立异不免脱离或曲解陈的本意。

显而易见的倒是,在陈寅恪的冯友兰《中国哲学史》下册审查报告发表并听陈谈过关于经学和宋代史学的看法后,从 1935 年起,蒙文通陆续撰写和发表了《评〈学史散篇〉》、《文中子》、《四库珍本〈十先生奥论〉读后记》、《宋代史学》诸文,并借 1938 年任教四川大学讲授“中国史学史”课程之机,撰写相关讲义。稍后他主持四川省图书馆,“由唐人论著中考论宋学之渊源”是该馆研究辅导部门的重要课题,“成一文曰唐代文士之内心及其影响。取材多由天宝、大历以来诸家文集与唐文粹、新唐书渗合而成”。②

关于宋学渊源,蒙文通的基本看法是:“唐自中叶以后,赵匡、陆淳辈之于经,萧颖士、裴光庭、姚康复辈之于史,韩愈、柳宗元辈之于文,皆力矫隋唐,下开北宋,由天竺全盛之势力而力反求中国固有之文明,以究儒者之形而上学,此文化中一大关键也。”③这时他还承认释道势力全盛的影响,是导致唐人反求中国固有文明、以究儒者形而上学的动因。但他的重点并不在于探究天竺全盛势力如何影响作用的一面,而是发现晚唐一批“异儒”借助诸子学以探求经学,由讲究心性义理而尊儒,佛老之焰因此而衰,并开启宋学的先河。越到后来,蒙文通越是少谈佛道的影响,而强调“异儒”的作用,凸显诸子学的复

---

① 蒙文通:《四库珍本〈十先生奥论〉读后记》,《图书季刊》新第 3 卷第 1—2 期合刊,1941 年 6 月,第 47 页。

② 《四川省立图书馆工作报告表》,1946 年 4 月,见张凯《“义与制不相遗”:蒙文通与民国学界》,博士学位论文,中山大学历史系,2009 年,第五章第三节之二“宋学渊源:‘内’、‘外’之别”。

③ 蒙文通:《文中子》,《益世报·读书周刊》第 9 期,1935 年 8 月 1 日,第 11 版。

兴。他指晚唐一批学人"由于他们的学风是摆脱旧说,直探经文,卑鄙训诂章句,大与传统学风不同,因此就被称为'异儒',而他们也就以此'自名其学'。赞同者称颂为'春秋三传束高阁,独抱遗经究终始',而不同意者,则斥为'穿凿之学,徒为异同'……思想解放之风,于此大张。诸子之学盛行,孟轲、荀卿、扬雄、王通之书,渐见重于是,而研究儒家义理之学也就因之兴起。"①1949年他又进一步概括:"由秦汉至明清,经学为中国民族无上之法典,思想与行为、政治与风习,皆不能出其轨范。虽二千年学术屡有变化,派别因之亦多,然皆不过阐发之方面不同,而中心则莫之能异。"②其说一面强调异儒借由诸子直探经学,一面肯定秦汉至明清中国始终处于经学一脉相承的统治之下,完全回避佛道的作用,更不必说如何发生作用,这等于变相支持了傅斯年的观点。

由此可见,在宋代新儒家思想渊源与儒释道关系的大事因缘问题上,民国学人虽然大多注意到来自天竺的佛教大盛对于中土的影响,却罕有认可陈寅恪的看法,并进而加以论证者。除了前述张东荪主要由学理立论之说近似外,只有汤用彤所说"没有隋唐佛学的特点及其演化,恐怕宋代学术也不会那个样子"③,与陈寅恪的见解较为合拍。

尽管此时陈寅恪的视力严重减退,但对于宋学渊源的相关讨论尤其是《性命古训辨证》的论点,不可能一无所知。面对傅斯年进一步的声辩,陈寅恪要么表示接受,要么有所回应,而不能置若罔闻,因为无言也许会被理解为默认。果然,时隔五年后,陈寅恪于1954年在《历史研究》第2期发表《论韩愈》一文,修订了早年指韩愈为单纯辟佛的说法,进一步说明其对于新儒学发端的作用及因缘,有针对性地明确指出:"退之自述其道统传授渊源固由孟子卒章所启发,亦从新禅宗所自称者摹袭得来也。"韩愈扫除章句烦琐之学,直指人伦,旨在调适佛教与儒学的关系。④

① 蒙文通:《中国历代农产量的扩大和赋役制度及学术思想的演变(节录)》,《中国史学史》,世纪出版集团、上海人民出版社2006年,第187—192页。原载《四川大学学报》1957年第2期。
② 蒙文通:《论经学遗稿三篇·丙篇》,《经学抉原》,世纪出版集团、上海人民出版社2006年版,第209页。
③ 汤用彤:《隋唐佛学之特点》,《图书月刊》第3卷第3—4期合刊,1944年5月,第4页。
④ 陈寅恪:《论韩愈》,陈美延编:《陈寅恪集·金明馆丛稿初编》,第320页。

《论韩愈》一文的相关内容,与傅斯年、冯友兰等人所说的史事大体相同,可是断言韩愈以天竺为体,华夏为用,奠定宋代新儒学的基础,显然是对傅斯年、熊十力、冯友兰、蒙文通等人认为唐宋诸儒祖述孟子心性之学,目的在于辟佛,甚至与禅无关、于儒有本等等说法的正面回应。双方的主要分别在于:其一,唐宋诸儒上承道统,声言辟佛,究竟是避名居实,取珠还椟,以免数典忘祖,还是直探经学,反对异教;其二,唐宋诸儒的义理之学,只是受到天竺势力大盛的时代影响,至多参酌佛禅性理之说,中心根本不出古儒家心学脉络,还是已经天竺为体,华夏为用,即利用儒家心性说谈论佛教性理,以沟通儒释,使得谈心说性与济世安民相反相成;其三,没有佛教以及吸收佛教的道教影响,新儒家有无可能再发现孟子心学,并且发展改造为义理之学。

在陈寅恪看来,首先还是由新禅宗提出直指人心见性成佛之旨,一扫僧徒烦琐章句之学。而韩愈"生值其时,又居其地,睹儒家之积弊,效禅侣之先河,直指华夏之特性,扫除贾、孔之繁文"。《原道》所提出的正心诚意修身齐家治国平天下,为儒学史上的大事,与新禅宗直指人心、见性成佛为中国佛教史上一大事相并列,为中国文化史中最有关系的文字。不过,韩愈虽然是不世出的人杰,如果不受新禅宗的影响,也很难达到这一境界。陈寅恪和蒙文通均注意到韩愈寄卢仝诗中有"春秋三传束高阁,独抱遗经究终始"之句,并且认作新的治经途径,但对史事发生情形及其因缘的解读却相去甚远。陈寅恪认定"此种研究经学之方法亦由退之所称奖之同辈中人发其端,与前此经师著述大异,而开启宋代新儒学家治经之途径者也。"①原因在于佛道的影响,蒙文通则认为是异儒复兴诸子的作用。

从《论韩愈》一文的基本论点可知,陈寅恪并没有因为傅斯年的争论而改变自己原来的看法。如果韩愈是受新禅宗的影响才转而正心诚意,如果正心诚意所本并非古儒家心学的旧义,而是禅宗道教吸收天竺佛理的新说,作为弟子李翱的复性论就很难说是与禅无关、于儒有本。新儒学究竟是唐宋诸儒暗中取珠还椟,还是所自称的古今道统一贯,或者说,古今心性义理一脉相承是唐宋诸儒苦心孤诣的托词,还是新儒学创制的渊源,禅宗道教的性理之说不过

---

① 陈寅恪:《论韩愈》,陈美延编:《陈寅恪集·金明馆丛稿初编》,第 321—323 页。

有所影响而非所本,这一大事因缘究竟如何发生演化,迄今为止,仍是一桩尚无定论的历史悬案,有待来者进一步征实。[①]

关于新儒学的发生衍化这一中国思想大事因缘的根本分歧,势必牵连对整个宋代思想学术及宋史研究的看法。在宋代研究方面,傅斯年与陈寅恪虽然均有高度评价和期待,可是傅斯年认为宋代是比较纯粹的中国学问,不像李唐与外国拖泥带水。而按照陈寅恪所论,宋代与外国或外来思想的关系至为复杂,绝非单纯的"全汉"问题。而且外来学说看似隐而不显,在中国思想史上的影响却至为深远,也就是说,即使吸收外来已经达到西体中用的程度,仍然可以设法延续古今一脉相承。由此一桩学术公案,可以得到三点启示:其一,历史中的实事未必皆可得实证,而看似信而有征的却未必属实;其二,中外文化关系史上,显的部分外露而表浅,隐的部分深刻而不易论证,不独中古思想的渊源流变如此,近代西学东渐乃至输入新知同样如此;其三,学者论学,直面史事学问以外,还以古往今来特定的学人为心中的言说对象,必须前后左右了解语境,方能征实。此节于理解相关文本的本意至关重要,否则,直解文本不仅可能望文生义,还会强古人以就我。

此后,关于宋代理学开山祖师及其思想渊源的讨论,一直持续到 20 世纪末。讨论的主题和方向有所变化。张荫麟生前拟作《宋代思想的主潮和代表的思想家》,分为北宋四子、王荆公及其"新学"、朱陆与南宋道学三部分,可惜只发表了第一部分《北宋四子之生活与思想》。[②] 1947 年,胡适讲《宋代理学发生的历史背景》,以司马光为理学开山,后来并指责冯友兰、陈寅恪等人强调从孔子到朱熹一脉,是所谓正统观念。[③] 不知有意抹杀还是并不清楚,胡适

---

① 此事长久思考,苦无破解之道。后来承葛兆光教授赠送大作《中国宗教、学术与思想散论》(三联书店香港有限公司 2008 年),首篇《青铜鼎与错金壶——道教语词在中晚唐诗歌中的使用》,论唐代诸儒赋诗受道教影响,对于佐证陈寅恪的说法或有无心插柳的作用,开辟征实的可行路径。

② 张荫麟遗著:《北宋四子之生活与思想》,《思想与时代》第 27 期,1943 年 10 月,第 1—9 页。

③ 胡适所指的正统派观点为:必须以孔子为中国古代思想史开端,"上继往圣,下开来学";秦以后则为经学时代,其思想演变历程"只为一大事因缘,即新儒学之产生及其传衍而已!"并且认为冯友兰没有明说,而陈寅恪的下册审查报告说得比冯清楚(曹伯言整理:《胡适日记全编》8,第 353 页)。

显然含混了冯友兰与陈寅恪等人的重大分歧。邓广铭则认为应以王安石为宋学开山，并说韩愈、李翱仍局限于儒家学派本身的领域之内，只是拘守着儒家旧有的思想壁垒，作为反对佛老的基地。王安石则把释道及诸子百家兼容并取，而仍以儒家的学说义理为本位。不过他也不得不承认，此说程朱肯定不认账。①

三、新宋学及其取径

全面抗战期间的 1943 年 1 月，远在桂林雁山别墅的陈寅恪为邓广铭《宋史职官志考证》作序，提出：中国近年的学术，如考古历史文艺及思想史等，在世局激荡及外缘熏习之下，发生显著变迁。"可一言蔽之曰，宋代学术之复兴，或新宋学之建立是已。"②这样的变化将来可能达到的境界，或许是华夏民族文化在赵宋之世的盛极而衰之后，再度复兴。此一新宋学的说法，与敦煌学一样，引起自那时以来不少学人的遐想和议论。但究竟什么是陈寅恪心中的新宋学，与原有的宋学以及同时代人的新宋学有什么联系及分别，如何把握新宋学与当下学术研究的关系，如何使得自身的研究朝着新宋学显示的方向展开，大有检讨的余地。

陈寅恪所谓"宋代学术之复兴，或新宋学之建立"，显然不专指史学，而是包括新儒学在内的宋代一切学术。关于宋学渊源的争议发生后，陈寅恪于1936 年在清华大学中国文学系开设"欧阳修"的课程，其要旨为："中国文化史，在秦以后，六朝与赵宋为两个兴隆时代，至今尚未超越宋代。本课程就欧阳修以讲宋学。所谓宋学，非与汉学相对之宋学，乃广义的宋学，包括诗文、史学、理学、经学、思想等等。所讲不专重词章，要讲全部宋学与今日之关系，而

① 邓广铭：《王安石在北宋儒家学派中的地位——附说理学家的开山祖问题》，《邓广铭治史丛稿》，第 177—192 页。
② 陈寅恪：《邓广铭宋史职官志考证序》，陈美延编：《陈寅恪集·金明馆丛稿二编》，第277 页。

所据以发表意见之材料,不能不有所限制,故开本课,实为研究宋史第
一步。"①

　　这是迄今为止能够见到的陈寅恪专讲宋代的有限记录。据说课程结束时
陈寅恪撰成《五代史记注》,"意在考释永叔议论之根据,北宋思想史之一片断
也"②,则所讲未必完全展现其对于宋学宋史的全部看法,单从要旨看,大概可
以窥见其基本观念。陈寅恪仍然认为宋代是中国历史上学术文化的高峰,宋
学包括思想学术各方面,而且要与整个中国历史的发展变化相联系。此外,开
讲专门课程是为了研究宋史作开端,也就是说,至此陈寅恪已经有意落实先前
与傅斯年商议的修宋史规划。这是考察陈寅恪学术变向的重要信息。如果没
有全面抗战的爆发,宋史或宋代研究很可能成为陈寅恪治学正式展开的重要
领域。

　　蒙文通认为中唐至宋代学术思想的变化为全面性的,包括新经学、新史
学、新文学和新哲学,整个学术为之一变。除去后设的分科治学观念不无可议
外,与陈寅恪的意思颇为相近。不过,在大体相似之下,两人的取径却相去甚
远。陈寅恪推许邓广铭"他日新宋学之建立,先生当为最有功之一人,可以无
疑也。"具体举称则在两方面,即"其神思之缜密,志愿之果毅,逾越等伦"。关
于神思缜密,所指实事为,邓"夙治宋史,欲著宋史校正一书,先以宋史职官志
考证一篇,刊布于世。其用力之勤,持论之慎,并世治宋史者,未能或之先也。
寅恪前居旧京时,获读先生考辨辛稼轩事迹之文,深服其精博,愿得一见为
幸。"关于志愿果毅,即抗战军兴,颠沛流离,"及南来后,同寓昆明青园学舍,
而寅恪病榻呻吟,救死不暇,固难与之论学论史,但当时亦见先生甚为尘俗琐
杂所困,疑其必尠余力,可以从事著述。殊不意其拨冗偷闲,竟成此篇。"陈寅
恪以邓广铭与辛弃疾"生同乡土,遭际国难,间关南渡,尤复似之。然稼轩本
功名之士,仕宦颇显达矣,仍郁郁不得志,遂有斜阳烟柳之句。先生则始终殚
力竭智,以建立新宋学为务,不屑同于假手功名之士,而能自致于不朽之域。
其乡土踪迹,虽不异前贤,独佣书养亲,自甘寂寞,乃迥不相同。故身历目睹,

---

① 卞僧慧:《陈寅恪先生年谱长编(初稿)》,第 169 页。
② 陈寅恪:《致刘永济》四,陈美延编:《陈寅恪集·书信集》,第 245 页。

有所不乐者,辄以达观遣之。然则今日即有稼轩所感之事,岂必遽兴稼轩当日之叹哉?"其承命作序,提携之外,别有良苦用心,即"惧其羁泊西南,胸次或如稼轩之郁郁,因并论古今世变及功名学术之同异,以慰释之,庶几益得专一于校史之工事,而全书遂可早日写定欤?"①

陈寅恪所标举邓广铭的治学,主要在考史校史一面,大体相当于同时代其他学人(如钱基博、张荫麟)所指的新汉学。本来所谓汉宋之学,并非汉代和宋代的学问,而是后来尤其是清代学人尊汉代与尊宋代之别,抑扬不同,做法各异,因而汉宋之分其实主要是清代学问的讲究。可是用汉宋分别来条理整个清代学问的渊源流变,却是晚清以来逐渐成形固定的看法,而不完全是清代学问流变的实事。钱穆对梁启超《中国近三百年学术史》站在汉学家的立场叙述清代学术史相当不满,遂撰写同名著作,力图证明清代汉宋并非壁垒森严,而是彼此互见。钱穆的本意不错,不以汉宋截然两分的眼光看清代学术,尤其是表明治学不应有门户之见,对于后学颇有启示引导作用,但于讲求清代学术的本事方面,则不免有抹杀汉宋分别之嫌。后来钱穆写《新亚学报·发刊词》,概括民国时期的学术纷争,仍然不能不承认:"此数十年来,中国学术界,不断有一争议,若追溯渊源,亦可谓仍是汉宋之争之变相。一方面高抬考据,轻视义理。其最先口号,厥为以科学方法整理国故,继之有窄而深的研究之提倡。此派重视专门,并主张为学术而学术。反之者,提倡通学,遂有通才与专家之争。又主明体达用,谓学术将以济世。因此菲薄考据,谓学术最高标帜,乃当属于义理之探究。此两派,虽不见有坚明之壁垒与分野,而显然有此争议,则事实不可掩。"②

同样道理,不应否定清代确有汉宋之分及汉宋之争,只是未必如阮元以来不断编造的叙述谱系所呈现的状态。换言之,所有史事未必都是按照后来条理的汉宋分争的系统发生和演化。清代学术脉络中的汉宋分争究竟如何展开,如何被讲出系统来,并被用于条理所有相关史事,进而被普遍当作先验的事实,应当重新仔细梳理。梁、钱二著以及所有相关著述皆只能视为后来认识

---

① 陈寅恪:《邓广铭宋史职官志考证序》,陈美延编:《陈寅恪集·金明馆丛稿二编》,第277—278 页。

② 钱穆:《新亚学报·发刊词》,《新亚学报》第 1 期,1955 年 8 月,第 1—3 页。

的一家之言。重写汉宋分争的历史,应尽可能约束主观,不仅注意大的时代背景,以汉还汉,而且必须回到具体时空人的现场条件下,在本来的脉络之中顺时序探讨观念事物因时因地因人而异的发生及其演化。尤其是将汉宋之别的生成及其相争、随事实变化而不断被人指称言说,以及今日通行的清代汉宋纷争叙述如何形成,三个不同层次的历史进程的联系及分别在整体脉络下一并梳理清楚,才能完整显现和清晰分别。此说看似简单,随时随处高度自觉把握则甚难。

陈寅恪心目中的新宋学,显然并非清代汉宋分争之下宋学的翻版,而是宋代思想学术的复兴。思想以外,在学术层面,就是要继承和发展宋人治学的取径办法,研究一切学问。具体而言,一是将史学作为新宋学的重要内容;二是告以治史绝非仅仅实事求是的汉学家法,而要有宋代史学乃至新学全面贯通的义理关怀及眼界;三是表明可用宋代史学的长编考异法将"宋学"等思想领域的玄理还原为史事,以实证虚。也就是通过坐实征信、联系贯通的途径,显现宋学义理意境展开的历史进程,进而为吸收外来学说同时不忘本来民族地位的崭新思想开辟进路。

1946年底,童书业在《益世报·文苑》发表《新汉学与新宋学》一文,论及五四运动后以文献考证学为主的新汉学独大,能够打破传统观念,为学问而学问,拓宽范围,尤其是完全接受旧宋学的批判精神,"对于传统的思想,旧史的传说,常能作勇猛无情的批判"。只是因为"精神虽异而研究范围并无多大的两样"一点,所以不能脱离旧汉学的圈套。抗战爆发后,学术潮流发生变化,"由向外的考据学的研究渐次转移成向内的道理的探求"。这种"新宋学运动"的趋势,"是应用汉学的实证精神来讲道理,这是它与旧宋学不同之点。旧宋学是完全主观的、独断的,而新宋学则是客观的、批判的;旧宋学所发挥的是个人的玄想,而新宋学所发挥的则是依据科学的、发现的、相对的真理,和社会政治的实际情况产生的理论;旧宋学是宗教化的玄学,新宋学是科学化哲学或思想。"①所论仍以清代的汉宋之分作为架构,与陈寅恪的观念不尽相同,尤

① 童书业著,童教英整理:《童书业著作集》第三卷《童书业史籍考证论集》,中华书局2005年版,第777—780页。

其是对于旧宋学的批评,合于清代的宋学,未必适用于指称宋代的学问,但力求辩证式沟通汉宋,取向却与陈有相通之处。

清代的宋学,主要是指经学系统内的理学,一般并不包括史学。陈寅恪对于宋代史学极为推崇,以宋代为中国学术文化高峰,史学是其中要项,新宋学当然不能沿用清代宋学的观念,将史学排除在外。尽管陈寅恪的博学并世不二,主要还是史家,只是其治史不同于一般分科的局限,而是将一切过去之事均作为历史加以研究,或是用高明的治史方法研治历史上不同时空范围的一切人事,包括宋代的思想学术。所以,他心目中的新宋学,史学自然成为要角。而邓广铭及其考史校史,也因此才会被视为建立新宋学最有功的一人,以及建立新宋学的重要部分。

若用秦以后思想演变的大事因缘作为纲领脉络,研治宋史之难,材料的繁复芜杂以及史事的校正考订应当还在其次,根本问题是要以宋代为中国历史的枢纽关节,而不能仅以为数十朝兴衰存亡之一代。要通盘考察宋代之所以成为中国历代学术文化高峰的渊源流变,就不能以后来史学的狭隘视野界域为局限。如果用断代分科的眼光办法研治宋代,将义理与考据、史料与史观、历史与思想学术文化分成两撅,很难达到应有的高度。

汉宋之别,看起来类似欧洲的思想学术分为人本主义和科学主义,所以近代学人如胡适等以为清代汉学近乎欧洲科学。宋学和今文经学,偏于人文主义,而人文一面,看似虚悬,容易凿空逞臆,难以征信。钱基博评点民国前期的学术风气道:“近十年之国学,无他演变,大抵承前十年或前数百年之途径以为递嬗。其新颖动人而为青年髦士之所津津乐道者,厥为以科学方法整理国学。而大师宿学,则或讲宋明理学,欲以矫清代治汉学者训诂琐细之失。其尤河汉无涯者,益侈陈三教会通,故为荒唐之言,无端涯之辞。海内之学者,具此而已矣。”①又说:“‘人文主义’者,以为国学之大用,在究明‘人之所以为人之道’,而以名物考据为琐碎。此明其‘义’而遗乎‘数’者也。‘古典主义’者,以为国学之指趣,在考征‘古之所以为古之典章文物’,而以仁义道德为空谭。

---

① 钱基博:《十年来之国学商兑》,《光华大学半月刊》第 3 卷第 9、10 期合刊,1935 年 6 月,第 110 页。所谓“侈陈三教会通”,当指陈寅恪的中国思想发展历程大事因缘说。

此陈其'数'而疏于'义'者也。"①

在学问上为钱基博所推崇的裴匡庐,进一步将中国学术拉向人本主义,他说:

> 近人喜言以科学治学方法整理国学者,是殆未明吾东方固有之学术,其性质与今之所谓科学者迥别。研究科学及一切形质之学者,如积土为山,进一篑有一篑之功,作一日得一日之力,论其所得之高下浅深,可以计日课程而为之等第也。治心性义理之学者,如掘地觅泉,有掘数尺即得水者,有掘数丈始得水者,有掘百数十丈然后得水者,有掘百数十丈而终不得水者,有所掘深而得水多,亦有所掘深而得水反少者,有所掘浅而得水少,亦有所掘浅而得水反多者。而所得之水,又有清浊之分,甘苦之别,不能尅日计工,而衡其得水之多寡清浊也……盖学之偏于实者,其程效可以计功计日。学之偏于虚者,苟非实有所悟,则决无渐臻高深之望。语其成功,不闻用力之多寡,为时之久暂也。②

中国学问,偏虚还是重实,另当别论,两人所强调的,都是义理之学的治法与考据不同。张尔田曾致函王国维,告以:"读书得间,固为研究一切学问之初步,但适用于古文家故训之学,或无不合,适用于今文家义理之学,则恐有合有不合。何则,故训之学,可以目睹,可以即时示人以论据,义理之学,不能专凭目睹,或不能即时示人以证据故也……故弟尝谓:不通周秦诸子之学,不能治今文家言。虽然,此种方法,善用之则为益无方,不善用之亦流蔽滋大。"③既然义理与考据的治法验证截然不同,各执一端似乎天经地义。可是,正如所谓人本与科学的分别一样,人的有意识活动与社会有规律运动本来是人与人类社会统一整体的不同体现,强分是由于人的能力有限,虽有方便之利,却是片面之见。

能否超越人本与科学的对立,或汉宋分争、义数隔绝的局限,不仅在人事、制度,甚至在义理层面也可以由求其古而致求其是,用实证精神讲道理,用义

---

① 钱基博:《〈国学文选类纂〉总序》,商务印书馆 1931 年版,第 10 页。
② 钱基博:《十年来之国学商兑》,《光华大学半月刊》第 3 卷第 9、10 期合刊,第 123—124 页。
③ 张尔田:《与王静安论今文学家书》,《学衡》第 23 期,1923 年 11 月,"文苑·文录",第 3—4 页。

理关怀究实事,使得两方面相辅相成,这其实也是能否回复宋代学术本源的大问题,是解开清代以来考据与义理、史料与史观种种纠结的必由之路。连胡适等人也注意到,清学与宋代学问的渊源关系至深,义理与考据,都可以上溯朱熹。与裴匡庐等人的看法适相反对,陈寅恪认定中国文化的特性是根源于伦理政治,唯重实用,不究虚理,所以欧洲尚有纯粹形而上的论理,中国则所有思想均可还原为有脉络可寻的历史事实,必须注意具体时间、地点、相关人物、背景等等因素的作用。

就沟通考据与义理而论,傅斯年和陈寅恪又有所分别。他们虽然都十分推崇宋代史学,具体取舍还是不尽相同。《通鉴考异》是两人共同标举的代表作。傅斯年《史学方法导论》称:"在中国详述比较史料的最早一部书,是《通鉴考异》。……这里边可以看出史学方法的成熟和整理史料的标准。在西洋则这方法的成熟后了好几百年,到十七八世纪,这方法才算有自觉的完成了。"①对于《资治通鉴》,陈寅恪推崇备至,傅斯年则有所保留,认为《资治通鉴》、《五代史》、《新唐书》等,虽然于《春秋》的正统思想有莫大的解放,仍不能廓清主观成分。

至于《建炎以来系年要录》,两人分歧较大,陈寅恪《陈述辽史补注序》称:"裴世期之注三国志,深受当时内典合本子注之熏习。此盖吾国学术史之一大事,而后代评史者,局于所见,不知古今学术系统之有别流,著述体裁之有变例,以喜聚异同,坐长烦芜为言,其实非也。赵宋史家著述,如续资治通鉴长编,三朝北盟会编,建炎以来系年要录,最能得昔人合本子注之遗意。诚乙部之杰作,岂庸妄子之书,矜诩笔削,自比夏五郭公断烂朝报者所可企及乎?……回忆前在绝岛,苍黄逃死之际,取一巾箱坊本建炎以来系年要录,抱持诵读。其汴京围困屈降诸卷,所述人事利害之迴环,国论是非之纷错,殆极世态诡变之至奇。然其中颇复有不甚可解者,乃取当日身历目觌之事,以相印证,则忽豁然心通意会。平生读史凡四十年,从无似此亲切有味之快感,而死亡饥饿之苦,遂亦置诸度量之外矣。由今思之,倪非其书喜聚异同,取材详备,

---

① 傅斯年:《史学方法导论》,欧阳哲生主编:《傅斯年全集》第二卷,第 308—309 页。

曷足以臻是耶?"①评价可谓高矣。

而傅斯年则指是书所记"其中多有怪事,如记李易安之改嫁,辛稼轩之献谀",并以此作为远人的记载比不上近人记载可靠的典型事例。本来傅斯年认为"每一书保存的原料越多越好,修理得越整齐越糟。反正二十四史都不合于近代史籍的要求的,我们要看的史料越生越好!"取材芜杂紊乱而颇为史家诟病的《晋书》、《宋史》,因为"保存的生材料最多,可谓最好"。而一般认为"最能锻炼"的《新五代史》、《明史》,在傅斯年看来,因材料原来的面目被改变,"反而糟了"。② 而且他也不乏任何类型的材料可信度都是相对而言的自觉,可是一旦落到实处,傅斯年还是不免材料类型的成见,不能一视同仁,过信直笔,轻视曲隐。陈寅恪对于掺入主观的材料却别有解读之法,他认为伪材料亦可见真历史,以此推及中国史学,"则史论者,治史者皆认为无关史学,而且有害者也。然史论之作者,或有意,或无意,其发为言论之时,即已印入作者及其时代之环境背景,实无异于今日新闻纸之社论时评,若善用之,皆有助于考史。故苏子瞻之史论,北宋之政论也。胡致堂之史论,南宋之政论也。王船山之史论,明末之政论也。今日取诸人论史之文,与旧史互证,当日政治社会情势,益可藉此增加了解,此所谓废物利用,盖不仅能供习文者之摹拟练习而已也。"③

由此可见,前人著述所含义理及感悟的成分越多,陈、傅二人的歧见就越是明显。可是,这并不等于说陈寅恪好谈玄理,相反,他始终思索整合融贯义数分别的破解之道。在研制佛道经典方面,自谦只谈史事不言教义的陈寅恪,④也反复提示宋贤治史与天竺诂经之法的分别及联系。对于上古思想,他虽然声言不敢治经和不能读先秦之书,却敏锐地指出应如何凭借少数遗存的残余断片,对古人学说的全部结构具了解之同情,又避免流于穿凿附会之恶

---

① 陈寅恪:《陈述辽史补注序》,陈美延编:《陈寅恪集·金明馆丛稿二编》,第264页。

② 傅斯年:《史学方法导论》,欧阳哲生主编:《傅斯年全集》第二卷,第339—340页。

③ 陈寅恪:《冯友兰中国哲学史上册审查报告》,陈美延编:《陈寅恪集·金明馆丛稿二编》,第280—281页。

④ 陈寅恪:《论许地山先生宗教史之学》,陈美延编:《陈寅恪集·金明馆丛稿二编》,第360页。

习,以自身的时代环境学说,推测解释古人意志,从而陷入其言论愈有条理统系,则去古人学说之真相愈远的尴尬。

1939 年,陈寅恪为刘文典《庄子补正》作序,推许其绝不任意增删改字的严谨为"天下之至慎",①并借由文本的校勘,进而申论学人研究历史,既要设法理解古人著述的本意,又要防止用后来的己意妄加揣度,对于研究中国思想学术史乃至一般文史具有重要的方法意义,于时下的学风尤具针砭作用。史家的主观能动作用,不在发表对历史人事的主观意见,而是最大限度地约束自己的主观任意,尽可能充分理解揭示史事的本相与前人的本意。只是本相绝非就事论事可得,本意更不是望文生义可知。前者必须近真而得其头绪,后者则要深入内心世界,二者都不会直接显露,或者说不可能从单一角度全面展示,要想把握得当,尽量接近,必须前后左右比较所有相关史料,进而贯通全部史事。

关于如何理解古人思想学说的本意,傅斯年的《性命古训辨证》借鉴欧洲尤其是法、德比较语言学和比较文献学的成熟技术,提出并运用语学的观点与历史的观点相配合的方法,一方面注意到思想必为语言所支配,因而能够以语言学观念解释一个思想史的问题;另一方面强调历史的人事都不是孤立静止地存在,用语学的观点可以识性命诸字之原,用历史的观点可以疏性论历来之变。② 宁可求其古以探流变,不能求其是而师心自用。

求其古与求其是,原为王鸣盛概括惠栋与戴震的治学特点,并有所评判:"方今学者,断推惠、戴两先生。惠君之治经求其古,戴君求其是,究之,舍古亦无以为是。"③钱穆进而论道:"谓'舍古亦无以为是'者,上之即亭林'舍经学无理学'之说,后之即东原求义理不得凿空于古经外之论也。然则惠、戴论学,求其归极,均之于六经,要非异趋矣。其异者,则徽学原于述朱而为格物,其精在三礼,所治天文、律算、水地、音韵、名物诸端,其用心常在会诸经而求其通;吴学则希心复古,以辨后起之伪说,其所治如《周易》,如《尚书》,其用心常在溯之古而得其原。故吴学进于专家,而徽学达于征实。王氏所谓'惠求其

---

① 陈寅恪:《刘叔雅庄子补正序》,陈美延编:《陈寅恪集·金明馆丛稿二编》,第 258 页。
② 傅斯年:《性命古训辨证》,欧阳哲生主编:《傅斯年全集》第二卷,第 508 页。
③ 洪榜:《戴先生行状》,《戴震文集》,"附录",中华书局 1980 年版,第 255 页。

古,戴求其是'者,即指是等而言也。"①或以为求其是还有是正之意,固然,但前提仍是知其本意,否则难免师心自用。况且世间少有绝对的是非正误,离开具体的时空关系,不知相关的人事因缘,很难判断对错。明以来关于经史关系的各种论说,如五经或六经皆史的讨论争辩,分歧的要因之一,即在对本意的理解各自不同,解读的方向自然有异。即使认字的本源,也要有历史的观念。

问题在于,如何才能真正做到"求其古",或者说如何才能避免自以为在"求其古",实际上却仍然"求其是"。要想理解古人的微言大义,恰当的途径显然并不是神游冥想以表了解同情,而是用由合本子注演变而来的长编考异法研治儒家经典,以事实证言论,以文本相参证,继以考订解释,进而究明圣言本意。善用长编考异之法,对于研究讲世间法的古儒家尤为重要,因为历史不可重复,只会演化,由实事求是的比较以见异,可以寻绎因时空人事改变而发生的衍化,贯通无限延伸的事实联系,达到由征实而理解前贤本意的目的。不过,受到佛教影响的宋代新儒家好讲义理,是否仍然适用长编考异之法,如童书业所说,可以用汉学的实证精神来考究宋儒的讲道理,还有进一步的讲究。

从比较研究的角度,陈寅恪曾经痛批"格义"是附会中外学说,但他并非全然否定格义的积极作用,对于用格义方式努力调适沟通儒释关系的六朝僧徒以及援儒入释的理学评价极高,认为宋代之所以能够达到中国历史文化的顶峰,与此关系密切。用格义之法吸收异教,阐明古学,一方面尽量吸收输入外来学说,一方面不忘本来民族地位,或可继宋代之后,于思想上自成系统,有所创获,进一步丰富提升中华民族形而上的思维能力。理解古学,必需长编考异的实事求是;面向未来,还要格义融通的求珠还椟,才能再创中华民族思想文化的新高。

尤有进者,长编考异法对于理解义理之学的本意仍然有效,因为宋儒的思维论说方式深受中国习惯的制约,在因由、实事以及言说对象等方面,仍有具体,并非完全抽象。所说义理看似脱离实事,实则格物致知,未必虚玄;谈心说性,也与济世安民相辅相成。既为世间法,还是可以实事求是。只不过实事与本意必须相互参证折中,才能接近、理解和把握。

---

① 钱穆:《中国近三百年学术史》,商务印书馆1997年版,第357页。

四、南北宋的高下

陈寅恪的新宋学及其以宋代史学方法治史的主张,能够理解并做到者为数不多,自然很少有人提出异议,即使有也是心或非之而口不言。蒙文通是有心立异者之一,除前引两条记载外,1944 年暑期,蒙文通撰《跋华阳张君叶水心研究》,再次提出"汉人之经学,宋人之史学"的分歧:"经学莫盛于汉,史学莫精于宋,此涉学者所能知也。汉代经术以西京为宏深,宋代史学以南渡为卓绝,则今之言者于此未尽同也。近三百年来,宗汉学为多,虽专主西京其事稍晚,然榛途既启,义亦渐明。惟三百年间治史者鲜,今兹言史者虽稍众,然能恪宗两宋以为轨范者,殆不可数数觏,而况于南宋之统绪哉!"①有学人认为蒙文通重申"宋代史学以南渡为卓绝",似在回应陈寅恪所倡导的尊奉北宋司马光之史学的"新宋学"。其实,关于经学的西汉东汉之别,蒙文通或是有所误会,或是故作别解,从迄今所见的相关文献中,似不见陈寅恪特别推崇汉代经学的旁证(《白虎通义》仅指纲常)。关于整个宋代学术,陈寅恪所推崇的朱熹也在南宋之列,只有史学着重于北宋司马光,但也并未轻视否定南宋。而蒙文通在史学方面的立异又有两重讲究,一是经学与史学,二是北宋与南宋,这两方面彼此牵连。

近代蜀人治宋史,当以刘咸炘为先,他鉴于"近日美风弥漫,人崇功利,其弊大著",在蒙文通等人的催促下,计划复宋学、修宋史。② 近代学人如梁启超、孟森、傅斯年等推崇宋代史学,多尊北宋,至于为何尊以及尊什么,各有分别。刘咸炘则称:"北宋史家,称欧阳永叔、宋祁子京、司马光君实,三人著史,皆有所长,然于史学皆无所论说。"③并认为"编年本止账簿之本相,记注之初

① 蒙文通:《跋华阳张君〈叶水心研究〉》,《中国史学史》,第 161 页。
② 刘咸炘:《重修宋史述意》,《史学述林》,黄曙辉编校:《刘咸炘学术论集·史学编》(下),广西师范大学出版社 2007 年版,第 591—592、595 页。
③ 刘咸炘:《史学述林·宋史学论》,黄曙辉编校:《刘咸炘学术论集·史学编》(下),第 507 页。

型,纵加变化,要不能免于方直,如《资治通鉴》虽有镕裁,亦不过为政治史之简本,无多味也。"①后来蒙文通治宋史及其治法取径,颇受刘的影响,强调:"宋之为宋,学术文章,正足见其立国精神之所在,故于宋史首应研学术,则知宋之所以存;次制度,则知宋之所以败。"②主张治宋史当先明宋学,通宋学才能治宋史。这与陈寅恪的取径大体相近。

蒙文通特尊南宋史学,固然与刘咸炘密切相关。据他自称:"双江刘鉴泉言学宗章实斋,精深宏卓,六通四辟,近世谈两宋史学者未有能过之者也。余与鉴泉游且十年,颇接其议论。及寓解梁,始究心于《右书》、《史学述林》诸篇,悉其宏卓,益深景慕。惜鉴泉于是时已归道山,不得与上下其论也。后寓北平,始一一发南渡诸家书读之,寻其旨趣,迹其途辙,余之研史,至是始稍知归宿,亦以是与人异趣。深恨往时为说言无统宗,虽曰习史,而实不免清人考订獭祭之余习,以言搜讨史料或可,以言史学则相间犹云泥也。于是始撰《中国史学史》,取舍之际,大与世殊,以史料、史学二者诚不可混并于一途也。"③不过,仔细推敲蒙文通的叙述,其治史有意与时流异趣,除了刘咸炘的影响外,另有机缘用心。

蒙文通敦促刘咸炘重修宋史之时,对于宋代学术史事尚未深究。蒙文通后来说,自己听陈寅恪详论汉人经学宋人史学后认为:"而余意则不与同,以汉人经学当以西汉为尤高,宋人史学则以南宋为尤精,所谓经今文学、浙东史学是也。当时虽尚未有撰述,实早已成熟于胸臆中矣。"④此前蒙文通固然有所留意于宋史和宋学,但要说早就胸有成竹,稍嫌言过其实。其懊悔原来治学无宗统,无史学,即为明证。不无巧合,在陈寅恪、冯友兰等人关于宋代新儒家渊源的讨论展开之后,1935 年,蒙文通利用暑假,在北平"略读东莱、水心、龙川、止斋诸家书,欲以窥宋人史学所谓浙东云者"。探赜索隐的结果,由此治史稍知归宿,与人异趣。这显然是读南渡诸书之后的新知,并非早已成熟于胸

---

① 刘咸炘:《史学述林·史体论》,黄曙辉编校:《刘咸炘学术论集·史学编》(下),第369—370 页。
② 蒙文通:《宋史叙言》,《古史甄微》,巴蜀书社 1999 年,第398 页。
③ 蒙文通:《跋华阳张君〈叶水心研究〉》,《中国史学史》,第161 页。
④ 蒙文通:《治学杂语》,《蒙文通学记》(增补本),第44 页。

臆的成见。在他看来，"北宋之学，洛、蜀、新三派鼎立，浙东史学主义理，重制度，疑其来源即合三派以冶于一炉者也"。而"中国史学惟春秋、六朝、两宋为盛，余皆逊之……每种学术代有升降，而史学又恒由哲学以策动，亦以哲学而变异，哲学衰而史学亦衰……六代精于史体，勤于作史，宋人深于史识，不在作史而在论。六朝人往往不能作志，为之者亦勤于缀拾而短于推论。宋人则长于观变而求其升降隆污之几。"因此，"子长、子玄、永叔、君实、渔仲，誉者或嫌稍过，此又妄意所欲勤求一代之业而观其先后消息之故，不乐为一二人作注脚也"。① 这显然是针对陈寅恪的看法。可以说，宋学渊源的讨论是蒙文通重点关注宋代的重要契机，而推重南宋，既与蒙文通的学承相连，又与其有心立异有关。

蒙文通所著《中国史学史》肯定《资治通鉴》的"长编之法，今昔所推。所以搜罗放佚，考证异同，其事之巨且伟也"。同时特别强调，"南渡之学，以女婺为大宗，实集北宋三家之成，故足以抗衡朱氏。而一发枢机，系于吕氏。以北宋学脉应有其流，而南宋应有其源也。北宋之学重《春秋》而忽制度，南渡则制度几为学术之中心。"②他沿袭元代黄潜的看法，将南宋浙东之学依来源和趋向分为义理、经制和事功三派六家，认为"惟浙东之学，以制度为大宗，言内圣不废外王，坐言则可起行，斯其所以学独至而无弊"。与南宋浙东诸儒"言史必以制度为重心"相较，北宋史家略逊一筹。"盖治法密于唐，自北宋人视之，若谓徒法之不如徒善，故北宋史人皆高谈性道，不识治法，虽激论变法，而北宋究无能论法者"。所以"北宋言史而史以隘，专主人治而遗史之全体，是北宋之言史专于理道之旨每狭而浅，未若南宋之广且深矣"。③ 据此，他认为："南渡之究史者众矣，而实以三派六家为最卓。其与北宋异者，自欧阳、司马之侪论史不言制度，而南宋诸家则治人与治法兼包，义理与事功并举；班、荀以降，治史固未有忽于典制数度者也。"④

蒙文通既然于两宋史学以史识、推论为高，好义理，重制度，又对北宋司马

① 蒙文通：《致柳翼谋（诒徵）先生书》（1935 年 9 月），《中国史学史》，第 126—128 页。
② 蒙文通：《中国史学史》，第 78—82 页。
③ 蒙文通：《四库珍本〈十先生奥论〉读后记》，《中国史学史》，第 159—160 页。
④ 蒙文通：《跋华阳张君〈叶水心研究〉》，《中国史学史》，第 161 页。

光等人不法《春秋》寓褒贬,略法制而偏重人治(因恶王安石而强调在得人不在法)不以为然,①尊南宋自然是顺理成章。这样的看法是否合乎两宋史学的分别,抑或其有心与尊北宋史学的陈寅恪立异而不免看朱成碧,可以检讨。不过,其所认定的北宋史学与陈寅恪所表彰的显然绝非一事。

陈寅恪好借序跋评论他人著述阐述发挥自己的方法见识,尽管所论对象未必完全符合其心中理想。所以,将相关议论视为陈寅恪自己的思想表达则可,若等同于所评著述的应有价值,则或许有所出入。同样,陈寅恪表彰古人治学方法如合本子注、长编考异之类,也有宋儒求珠还椟之意,明明已经超越,却要借此立论。此非依傍积习,而是针对学界多以东欧北美为取向的时趋,表达其对于固有学术文化的敬意,力求重振、延续并发展中国学术文化的内在活力。

陈寅恪看重北宋史学,显然并非由于北宋史家好讲义理,忽视制度。就义理而言,他推崇南宋的朱熹到至高无上的地位,便是明证。就制度而论,陈寅恪关于隋唐制度及其渊源的著述,不仅是其代表作,而且已成经典。至于如何讲义理论制度,却大有讲究。陈寅恪与傅斯年之所以重视北宋史家的长编考异之法,其实是受了近代欧洲新史学的影响。在傅斯年看来,"历史学和语言学在欧洲都是很近才发达的。历史学不是著史:著史每多多少少带点古世中世的意味,且每取伦理家的手段,作文章家的本事。近代的历史学只是史料学,利用自然科学供给我们的一切工具,整理一切可逢着的史料,所以近代史学所达到的范域,自地质学以致目下新闻纸,而史学外的达尔文论正是历史方法之大成。"②正是基于上述事实,傅斯年断言:"综之,近代史学,史料编辑之学也,虽工拙有异,同归则一,因史料供给之丰富,遂生批评之方式,此种方式非抽象而来,实由事实之经验。"③陈寅恪甚至表示:"整理史料,随人观玩,史之能事已毕",不必过于讲究文章的风格技巧。④

---

① 蒙文通:《跋宋史全文续资治通鉴》,《中国史学史》,第 138 页。

② 傅斯年:《历史语言研究所工作之旨趣》,欧阳哲生主编:《傅斯年全集》第三卷,第 3 页。

③ 傅斯年:《中西史学观点之变迁》(未刊稿),欧阳哲生主编:《傅斯年全集》第三卷,第 156 页。

④ 陈守实:《学术日录[选载]·记梁启超、陈寅恪诸师事》,《中国文化研究集刊》第 1 辑,复旦大学出版社 1984 年版,第 422 页。

　　蒙文通虽然指名陈寅恪,所谈论的对象却更像是傅斯年。实际上,傅斯年与蒙文通之间的分歧更为直接明显。蒙文通遭北京大学历史系解聘,背后起主导作用者至少包括傅斯年,而且傅斯年明确说尽管北宋史学已远超前代,可惜南渡后无甚进展,以致元明时生息奄奄。① 所以蒙文通将傅斯年视为清代汉学考订文籍一派的余绪。不过,傅斯年强调有一份材料出一分货,近代史学只是史料学的意涵,并非一般所以为的那样简单。所谓近代史学为史料编辑之学,包含两层意思,一是因史料供给之丰富,遂生批评之方式;二是此种方式非抽象而来,而由事实之经验。所以,史料编辑之学,并不是仅仅简单机械地将史料罗列在一起,史学就是史料学的重要体现,在于如何整理史料以及如何认识整理史料之于研究历史的作用。具体而言,"史料学便是比较方法之应用";而整理史料的方法,"第一是比较不同的史料,第二是比较不同的史料,第三还是比较不同的史料。"②

　　傅斯年强调运用比较方法整理史料,更值得深思的还在以下两点,即"历史的事件虽然一件事只有一次,但一个事件既不尽止有一个记载,所以这个事件在或种情形下,可以比较而得其近真;好几件的事情又每每有相关联的地方,更可以比较而得其头绪。"③近真与得其头绪,既是"史学只是史料学"的两个层次,又是比较不同史料所能达到的两个目的。这一论述揭示如何通过历史记录接近历史事实本相的路径做法,以及如何寻求看似散乱的历史事实之间普遍存在的内在联系两大命题,深得史学研究之真味。近真包含不断通过各种不同的记录接近本事即第一历史,以及了解当事人所记各异的心路历程即第二历史,并将二者相互比较参证;得其头绪更使得无数纷繁现象背后的相互联系逐渐显现,有序连接,无限伸展。即使精神思想史,看似有求其是与求其古的分别,实则由求其古而至求其是,使之相辅相成,叫以让史料与史学浑然一体。

　　史学当然不仅是史料,但史学绝不能没有史料。治史无疑必须具有见识,

　　① 傅斯年:《中西史学观点之变迁》(未刊稿),欧阳哲生主编:《傅斯年全集》第三卷,第152页。
　　② 傅斯年:《史学方法导论》,欧阳哲生主编:《傅斯年全集》第二卷,第308—309页。
　　③ 傅斯年:《史学方法导论》,欧阳哲生主编:《傅斯年全集》第二卷,第308页。

可是见识的高下须有经过验证的凭借依据。史学需要义理,而义理不能是无法验证的玄学。凡此种种,都必须求证,不仅实事求是,信而有征,更要虚实互证,而不能师心自用地自以为是。就此而论,蒙文通虽然推许南宋的兼包并举,对于同时代学人还是不免门户之见,尚不能洞穿门户,以至兼通。其坚持难以征实目验的今文家言,与陈寅恪欲将史学做到如生物学地质学那样准确的追求不无分歧。只是陈、蒙二人的分别或许并不如蒙所自称,反倒是钱锺书指陈寅恪是讲宋学,做汉学,虽不无讥讽之意,却更贴切陈的治学态度和实际做法。陈寅恪的中古制度研究,注意章程条文与社会常情及其变态的分别和相互作用,与杨树达《论语疏证》有异曲同工之妙。或许蒙文通强分轩轾的南北宋,在陈寅恪看来也可以熔为一炉,不必刻意划分此疆彼界,并且褒贬抑扬的。

要以长编考异、合本子注法求出义理的本意及演化,并在实证连缀中显示背后的宏大关怀,方能合于本事,体现高明。达到这样的境界,则考史与史学相辅相成,史料与史观互为表里,而义理、制度本来就是浑然一体,无法割裂对立的。心中不分,自然眼中无间。当然,要随时随处保持高度自觉,绝非轻而易举之事。

号称治学着重中古一段且推崇宋代史学的陈寅恪,虽然很少直接着手研究宋史,实则以宋为制高点,为天平中央,为治整个中国历史的承担,而不以赵宋一朝为断代,不以史学为专门,所以治学能够据有宋代学术文艺的高度,否则不仅不能理解把握中国历史文化的高下,治宋史也难以达到应有的境界。由此可以总结如下:其一,要把握宋史、宋学、宋代史学、宋代思想学术的区别与联系,不宜用后来分科治学的眼光看待宋代历史及其思想学术文化,尤其不能用近代以来区分经史以及史料与史观的观念研究宋代。其二,应讲宋学,做汉学,此宋学即陈寅恪所谓新宋学,而非清代汉宋分争的宋学。一方面,如钱穆所说,治宋史必须通宋学,如同治国史必须通知本国文化精意,而此事必于研精学术思想升堂入室,①不以专家饾饤之学画地为牢;另一方面,在宏大关

---

① 钱穆:《1941 年 4 月 16 日致李埏书》,《钱宾四先生全集》第 53 册,台北联经出版事业公司 1998 年版,第 379 页。

怀之下,将包括义理等在内的一切虚玄思想还原为历史,巧妙地发明曲隐,加以征实,既有道理,又可目验。其三,以宋代为张目挈领之纲,将两宋学术文化作为标高,纵横贯通古今中外的历史文化,解释材料史事具有系统而不涉比附。如此,方可有望达到新宋学的高度意境,开创中国学术文化的崭新气象。

陈寅恪与中国近代史

　　陈寅恪治学求通,即以史学而论,上自魏晋,下迄明清,均有深入而精当的论述。其"不敢观三代两汉之书",原因甚多。有心超越前贤及同辈,个人兴趣主要不在上古文字等,均为要因。最关键的,还在他认为上古史料遗留不足,难以坐实。至于不治晚清历史,则是要避免感情牵连,立论不公。不过,陈家祖孙几代,与一部近代中国史渊源深广,关系密切,其论人论事,不免时常涉及有关史实。陈寅恪晚年亲撰《寒柳堂记梦》,欲以"家史而兼信史",更被视为"已改变往昔不研究晚清政局之初衷,决心在晚年亲自着手阐明所知晚清史事真相,自信已能'排除恩怨毁誉',作出经得起审查的公正论述,以存信史而待后之识者"①。尤为重要的是,探究陈寅恪与近代史研究的关系,有助于深入理解和把握其晚年学术思想与方法的发展,为学术研究特别是近代中国的研究开辟新的境界。

一、不古不今之学

　　陈寅恪虽然在 20 世纪 40 年代声称其因家世牵连不治晚清史,但晚清史的概念在当时并不等于近代史。而陈寅恪的主要研究领域在相当长的时期里至少包含时人公认的近代史。

　　陈寅恪关于近代史的看法,为人引述最多者,恐怕要数写于 1933 年的《冯友兰中国哲学史下册审查报告》所谓:"寅恪平生为不古不今之学,思想囿于

---

　　① 石泉:《甲午战争前后之晚清政局·自序》,生活·读书·新知三联书店 1997 年版,第 3 页。

咸丰同治之世,议论近乎湘乡南皮之间"①。这段话乍看意思显然,其实玄机隐伏,不易理解。如"不古不今之学",有学者认为"指国史中古一段,也就是他研究的专业"②。具体而言,即佛教史、唐史、诗史互证和六朝史论。此说虽然有 1923 年陈寅恪亲笔的"与妹书",以及后来(约 1935 年)杨联陞笔录的隋唐史第一讲笔记等资料佐证③,似与史实大有出入。

陈寅恪号称不治上古及晚清历史,只是不写论著而已。即使以其平生撰述为范围,自魏晋迄明清,均有精深的研究,很难以"国史中古一段"来界定。20 世纪 30 年代以后,他虽然将主要精力集中于魏晋隋唐史和唐代诗文,仍然重视宋以后的历史。他为邓广铭《宋史职官志考证》作序,很大程度是为了倡导以良法治宋代历史文化的"新宋学"。尤其是对明清史的研究,不仅始终未曾忽视,而且一直没有停止。他在清华研究院担任的指导学科之一,是蒙古、满洲书籍及碑志与历史有关系者之研究④;1926 年担任北京大学研究所国学门导师,提出的四项研究题目中,包括搜集满洲文学史材料⑤;1928 年中央研究院历史语言研究所在广州成立,陈寅恪被聘请为研究员,以秘书代行所长职务的傅斯年希望他就近在北京负责整理内阁大库档案。⑥

历史语言研究所迁往北平后,其下设的第一组即历史组的工作内容为关于史学各方面及文籍考订,具体研究标准为:"一、以商周遗物、甲骨、金石、陶瓦等,为研究上古史的对象;二、以敦煌材料及其他中亚近年出现的材料为研究中古史的对象;三、以内阁大库档案,为研究近代史的对象。"⑦可见这时一般的或正统的近代史概念,其上限起于明清,而不是现在通行的晚清。根据各

---

① 陈寅恪:《冯友兰中国哲学史下册审查报告》,陈美延编:《陈寅恪集·金明馆丛稿二编》,第 285 页。

② 汪荣祖:《陈寅恪评传》,百花洲文艺出版社 1992 年版,第 81 页。

③ 陈寅恪与妹书称:"我所注意者有二:一历史,(唐史、西夏)西藏即吐蕃,藏文之关系不待言;一佛教……"(《学衡》第 20 期,1923 年 8 月)此说人多解为陈寅恪指明自己的治学志向,然细察上下文意,所说实为习藏文的目的不在语言文字,而在历史与佛教,并非表明整体学术志向。

④ 《研究院纪事》,《国学论丛》第 1 卷第 1 号,1927 年,第 293 页。

⑤ 《研究所国学门通告》,《北京大学日刊》第 2000 号,1926 年 12 月 8 日,第 2 版。

⑥ 王汎森、杜正胜编:《傅斯年文物资料选辑》,第 64、65 页。

⑦ 《三十五年来中国之新文化》,高平叔编:《蔡元培全集》第 6 卷,中华书局 1988 年版,第 84 页。

人的研究课题,属于第一项上古史的为研究员傅斯年(古史中关于文学与制度)、丁山(殷契亡吏之研究)、容庚(古器物书目),编辑员徐中舒(中国古代人种史之研究);属于第二项中古史的为陈垣(北平旧藏敦煌材料目录);只有陈寅恪的研究课题"整理明清两代内阁大库档案史料,政治、军事、典制收集",属于第三项,其个人研究"考定蒙古源流、及校勘梵番汉经论",则跨越第二项,也就是说,包括中古史和近代史的内容,而且似以近代史为主。① 所以,无论如何,不能以"不古不今"划定陈寅恪的治学范围,臆测为仅仅指国史中古一段。

陈寅恪的研究方向选定是其治学主张的体现。1935 年,他在为陈垣《元西域人华化考》所作序言中,对于"今日吾国治学之士,竞言古史,察其持论,间有类乎清季夸诞经学家之所为者"的现象痛加针贬,同时声言:"寅恪不敢观三代两汉之书,而喜谈中古以降民族文化之史"②。由此可见,陈寅恪虽然自外于上古史领域,却从未将属于"中古以降"的近代史划出研究范围,而将自己局限于中古一段的狭境之中。尽管不能否认其对于唐史情有独钟。况且,依据刘桂生教授的见解,陈寅恪钟情于唐史的"更直接更重要的原因,则在于先生认为,近代中国国势与唐代极为相似,因而治唐史有助于了解近代中国这样一番道理"③。

值得注意的是,尽管陈寅恪担任的课程及其撰述多在中古时期,其关于清史的研究则一直亲自在实际进行之中,上述担任的各种指导、研究项目,决非仅仅挂名而已。陈寅恪识满文,"在清华时不论天气多冷多热,他常乘车到大

① 蔡元培:《中央研究院过去工作之回顾与今后努力之标准》,《蔡元培全集》第 5 卷,第 371、372 页。
② 陈寅恪:《陈垣元西域人华化考序》,陈美延编:《陈寅恪集·金明馆丛稿二编》,第 270 页。
③ 刘桂生:《甲午战争前后之晚清政局·序》,第 2 页。据李涵 1944 年下半年听陈寅恪唐史课笔记,其第二节《如何研究唐史》称:"首先应将唐史看作与近百年史同等重要的课题来研究。盖中国之内政与社会受外力影响之巨,近百年来尤为显著,……因唐代与外国、外族之交接最为频繁,不仅限于武力之征伐与宗教之传播,唐代内政亦受外民族之决定性的影响。故须以现代国际观念来看唐史,此为空间的观念。其次是时间上的观念。近百年来中国的变迁极速,有划时代的变动。对唐史亦应持此态度,如天宝以前与天宝以后即大不相同,唐代的变动极剧,此点务须牢记。"石泉、李涵:《听寅恪师唐史课笔记一则》,北京大学中国中古史研究中心编:《纪念陈寅恪先生诞辰百年学术论文集》,第 34 页。

高店军机处看档案。清时机密都以满文书写,先生一本一本看,那是最原始史料,重要的随手翻译。"①他又好宋以下集部文籍,留学期间,即好与曾琦等人谈清代掌故,于明清史实知之甚详。清华研究院毕业、专治明史的陈守实与之"谈明清掌故颇久",赞叹道:"师谙各国文字,而于旧籍亦翻检甚勤,淹博为近日学术界上首屈一指之人物。"对于新近告成的《清史》即《清史稿》,陈寅恪极为不满,认为"草率","谓十六年告成,以清代事变之烦剧,断非仓猝间能将三百年之史实一一整理者也。"陈守实痛斥"清史馆皆昏悖之徒","清代事变复杂,以昏悖之徒当之,十余年即成,不问可知为皆无俚文人之滥调恶套耳,不值得一观也。"陈寅恪对此评议表示"首肯"。他收集整理研究清代史料的用意之一,便是打算编撰满洲《艺文志》,"此亦《清史》之一重要部分"②。

排除治学范围的时间限定,所谓"不古不今之学",究竟何指?其今典显然与当时的一桩学术公案有关。据说20世纪30年代以前,"故都各大学本都开设经学史及经学通论诸课,都主康南海今文家言。"此时的北平学界虽然有不少章太炎的弟子门生,经学方面任课教师却大多由古文而趋今文。包括章门弟子钱玄同在内,也随任教于北京大学的太炎同门崔适改信今文。而今古文之辩恰如汉宋之争,各执一端,不免偏蔽。尤其是今文学一脉,于近代思想史上影响极大。但就学术而言,则被认为是语多妖妄,不足征信。1930年,由顾颉刚主编的《燕京学报》第7期刊登钱穆的《刘向歆父子年谱》,罗列康有为《新学伪经考》关于刘歆伪造经书说的28点不通之处,并详明因果。此论一出,反响强烈,钱穆自称:"各校经学课遂多在秋后停开。但都疑余主古文家言。"③此说未必属实,因为之前各校不一定都讲今文,之后也并未停开相关课程。而且治经学者本来都是今古兼顾,不分畛域,刻意专讲今文者为数甚少。若非章太炎故意与康有为作对,今古文不至于壁垒森严。经学退出教育体制后,虽然有读经与反读经的争斗,总体上经典学习越来越成为分科之学的附属。至于受疑古辨伪风气的影响,未必是今文经学的作用。

---

① 陈哲三:《陈寅恪先生轶事及其著作》,《传记文学》第16卷第3期,1970年3月,第59页。

② 陈守实:《学术日录[选载]·记梁启超、陈寅恪诸师事》,《中国文化研究集刊》第1辑,第422—423页。

③ 钱穆:《八十忆双亲·师友杂忆》,第136页。

民国以后,学术领域的今古、汉宋之争表面上逐渐淡化,其精神则依然贯穿于新旧、中西、泥疑、考释、科玄等派分论辩之中。各种分歧的出现,根本源于人类社会为人的有意识活动与社会有规律运动的结合体,本来统一的客体反映于认识的主观,难免分裂为两面。欧美的科学主义与人本主义相互对垒,亦由于此。因此,钱穆在攻破今文家神话的同时,却被误解为古文家。而他的本意实在于破除今古,兼采汉宋,不分新旧,沟通中外。1933年2月,钱穆应邀为罗根泽编著的《古史辨》第4册作序,表面替考据辩护,其实"着眼于中国民族文化之前途,颇有慨于现今大思想家的缺乏"。因而有评论称:"这在北平的学术界里充满着'非考据不足以言学术'的空气之中,尤其是对症发药的文字"①。是年5月,钱穆讲演龚自珍的思想与性格,朱自清敏锐地察觉到:"盖钱意在调和汉宋,其志甚伟云。"②

不过,钱穆的主张及其学术成就那时并未得到各方公认,如傅斯年的认可即止于《刘向歆父子年谱》。冯友兰关于老子年代的认识与钱穆大体一致,但对以史治经、子的做法却不以为然,对钱穆采用编年体的表述方式颇有异议。1932年钱穆的《先秦诸子系年》完稿,经顾颉刚介绍,申请列入清华丛书。列席审查者三人,冯友兰"主张此书当改变体裁便人阅读",陈寅恪则私下告人:"自王静安后未见此等著作矣"③。因为意见分歧,此书未获通过,1935年才由商务印书馆出版。陈寅恪对此结果相当不满,屡屡在不同场合赞扬钱著,以抱不平。如1933年3月4日在叶公超晚宴上,"谈钱宾四《诸子系年》稿,谓作教本最佳,其中前人诸说皆经提要收入,而新见亦多。最重要者说明《史记·六国表》但据《秦记》,不可信。《竹书纪年》系魏史,与秦之不通于上国者不同。诸子与《纪年》合,而《史记》年代多误。谓纵横之说,以为当较晚于《史记》所载,此一大发明。寅恪云更可以据楚文楚二主名及《过秦论》中秦孝公之事证之。"④次年5月16日,陈寅恪又对杨树达"言钱宾四(穆)《诸子系年》极精湛。时代全据《纪年》

---

① 《读书杂志》第2卷第7号,1933年4月10日。
② 朱乔森编:《朱自清全集》第9卷,日记编,第225页。
③ 钱穆:《八十忆双亲·师友杂忆》,第136页。
④ 朱乔森编:《朱自清全集》第9卷,日记编,第202页。标点有所调整。

订《史记》之误,心得极多,至可佩服。"①而这时钱穆的著作尚未出版。

不仅如此,陈寅恪对大约同时送审并获得通过的冯友兰《中国哲学史》下册不无微辞。叶公超宴会上,他于表彰未获通过的钱著的同时,"又论哲学史,以为汉魏晋一段甚难。"②这显然针对冯著下册而言。细读其审查报告,上册褒意明显,而下册贬辞时现。虽称下册"于朱子之学,多所发明",实则作者"取西洋哲学观念,以阐明紫阳之学,宜其成系统而多新解"。陈认为秦以后思想演变"只为一大事因缘,即新儒学之产生,及其传衍而已",而冯著于新儒家产生诸问题,显然犹有未发之覆在,并且为数不少,相当关键,则下册出版,与上册相较,于中国哲学史的形式备则备矣,内容却未必美。况且这种"取西洋哲学观念,以阐明紫阳之学"的作法,是否真能"自成系统,有所创获",还要看其"吸收输入外来之学说"与"不忘本来民族之地位"的"相反而适相成之态度"③如何。就此而论,冯著恐怕有偏于今之嫌,与陈寅恪的见解不相凿纳,难逃愈有条理系统,去事实真相愈远之讥。

对于今古文经学,陈寅恪的看法与钱穆颇有相通之处。其祖父陈宝箴即"喜康有为之才,而不喜其学也"。他本人虽然不治经学,其实研究甚深,家法门户,源流脉络,了如指掌。留美期间,曾为吴宓"述中国汉宋门户之底蕴,程、朱、陆、王之争点,及经史之源流派别"。令后者大为恍然,慨叹为学能看清门路,实属不易,非得人启迪,则始终闭塞。④ 陈寅恪认为:"清代今文公羊学者唯皮锡瑞之著述最善,他家莫及也。"对今文家治边疆史地,从来批评不少。至于影响民初学术甚大的康有为一派,则断为:"今日平心论之,井研廖季平、及南海初期著述尚能正确说明西汉之今文学。但后来廖氏附会《周礼》占梦之语;南海应用《华严经》中古代天竺人之宇宙观,支离怪诞,可谓'神游太虚境'矣。"⑤陈寅恪对于古文经学同样不以为然。他批评"号称极盛"的清

① 杨树达:《积微翁回忆录》,上海古籍出版社1986年,第82页。
② 朱乔森编:《朱自清全集》第9卷,日记编,第202页。
③ 陈寅恪:《冯友兰中国哲学史下册审查报告》,陈美延编:《陈寅恪集·金明馆丛稿二编》,第282—285页。
④ 吴宓著,吴学昭整理注释:《吴宓日记》第二册,第28页。
⑤ 石泉整理:《寒柳堂记梦未定稿(补)》,王永兴编:《纪念陈寅恪先生百年诞辰学术论文集》,第47页。

代经学虽然吸引了一世才智之士,但谨愿者只是解释文句而不能讨论问题,夸诞者则流于奇诡悠谬而不可究诘。而且此风一直影响到民国时期,其时中国学者竞言古史,持论间有与清季夸诞经学家相似之处。① 将今古文经学的偏与邪一概推翻。

由此可见,所谓"不古不今之学",实在并非指国史中古一段,更不是当事人之一的冯友兰所讲"是说他研究唐史"②。此语应是借钱穆著作涉及近代经今古文学兴衰浮沉的一段因缘,针对当时学术界泥古与趋时、墨守与洋化的普遍偏向,首先表明本人的治学处世态度决不偏于一端。借用杨树达的话说,即治学须"先因后创","温故而不能知新者,其人必庸;不温故而欲知新者,其人必妄。"③其旨意也就是 1911 年王国维在《国学丛刊·序》中所说:"余正告天下曰:学无新旧也,无中西也,无有用无用也,凡立此名者,均不学之徒,即学焉而未尝知学者也。"④其次,则隐含批评冯友兰新著及其反对出版钱穆《先秦诸子系年》之意。冯友兰嫌钱著体裁不便于阅读,陈寅恪则正相反对,以为适合作为教本。体裁之外,陈寅恪主张史学的表述于"文章之或今或古,或马或班,皆不必计也"⑤。这与一般强调义理、考据、词章三者并重的理念亦有所分别。胡适从白话文、钱钟书从文言文、钱穆从史学的形式及内容的角度,都曾批评陈寅恪的文章不高明。⑥ 但陈的文字用于分析史料,展现史识,或许恰到好处,言简意赅而内涵丰富、意味深长的警句层出迭现,往往令人不禁拍案叫绝。

民国尤其是新文化运动以来的学术界,延续今古、汉宋、中西、新旧之争,加上伴随西学东渐日益扩大的科学与人本两大主义彼此攻伐的影响,输攻墨

① 陈寅恪:《陈垣元西域人华化考序》,陈美延编:《陈寅恪集·金明馆丛稿二编》,第 503、504 页。

② 冯友兰:《怀念陈寅恪先生》,北京大学中国中古研究中心编:《纪念陈寅恪先生诞辰百年学术论文集》,第 18 页。

③ 杨树达:《积微翁回忆录》,第 129 页。

④ 王国维:《国学丛刊·序》,《观堂别集》卷四,《王国维遗书》第 3 册,上海书店出版社 1996 年版,第 202 页。

⑤ 陈守实:《学术日录[选载]·记梁启超、陈寅恪诸师事》,《中国文化研究集刊》第 1 辑,第 422 页。

⑥ 汪荣祖:《胡适与陈寅恪》,《陈寅恪评传》,第 255—256 页。

守,各执一端,泥古或趋时的偏向严重。在思想文化方面的集中体现,即所谓新文化派与《学衡》派的长期论争。在学术领域,则有融合乾嘉朴学和欧洲东方学的主流派与其他非主流派的分歧及明争暗斗。陈寅恪为各派共同赏识的少数例外,与双方代表人物均保持良好交谊,学术主张则不仅在两派之间,更超越其上。所谓不古不今,也有不新不旧(以当时语境而言)的意思在内。进而言之,则是既不泥古亦不疑古,既不薄今亦不趋时。

陈寅恪与各派人际关系的紧密,其实多为各方人士引其为同道或同调,而陈寅恪对各派的学识主张,则分别有相当的保留,不可妄断为挚友知音。他衷心推崇的学人,如王国维、陈垣、杨树达等,大体均在各派之外甚至之上。从学术史的角度看,主流派的脉络最具代表性的应是从北京大学研究所国学门到中央研究院历史语言研究所一系。陈寅恪虽然先后担任国学门导师和史语所研究员,得到新派领袖人物如胡适、傅斯年等人的高度评价,学术见解却有明显距离。国学门由留日的太炎门生及欧美留学生组成,陈寅恪对于其倡导以科学方法整理国故,实则用外来系统条理固有材料很不以为然,多次指陈其穿凿附会之弊。史语所的宗旨见于傅斯年的《工作旨趣》,虽有人以此为"新史学"发端的宣言,其实精神、主张和基本做法与北大国学门及其衍生出来的厦门大学国学院、中山大学语言历史研究所一脉相承。① 而傅斯年公开批评章太炎以及宣称治学不读书而专找材料,则在科学主义的路途上朝着国际汉学或东方学的方向走得更远。此举看似与陈寅恪等人治学的科学性相通,其实相当程度上脱离了中国学术的正轨。陈寅恪对钱穆著作的推崇和傅斯年对钱的不以为然,可以说是陈、傅治学主张不同的明证。尽管钱穆虽然提出"义理自故实生"②,主张破除汉宋门户,其实偏好宋学,与陈寅恪一生坚持"讲宋学,做汉学"③有异,但他长期被排挤于学术主流之外,仍然反映了主流派的偏颇。所以1968年钱穆当选为"中研院"院士,严耕望称为"象征中国文史学界同异

① 参见陈以爱:《中国现代学术研究机构的兴起——以北京大学研究所国学门为中心的探讨(1922—1927)》,台北政治大学历史学系1999年版,第360—392页。
② 钱穆:《钱序》,罗根泽编著:《古史辨》第4册,上海古籍出版社1982年版,第4页。
③ 据汪荣祖教授见告,为钱钟书对陈寅恪治学的评语。钱意别有褒贬,但转换角度理解,则相当贴切。

学派之结合,尤具重大意义"①。

　　陈寅恪与旧派的关系同样须从其他方面着眼,才能认识清楚。所谓旧派,也就是通常所称文化守成者,包括老辈与新人中的对新文化派持异议者。因家世渊源,陈与文化遗民乃至政治遗老都易于接近,加上与王国维交谊甚笃,罗振玉等对其期望甚殷。不过,陈寅恪的某些学术文化见解和态度作法,仍引起老辈的不满,如以对对子为清华国文考题,便招致非议,以致不得不公开答辩。他对老辈学人中的要角如张尔田等人的学行,也不无异辞。这一派的新生代中,吴宓颇具典型性。陈寅恪之于吴宓,在师友之间,吴对陈的学问见识佩服得五体投地,但反过来则未必然。所以从吴宓的角度论证两人关系,所见多为吴宓的一厢情愿,而非彼此心心相印。吴宓日记中的陈寅恪,很大程度上也是吴宓眼中的陈寅恪,与后者的本相不无出入。例如吴宓的学术诗文不仅难以得到陈寅恪的赏识,年轻一辈的张荫麟、浦江清等也微辞不少。后者的态度很难说没有陈寅恪的影响掺杂其间。

　　陈寅恪与吴宓的共鸣,在于不赞成一律白话文、坚持本位文化、学术独立、思想自由、反对激进变革与社会动荡等方面。至于学术,则吴宓基本还是文士。他对好考据的中外学者不无偏见,喜欢旧体诗,却又无甚天赋。②吴宓信奉白璧德的新人文主义,陈寅恪对此可称同道,但并非信徒。陈寅恪所主张实行者,在沟通科学与人本主义并跨越其上。其做汉学的一面,便与吴宓清楚分界。因缘吴宓的见解认识陈寅恪,很可能是经过主观判断过滤的片面。

二、咸同之世

　　因身世交游的关系,陈寅恪常常谈及近代历史的种种人事。他自称"对

---

① 严耕望:《钱穆宾四先生与我》,台湾,商务印书馆1994年,第31页。
② 浦江清《清华园日记》载:"吴雨僧先生到校招余去谈,因观其《南游杂诗》百首,佳者甚少。吴先生天才不在诗,而努力不懈,可怪也。"(第12页)

晚清历史还是熟悉的"①,则其看法并非兴之所至的任意评点,也不是一家一姓的是非恩怨,而是以论学治世的态度深思熟虑而得出的"数十年间兴废盛衰之关键"②。仔细考察,不无前后一贯的系统性。

"思想囿于咸丰同治之世,议论近乎曾湘乡张南皮之间",今人多以中体西用及纲常名教定位,认真考究,也未必尽然。邓广铭即认为:"近四五十年内,凡论述陈先生的思想见解者,大都就把这几句自述作为陈先生的最确切的自我写照。既然自称'近乎曾湘乡、张南皮',于是而就断定陈先生是一个主张'中学为体,西学为用'的人。我对于这样的论断却觉得稍有难安之处。因为,我在前段文字中所引录的《王观堂先生挽词》的《序》中的那段话,乃是陈先生自抒胸臆的真知灼见,而所表述的那些思想,岂是咸丰、同治之世所能有的? 所发抒的那些议论,又岂是湘乡、南皮二人之所能想象的呢?"并且断言:陈先生的几句自述,实际上只是一种托词。"如果真有人在研究陈先生的思想及其学行时,只根据这几句自述而专向咸丰、同治之世和湘乡、南皮之间去追寻探索其踪迹与着落,那将会是南辕而北辙的。"③

陈寅恪重视纲常伦理,源于对民族文化史的深刻认识。他认为中国古人,素擅长政治及实践伦理学,家族伦理的道德制度,发达最早。周公的典章制度,实为中国上古文明的精华。④ 所以两千年来华夏民族受儒家学说影响最深最巨者,在于制度法律公私生活方面。⑤ 但这是千古不变的一面,不仅限于咸丰同治之世。况且道光之后,三纲六纪所依托的社会经济制度逐渐崩溃,无可救药,纲纪文化皮之不存毛将焉附,专门提出咸、同之世,曾、张之间,很难说是为了维护名教,必有其他新的因素,而且此节为中国近代变化转折的至关重要。

---

① 石泉、李涵:《追忆先师寅恪先生》,纪念陈寅恪教授国际学术讨论会秘书组编:《纪念陈寅恪教授国际学术讨论会文集》,第 57 页。

② 陈寅恪:《寒柳堂记梦未定稿》,《寒柳堂集》,第 168 页。

③ 邓广铭:《在纪念陈寅恪教授国际学术讨论会闭幕式上的发言》,纪念陈寅恪教授国际学术讨论会秘书组编:《纪念陈寅恪教授国际学术讨论会文集》,第 33、34 页。

④ 吴宓著,吴学昭整理注释:《吴宓日记》第二册,第 101、102 页。

⑤ 陈寅恪:《冯友兰〈中国哲学史〉下册审查报告》,陈美延编:《陈寅恪集·金明馆丛稿二编》,第 283 页。

冯友兰解释道:"咸丰、同治之间的主要思想斗争,还是曾国藩和太平天国之间的名教和反名教的斗争。曾国藩认为,太平天国叛乱是名教中的'奇变'。他所谓名教。就其广义说,就是中国传统文化。他认为,太平天国是用西方的基督教毁灭中国的传统文化。这就是所谓'咸丰、同治之世'的思想。曾国藩也是主张引进西方的科学和工艺,但是要使之为中国传统文化服务。这就是封建历史家所说的'同治维新'的主体。张之洞用八个字把这个思想概括起来,即'中学为体,西学为用',这就是所谓'湘乡、南皮之间'的议论。"①此说之于社会常情及变态大体不错,但具体到个人殊境,则难免有不尽不实之处。

纲纪说见于1927年《王观堂先生挽词并序》,陈寅恪指出:"夫纲纪本理想抽象之物,然不能不有所依托,以为具体表现之用;其所依托以表现者,实为有形之社会制度,而经济制度尤其最要者。故所依托者不变易,则依托者亦得因以保存。"道光以后,"社会经济之制度,以外族之侵迫,致剧疾之变迁;纲纪之说,无所凭依,不待外来学说之捃击,而已销沉沦丧于不知觉之间;虽有人焉,强聒而力持,亦终归于不可救疗之局。盖今日之赤县神州值数千年未有之巨劫奇变;劫尽变穷,则此文化精神所凝聚之人,安得不与之共命而同尽"。这里虽然包含作者对中国文化的观念,但主旨在于了解同情王国维"不得不死"的立场,并不完全代表作者的态度。如果陈寅恪与王国维居于同一立场,如有人称之为"遗少"者,则其不与观堂一致行动,岂非苟活?陈家与清室,恩怨分明,②陈寅恪虽然不一定知其详,从其关于晚清史的诸多议论,很难看出有多少恋清情节。即使文化遗民说,所谓明知不可为而为之,也与其具体行为不相吻合。

文化遗民说的重要支撑是中体西用观,据1961年吴宓日记:"然寅恪兄之思想及主张,毫未改变,即仍遵守昔年'中学为体,西学为用'之说(中国文化

①　冯友兰:《怀念陈寅恪先生》,北京大学中国中古研究中心编:《纪念陈寅恪先生诞辰百年学术论文集》,第18页。
②　详见桑兵《甲午台湾内渡官绅与庚子勤王运动》,《历史研究》1995年第6期;《论庚子中国议会》,《近代史研究》1997年第2期。

本位论)"①。说陈寅恪坚持中国文化为本位,当属的论,至于中体西用,则未必。陈寅恪的文化观的经典表述,仍是《冯友兰中国哲学史下册审查报告》所说:"其真能于思想上自成系统,有所创获者,必须一方面吸收输入外来之学说,一方面不忘本来民族之地位。此二种相反而适相成之态度,乃道教之真精神,新儒家之旧途径,而二千年吾民族与他民族思想接触史之所昭示者也。"②晚清名臣张之洞的中体西用说旨在坚持中国文化本位,精神与陈寅恪相通。可是陈的吸收输入并不排除外体中用的可能,内涵外延与张之洞明显有别。尤其重要的是,如以中体西用说来诠释,则其议论当与张之洞相等,而不能说近乎湘乡、南皮之间。陈寅恪与吴宓二人相交甚久,见识学问却差距甚大,即使推心置腹,吴宓也未必能够理解到位。何况陈寅恪对于吴宓的学行,心非之处不少。诉诸言论之外,别有隐辞。

陈寅恪治明清史事,极为注意人物的身世交游。所谓咸、同之世与湘乡、南皮之间,与此也有密切关系。汪荣祖教授在新编《陈寅恪评传》中已经发现,所谓"思想囿于咸丰、同治之世","当然不是要认同咸同时代的保守思想。事实上,不仅仅是咸同将相开创了'同治中兴'的新局,而且咸同时代的进步人士,特别是郭嵩焘、冯桂芬,以及陈宝箴,实为同光变法思想的先驱。度寅恪之意,他是要明变法思想的源流。"③陈寅恪写于1945年的《读吴其昌撰梁启超传书后》论及清季之"言变法者,盖有不同之二源,未可混一论之也。咸丰之世,先祖亦应进士举,居京师。亲见圆明园干霄之火,痛哭南归。其后治军治民,益知中国旧法之不可变。后交湘阴郭筠仙侍郎嵩焘,极相钦服,许为孤忠闳识。先君亦从郭公论文论学,而郭公者,亦颂美西法,当时士大夫目为汉奸国贼,群欲得杀之而甘心者也。至南海康先生治今文公羊之学,附会孔子改制以言变法。其与历验世务欲借镜西国以变神州旧法者,本自不同。故先

① 吴学昭:《吴宓与陈寅恪》,第143页。
② 陈寅恪:《冯友兰中国哲学史下册审查报告》,陈美延编:《陈寅恪集·金明馆丛稿二编》,第282—283页。
③ 汪荣祖:《陈寅恪评传》,第27页。傅璇宗的《陈寅恪文化心态与学术品位的考察》也指出:"张之洞的中体西用说有着强烈的政治内涵,而陈寅恪则是借用,是用来说明他对中外文化相互交流和影响的看法"(张杰、杨燕丽选编:《解析陈寅恪》,第5—10页)。

祖先君见义乌朱鼎甫先生一新《无邪堂答问》驳斥南海公羊春秋之说,深以为然。据是可知余家之主变法,其思想源流之所在矣。"①由此而论,咸同之世正是由历验世务而主张变法一派产生的时期,这也是陈宝箴变法思想的源流之所在。

尽管陈寅恪追究近代变法二源时声称:"余少喜临川新法之新,而老同涑水迂叟之迂",认为半世纪以来,社会退化,②实则十余年前,显然仍是赞成先祖的变法主张和途径。而这种主张和途径,不仅时间发源于湘乡、南皮之间,内容也与二者近似而又有所分别。

大体而言,近代国人的变革图强主张,确有一种激进化趋势。虽然各阶段的具体动因不一,共性则在从一定的思想或主义出发,树立以外部为原型的理想化目标,再用以改造社会。因而在理想与现实之间,往往需要相当长的调整过程,才能逐渐磨去空想的成分,走向务实的正途。陈寅恪揭示近代变法不同之二源,其意义不仅限于戊戌之际,因为在康有为之后,变革派大致均不源于"历验世务欲借镜西国以变神州旧法者"之一脉。汪荣祖教授认为:"所谓'二源',并非思想本质有大异,而是稳健与冒进之别。冒进之失败,更感到未采稳健以达变法目的之遗憾。"③如以变法与否的新旧之别作为思想本质的权衡,当然没有大异,但在稳健与冒进的形式之下,二源的思想方式的确相去甚远。

不少学人已经注意到,"寅恪先生决不是一个'闭门只读圣贤书'的书呆子",其满篇考证骨子里谈的都是成败兴亡的政治问题。④ 他不但学问渊博,而且深悉中西政治、社会的内幕。⑤ 陈寅恪虽然不曾主动参与政治活动,却有独立的态度和主张。留学欧洲期间,他就与积极组织政党活动的曾琦等人交往,高谈天下国家大事,提出国家将来致治的政治、教育、民生等方案办法。⑥

① 陈寅恪:《读吴其昌撰梁启超传书后》,《陈寅恪文集·寒柳堂集》,第148、149页。
② 陈寅恪:《读吴其昌撰梁启超传书后》,《陈寅恪文集·寒柳堂集》,第150页。
③ 汪荣祖:《陈寅恪评传》,第27页。
④ 季羡林:《回忆陈寅恪先生》,《怀旧集》,北京大学出版社1996年,第198、199页。
⑤ 吴宓著,吴学昭整理注释:《吴宓自编年谱》,第188页。陈寅恪晚年的助手黄萱也有类似看法。
⑥ 李璜:《忆陈寅恪登恪昆仲》,钱文忠编:《陈寅恪印象》,第6页;曾琦:《旅欧日记》,曾慕韩先生遗著编辑委员会编:《曾慕韩先生遗著》,第407—418页。是时曾琦等人与周恩来、徐特立、郭隆真往来较多,陈寅恪之弟陈登恪参与其组党活动。

他与新旧各派人物均维持关系,以致各方面都视之为同道,恰好显示了特立独行的治学处世态度,与康有为以后不同的学派政派于文化政治观念往往各走极端相异,而与其先祖的变法态度相通。相通的根据,则是对中国历史文化及社会现实的深刻认识。

自立于戊戌以后各种政派学派之间的政治、文化观念,其精神主旨与中体西用的取向已经有别。尤其是具体到曾国藩、张之洞其人,更是"议论近乎"其间而已。曾、陈交好,曾国藩称陈宝箴为"海内奇士",陈则目曾为"命世伟人"①。两家后来更辗转结为姻亲。陈寅恪之于曾国藩,似有敬意而无异辞。不过,曾国藩拯救名教则旗帜鲜明,借镜西国却尚在开端。学术方面,曾主张复兴理学,与陈寅恪的学术路径大异其趣。

至于张之洞的人品学问,陈寅恪讽词不少。其《王观堂先生挽词并序》对张之洞还相当推重:"依稀廿载忆光宣,犹是开元全盛年。海宇承平娱旦暮,京华冠盖萃英贤。当日英贤谁北斗,南皮太保方迁叟。忠顺勤劳矢素衷,中西体用资循诱。总持学部揽名流,朴学高文一例收。"②张之洞自比司马光,陈寅恪也有"老同涑水迁叟之迁"的自况,无疑是两人的心灵相通之处。但挽词的本意似在移情于王国维的立场心境,而非发挥本人的旨趣。陈寅恪认为,在清末的清流派中,张之洞先是外官的骨干,后为京官的要角③,而"同光时代士大夫之清流,大抵为少年科第,不谙地方实情及国际形势,务为高论。由今观之,其不当不实之处颇多。……总而言之,清流士大夫,虽较清廉,然殊无才实。浊流之士大夫略具才实,然甚贪污。其中固有例外,但以此原则衡清季数十年人事世变,虽不中亦不远也。"④

以清流不谙地方实情与国际形势而论,张之洞算是例外。陈寅恪引吴永

---

① 陈三立:《先府君行状》,陈三立著,钱文忠标点:《散原精舍文集》,辽宁教育出版社1998年,第70页。

② 陈寅恪:《王观堂先生挽词并序》,《陈寅恪文集·寒柳堂集·寅恪先生诗存》,第7页。

③ 陈寅恪:《寒柳堂记梦未定稿》,《陈寅恪文集·寒柳堂集》,第171页。此处的内外之分,已是清末改制后的观念。

④ 石泉整理:《寒柳堂记梦未定稿(补)》,王永兴编:《纪念陈寅恪先生百年诞辰学术论文集》,第36页。其文又称:"吾人今日平情论之,合肥之于外国情事,固略胜当时科举出身之清流,但终属一知半解,往往为外人所欺绐。"(同书第39页)

《庚子西狩丛谈》述李鸿章之言:"天下事为之而后难,行之而后知。从前有许多言官,遇事弹纠,放言高论,盛名鼎鼎,后来放了外任,负到实在事责,从前芒角,立时收敛,一言不敢妄发,迨至升任封疆,则痛恨言官,更甚于人。当有极力讦我之人,而俯首下心,向我求教者。顾台院现在,后来者依然踵其故步,盖非此不足以自见。"并且案道:"合肥所谓前为言官,后为封疆,当极力讦之者,当即指南皮。合肥与渔川谈论时,实明言南皮之姓名,渔川曾受南皮知遇,故其书中特为之讳耳。"①张之洞的转变从积极方面看可谓与时俱进,但与历验世务欲借镜西国以变神州旧法毕竟有别。况且清代士人尚气节者多憨直,得官爵者则不免逢迎,与岑春煊的不学无术和袁世凯的不学有术相比,张之洞虽然被视为有学无术,作为清流名士,却是宦术甚工,至少不在只讲功利才能不论气节人品的浊流之下。此类不肖者巧者善于利用新旧道德标准及习俗以应付环境,往往富贵荣显,身泰名遂,尽管陈寅恪不一定自居于贤拙之列,恐怕也不屑与之为伍。

此外,张之洞私淑陈醴,主张不分汉宋,曾作《书目答问》导人以读书门径,所倡导鼓吹的学风弥漫大江南北,隐执晚清士林胜流之牛耳。而陈寅恪对其学识颇有微辞。他虽然批评廖平、康有为的今文学,却对张之洞的《劝学篇》痛斥公羊之学为有取于孔广森之《公羊通义》不以为然,认为孔"为姚鼐弟子,转工骈文,乃其特长。而《公羊通义》实亦俗书,殊不足道。"②这无疑是指张之洞见识不高。

进而论之,中体西用之说,经过数十年文化论争,偏蔽显而易见,无法空言坚持。明眼如陈寅恪,岂能作茧自缚? 所以,无论于学理或时势,都只能是议论近乎湘乡、南皮而不能等同。其说既揭示自己的政治学术观念主张的家世流派渊源,又故意划清与当时新旧各派的界限。如果牵强为与其中某一派系相同,则此一宣言的特立独行意义反而丧失殆尽。

---

① 石泉整理:《寒柳堂记梦未定稿(补)》,王永兴编:《纪念陈寅恪先生百年诞辰学术论文集》,第44页。

② 石泉整理:《寒柳堂记梦未定稿(补)》,王永兴编:《纪念陈寅恪先生百年诞辰学术论文集》,第47页。

三、史料与史学

对于清史尤其是晚清史的研究,陈寅恪从史料到史学一直有不少精辟而独到的见解。其治史强调要收罗古今中外公私敌我正史杂书各种资料,融会贯通。他曾针对仓促成书的《清史稿》谈及相关的史料与史学,认为"史馆中史料残缺殊甚,某人任某门,则某门之史料即须某人以私人资格搜罗。微特浩如烟海之史料,难由一二私人征集,即自海通以还,一切档案,牵涉海外,非由外交部向各国外交当局调阅不可,此岂私人所能为者也?边疆史料,不详于中国载籍,而外人著述却多精到之记载,非征译海外著述不可。又如太平军之役,除官书外,史料亦多缺轶。曾氏初起时,曾遣人至粤侦伺洪氏内幕。此人备历艰险,作有详细报告,成一专书,名曰《贼情回报》①,今其书尚存,于太平军中诸领袖人物,皆为作略历,如小传,一切法制规例,皆详列靡遗。此类极有价值之史料,若不出重价购买,则于太平军内容,必难得其详。此事亦非私人所能了。又乾隆以前《实录》皆不可信,而内阁档案之存者,亦无人过问。清人未入关前史料,今清史馆中几无一人知之,其于清初开国史,必多附会。"1928 年,他为了挽救由李盛铎保存、濒临毁坏的内阁档案向各处呼吁,认为其中"有明一代史料及清初明清交涉档案,极为重要,……(清华)研究院如能扩充,则此大宗史料,实可购而整理之"②。后来日本满铁公司闻讯,订约购买。陈寅恪与胡适等人"坚谓此事如任其失落,实文化学术上之大损失,明史、清史,恐因而搁笔,且亦国家甚不荣誉之事也。"③经过多方努力,使得这批资料最终得以保留。

重视资料搜集之外,陈寅恪晚年的治学重心下移到明清史,其成就及方法对于现在的近代史研究有着极为重要的启示与示范作用。可惜此节尚未得到

---

① 当指《贼情汇纂》,实情略有不同。

② 陈守实:《学术日录[选载]·记梁启超、陈寅恪诸师事》,《中国文化研究集刊》第 1 辑,第 422—423 页。

③ 《傅斯年致蔡元培函》1928 年 9 月 11 日,高平叔编:《蔡元培全集》第 5 卷,第 286 页。

学术界的充分认识和重视。近代学者,承续清学余荫,竞相拥挤于古史狭境。所以章太炎批评"今之讲史学者,喜考古史,有二十四史而不看,专在细致之处吹毛索瘢"①。赵万里与朱自清谈论"现在学术界大势",慨叹其生也晚,已经没有更多门路可开。日本人则甚聪慧,不论上古史而埋首唐宋元诸史,所以创获独多。② 其实不仅日本学者,近代史学界二陈(垣、寅恪),治学也都不以上古史为范围。陈寅恪为陈垣《元西域人华化考》作序,称"先生是书之所发明,必可示以准绳,匡其趋向","关系吾国学术风气之转移者至大",不仅路径"脱除清代经师之旧染","合于今日史学之真谛",而且领域由"三代两汉"下移"中古以降"③。

在民国时期竞言古史的学者看来,近代史至多只是余力所及的副业。几位大家慧眼独具,并不轻视近代史,但对于近代史的史料与史学,看法也不尽相同。陈垣自谦道:"近百年史之研究,仆为门外汉。史料愈近愈繁。凡道光以来一切档案、碑传、文集、笔记、报章、杂志,皆为史料。如此搜集,颇不容易。窃意宜分类研究,收缩范围,按外交、政治、教育、学术、文学、美术、宗教思想、社会经济、商工业等,逐类研究,较有把握。且既认定门类,搜集材料亦较易。"④此法源自前数年上海《申报五十年纪念特刊》,其实也是陈垣受西洋科学主义影响,将研究领域细分化的一贯作法。他治明清各教历史,虽精于目录之学,亦知穷搜不易,可以视为经验之谈。

与领域广阔而论证精细的陈垣相比,胡适尤其是梁启超的风格则略显弘廓而空泛。有"上卷书作者"之称的胡适,中年以前虽有《红楼梦》、《醒世姻缘传》等清代文学方面的考证文字,以及关于清代学术和思想史的不少著述,功夫还是下在古代。不过,胡适提倡的科学方法几乎是放之四海而皆准的常识,他自称对于明史和近代史是"门外汉"、"全外行",治明史的吴晗和治近代史的罗尔纲却颇得益于他的点拨。尤其是力劝罗尔纲勿仿旧式文人随口乱作概

① 太炎先生讲,诸祖耿记:《历史之重要》,《制言》第55期,1929年8月25日,第6页。
② 朱乔森编:《朱自清全集》第9卷,日记编,第282页。
③ 陈寅恪:《陈垣元西域人华化考序》,陈美延编:《陈寅恪集·金明馆丛稿二编》,第270页。
④ 约1929年12月3日致台静农,陈智超编注:《陈垣来往书信集》,上海古籍出版社1990年版,第380页。

括论断,做大而无当的报章杂志文章,须做新式史学,排除主观见解,尽力搜求材料,重行构造史实①;又告诫吴晗要专题研究,小题大做,认识相当到位。但他虽不轻视近代史,内心仍不免愈古愈有学问的成见,认为"秦、汉时代材料太少,不是初学所能整理,可让成熟的学者去工作。材料少则有许多地方须用大胆的假设,而证实甚难。非有丰富的经验,最精密的方法,不能有功。晚代历史,材料较多,初看去似甚难,其实较易整理,因为处处脚踏实地,但肯勤劳,自然有功。凡立一说,进一解,皆容易证实,最可以训练方法。"②他批评"近年的人喜欢用有问题的史料来研究中国上古史",劝罗尔纲治近代史,理由也是"近代史的史料比较丰富,也比较易于鉴别真伪"③。

胡适所说乃当时学人的普遍看法,同时多少也有几分不识愁滋味的少年得意。他后来倾全力破解全、赵、戴《水经注》公案,凭借各种便利条件,费半生时间精力,写了大量文字,仍然枝节横生,疑点层出不穷,无法结案。他大概体会到了治晚近史的艰难与治古史只是方式有别,而程度无异,难度甚至有过之无不及,因此尽管还虚张声势地大讲方法心得,但关于治晚近史较易的想当然之论,却是欲说还休了。

过来人兼研究者的梁启超对于近代史的史料与史学似乎最能体会其中滋味。他认为:"时代愈远,则史料遗失愈多,而可征信者愈少,此常识所同认也。虽然,不能谓近代便多史料,不能谓愈近代之史料即愈近真。例如中日甲午战役,去今三十年也,然吾侪欲求一满意之史料,求诸记载而不可得,求诸耆献而不可得,作史者欲为一翔实透辟之叙述如《通鉴》中赤壁、淝水两役之比,抑已非易易。"梁启超先后指出近代史料不易征信近真的两点原因:其一,"真迹放大"。著书者无论若何纯洁,终不免有主观的感情夹杂其间,在感情作用的支配下,有意无意间不免将真迹放大。例如其二十年前所著《戊戌政变记》,为后来治清史者论戊戌史事的可贵史料,他本人却不敢自承为信史。④其二,记载错误。"此类事实古代史固然不少,近代史尤甚多。比如现在京汉

---

① 耿云志、欧阳哲生编:《胡适书信集》中册,北京大学出版社 1996 年版,第 699—704 页。
② 耿云志、欧阳哲生编:《胡适书信集》上册,第 557 页。
③ 罗尔纲:《师门五年记》,生活・读书・新知三联书店 1995 年版,第 28 页。
④ 梁启超:《中国历史研究法》,《饮冰室专集》第 1 册,台湾中华书局 1972 年版,第 31、91 页。

路上的战争,北京报上所载的就完全不是事实。吾人研究近代史,若把所有报纸,所有官电,逐日仔细批阅抄录,用功可谓极勤,但结果毫无用处。"尽管如此,梁启超却未能根据材料史事的繁杂不仅设法找到破解之方,而且在研究方法上更进一步,还是认为:"大概考证的工夫,年代愈古愈重要,替近代人如曾国藩之类做年谱,用不着多少考证,乃至替清初人如顾炎武之类做年谱,亦不要多有考证,但随事说明几句便是,或详或略之间,随作者针对事实之大小而决定"①。梁启超坦承其治学粗浅驳杂,于此可见一斑。善于驾驭材料者如陈寅恪,伪材料亦可见真历史,善用其长编考异之法,按照时空联系排列各种材料,汇聚异同,相互比勘,可以逐渐近真并得其头绪,绝不至于面对海量各类材料束手无策或劳而无功。

章太炎的学问颇受民国学术界胜流的物议,惜为半僵者有之,斥为尸位者亦有之,但其于史学的看法大处着眼,仍有他人难以企及之处。他批评史学的通病之一为详上古而略近代,每每于唐虞三代,加以考据,六朝以后渐简,唐宋以还,则考证无不从略。"歌颂三代,本属科举流毒,二十四史自可束诸高阁。然人事变迁,法制流传,有非泥古不化所能明其究竟者。"所以"司马温公作通鉴,于两汉以前,多根正史,晋后则旁采他籍,唐则采诸新旧唐书者只什五六,其余则皆依年月日以考证之,并附考异,以备稽核。诚以近代典籍流传既富,治史学既有所依据,而其为用又自不同。盖时代愈近者,与今世国民性愈接近,则其激发吾人志趣,亦愈易也。"②章太炎指近代学者"好其多异说者,而恶其少异说者,是所谓好画鬼魅,恶图犬马也"③,与陈寅恪不治上古历史的见识大抵相通。而由《通鉴》察知史事愈近,愈须考证,且不易考证,也与陈寅恪的主张有异曲同工之妙。

陈寅恪关于近代史的史料与史学的看法,前后当有所调整。其治史重心与办法,随各时段史料类型性质的多寡不同而有所变化,20 世纪 30 年代主治中古史,认为上古史证据少,只要猜出可能,实甚容易。因为正面证据少,反证亦少。"近代史不难在搜辑材料,事之确定者多,但难在得其全。中古史之

---

① 梁启超:《中国历史研究法(补编)》,《饮冰室专集》第 1 册,第 6、80 页。
② 章太炎讲,程宗潮记:《劝治史学并论史学利弊》,《新闻报》1924 年 7 月 20 日,第 4 版。
③ 章太炎:《救学弊论》,《华国月刊》第 1 卷第 12 期,1924 年 8 月 15 日,第 11 页。

难,在材料之多不足以确证,但有时足以反证,往往不能确断。"①40年代仍然觉得治史以中古史为先,因为上古去今太远,无文字记载,或虽有简单记录但语焉不详,无从印证,言人人殊,难以定论。"中古以降则反是,文献足征,地面地下实物见证时有发见,足资考订,易于著笔,不难有所发明前进。至于近现代史,文献档册,汗牛充栋,虽皓首穷经,迄无终了之一日,加以地下地面历史遗物,日有新发现,史料过于繁多,几于无所措手足。"所以王钟翰认为:"是知先生治史以治中古史为易于见功力之微旨,非以上古与近现代史为不可专攻也。"②

此言看似与胡适、梁启超所说相近,其实分别不小。胡、梁之说,主要还在判断史料与史实的真伪,仍是疑古思想的流风余韵。陈寅恪则决不满足于分别相对而言的人事真伪。其治学兼通文史,文学不过治史的手段,因而见异多于求同,论述多由具体而一般,解释一字也能作一部文化史。他强调研究历史"要特别注意古人的言论和行事","言,如诗文等,研究其为什么发此言,与当时社会生活、社会制度有什么关系";"事,即行,行动,研究其行动与当时制度的关系。"③关于上古思想史,因材料有限,他有条件地赞同"对于古人之学说,应具了解之同情",即通过神游冥想,与立说的古人心意相通,达到真了解的境界,对其苦心孤诣具有理解同情,才能进而批评其学说的是非得失。④关于中古制度史,则强调不仅要研究制度的组织,更要研究制度的施行,"研究制度对当时行动的影响,和当时人行动对于制度的影响"。听讲者的理解是,"因为写在纸上的东西不一定就是现实的东西。研究制度史不能只看条文,必须考察条文在实际生活中的作用。"⑤

陈寅恪关于民族文化史的一整套治学理念与方法的形成及应用,相当程

---

① 杨联陞:《陈寅恪先生隋唐史第一讲笔记》,《传记文学》第16卷第3期,1970年3月,第56页。
② 王钟翰:《陈寅恪先生杂忆》,纪念陈寅恪教授国际学术讨论会秘书组编:《纪念陈寅恪教授国际学术讨论会文集》,第52页。
③ 蒋天枢《陈寅恪先生编年事辑》(增订本)引卞僧慧文《怀念陈寅恪先生》,第97页。
④ 陈寅恪:《冯友兰中国哲学史上册审查报告》,陈美延编:《陈寅恪集·金明馆丛稿二编》,第279页。
⑤ 蒋天枢《陈寅恪先生编年事辑》(增订本)引卞僧慧文《怀念陈寅恪先生》,第97页。

度上受到史料留存状况的制约。上古史料遗存仅为最小之一部,欲借此残余断片,以窥测其全部结构,必须了解同情。"但此种同情之态度,最易流于穿凿附会之恶习。"①所以他于群经诸子心得虽多,也不惜束之高阁。至于中古史方面,由于民族文化精华所在,加上资料详略程度的限制,主要追究制度文化以及社会风尚的常情与变态。关于明清以降的近代史,陈寅恪虽然实际负有研究之责,在相当长的时期内成果却并不多见。只是他对当时上古和近代史的研究状况显然相当不满,针对"民国早期学人往往治古代史兼治明清近代史,截取两头"②的现象,曾经评论这些领域的业绩和局限:"近年中国古代及近代史料发见虽多,而具有统系与不涉傅会之整理,犹待今后之努力。"③

陈寅恪晚年的历史研究,伴随着时段由中古下移到近世,"业已从以制度文化为重点的广义文化史研究,转向心灵历史的研究。这就是以'以诗证史'的面貌出现的对一个时代的情感与思潮的关注"④。这一转变,一方面延续治中古制度文化史对于社会常情与变态的探究,另一方面,由于近世史料的极大丰富,可以进一步深入个人心境。尽管因为环境的限制,他很难谈及个人的治学理念与方法,却将精神主旨贯穿于《柳如是别传》等著述之中,以此检验自己的学识,希望后人为之总结张大。晚近史料遗存丰富,其难在搜集完整,按照治上古、中古史的辨真伪、求大概,的确不难。但陈寅恪将实事求是引向以实证虚,所论证的不仅在社会常情与变态,而且与个人心境相沟通,由典型代表人物的具体殊境而非由制度与现实的差异来考察时代精神与情感;不仅描述外在的行为,而且揭示内在的思维;不仅通过神游冥想达到了解同情,而是经由剖析具体背景、原因、交游等相关联系因素切实进入了解同情的境界;不仅分辨史料表面的真伪,而且力透纸背,揭示相关人事"放大真迹"的潜因与程度,从真相中发掘出实意。

① 陈寅恪:《冯友兰中国哲学史下册审查报告》,陈美延编:《陈寅恪集·金明馆丛稿二编》,第282—283页。
② 严耕望:《治史答问》,第23页。
③ 陈寅恪:《吾国学术之现状及清华之职责》,陈美延编:《陈寅恪集·金明馆丛稿二编》,第361页。
④ 姜伯勤:《陈寅恪先生与心史研究——读柳如是别传》,胡守为主编:《柳如是别传与国学研究——纪念陈寅恪教授学术讨论会论文集》,浙江人民出版社1995年版,第93页。

以实证虚的特例,当为陈寅恪指"纪晓岚之批评古人诗集,辄加涂抹,诋为不通。初怪其何以狂妄至是,后读清高宗御制诗集,颇疑其有所为而发。此事固难证明,或亦间接与时代性有关,斯又利用材料之别一例也。"①此法对于一般史家而言,过于虚悬,功力见识不足,容易流于穿凿附会,因而严耕望等主张慎用。陈寅恪晚年论清代及近代史,则常常运用此技。近代史料与史事的丰富复杂表明,历史的真伪虚实往往相对而言,真事的现象不一定反映实情,而实情又没有直接材料可证。个人感情支配下的真迹放大,常常只是偏而非伪。求真的过程即将各方面的偏颇融会贯通,以求同时接近事实真相并与相关各人的心路历程合辙。陈寅恪虽然直到晚年才将其方法展现于明清史的著述,此前已经显现端倪。他熟读经史百家及域外语言文字,尤好宋以下集部,"至于清末民初之旧闻掌故,尤了若指掌,如数家珍"②,因而于解今典即作者当日之时事方面具有超凡功力。由于史料的详略不同,从中可以探求的史实深浅疏密不一,其方法用于近代史,实际上还有更加广阔的拓展空间。

今人治近代史,常有一绝大误会,以为近代史料较上古中古易于解读。受此影响,加上简单挪用"社会科学方法"作祟,往往观念先行,将读懂的部分孤立抽出,按照先入为主的框架,拼凑成一定的解释系统。未读懂或读不懂的部分则弃置不顾,视而不见,历史本来的联系被人为割裂,结果言论越系统,距离事实真相越远。其实近代史料浩如烟海,大量私函密札日记档案留存,各种著述又很少经人注疏,即便是官样文章,也潜藏各种信息,非由语境以通文本,要想读懂并且能够恰当应用,决非易事。

关于近代史料的难解,法国近代史家巴斯蒂有着深切的体验。她于20世纪60年代留学北京大学,师从曾担任陈寅恪助手的陈庆华教授,对于后者的渊博学识十分钦佩。后来她追忆道:"在他帮助我解读张謇著作的时候,每遇到经书方面的引文,有关政治上和文学上的讽喻警句,或者涉及到风俗习惯、

---

① 陈寅恪:《冯友兰中国哲学史上册审查报告》,陈美延编:《陈寅恪集·金明馆丛稿二编》,第281页。
② 王钟翰:《陈寅恪先生杂忆》,纪念陈寅恪教授国际学术讨论会秘书组编:《纪念陈寅恪教授国际学术讨论会文集》,第53页。

地方上特殊的生活环境,或者书中隐晦难懂之处时,他总是能够当场点明出处,引用各种有价值的资料,逐句逐行地予以解释。张謇著作中提到大量人物,多数只写了他们的室号或别号,但陈先生却了解他们每一个人。对于他来说,这些人好像是他的一群朋友,关于他们的生活经历,他们的亲属关系,以及他们的子孙后代,他都能详细列举,如数家珍。"①巴斯蒂体会到的困难,不仅外国学者普遍遇到,一般认真的中国学人也会感同身受。

陈寅恪关于近代史,既把握源流大势,又深悉具体史实,二者相辅相成,所化解的阅读和运用史料的难题,较弟子更能深入一层。其唯一指导过的中国近代史研究生石泉忆及:"陈师由于熟悉晚清掌故,对于现今保存的当时士大夫之间私函中透露机密情报所用的隐语,往往一语猜透,使迷茫难解的材料顿时明朗,成为关键性史料。"如听石泉读张佩纶甲申变局前致张之洞密函中有"僧道相争"和"僧礼佛甚勤",即告以僧当指醇王,字朴庵;道指恭王,号乐道堂主;佛指太后,得以佐证当时恭、醇两王矛盾及太后与醇王密谋。又断定翁同龢致张謇书中"封豕诚可以易长庚"的封豕指刘姓,长庚则是李,参照翁的日记,知张謇曾建议以湘军首领刘锦棠取代李鸿章为直隶总督。这些实例表明,所谓解古典易解今典难,实际上往往需要今典与古典并用,方能破解谜题。此类人事个案经过认真研究,逐渐勘破并非难事,但要熟、广、深,则专家亦称棘手。陈寅恪后来引吴永《庚子西狩丛谈》所述李鸿章语,知所指为张之洞,并道破吴永为张隐讳的原因,更是环环相连,丝丝入扣。

相似的例证还有,1933 年,张荫麟撰文称龚自珍作于道光二年的"汉朝儒生行"诗中某将军指岳钟琪,陈寅恪阅后,托容庚转告张"所咏实杨芳事"。此一转折关系,张荫麟之前完全未曾想到,思考再三,接受其意见,并复函:"因先生之批评之启示,使思确信此诗乃借岳钟琪事以讽杨芳而献于杨者。诗中'一歌使公思,再歌使公悟'之公,殆指杨无疑。杨之地位与岳之地位酷相肖似也。杨以道光二年移直隶提督,定庵识之,当在此时,因而献诗,盖意中事。次年定庵更有'寄古北口提督杨将军芳'之诗,劝其'明哲保孤身'

① 玛丽昂娜·巴斯蒂著,张富强、赵军译:《清末赴欧的留学生们——福州船政局引进近代技术的前前后后》,中南地区辛亥革命史研究会、武昌辛亥革命研究中心编:《辛亥革命史丛刊》第 8 辑,中华书局 1991 年版,第 190 页。

也。本诗与杨芳之关系,愚以前全未涉想及之,今当拜谢先生之启示,并盼更有以教之。"①

张荫麟是当时新旧各方公认的才子,大学二年时就能够撰文质疑梁启超的孔老先后说,并受到后者的赏识,留美归来,又得陈寅恪力荐为"清华近年学生品学俱佳者中之第一人",甚至说"庚子赔款之成绩,或即在此人之身也。"②此言一出,大批留美出身名高一时的学术权威未免汗颜。没有极深功力,岂能轻易从他笔下看出破绽?能够较张荫麟看深不止一层,而且令其反复思考才能豁然开朗,并且心悦诚服,可见陈寅恪见重于学林,的确是实至名归,一般人难以望其项背。有的信口雌黄的浅人,怕是连其学问的边也摸不着。钱穆不满于陈寅恪不肯教人,实则陈早年私下为不少学人提出过关键性意见,所不愿教者,或有不能受教之嫌。

陈寅恪对黄濬的《花随人圣庵摭忆》评价甚高,认为"援引广博,论断精确,近来谈清代掌故诸著作中,实称上品"③,反对因人废言,除了作者关于近代内政外交的见解与其多有不谋而合处外,原因之一,当是黄濬也往往能勘破字里行间的隐语密事,看出材料背后的人事关系。陈寅恪的弟子认为:

> 寅恪师史学之所以精深,在对隐曲性史料的发掘与阐发,开拓史学园地。盖史料向来有直笔、曲笔、隐笔之别,一般史家率多直笔史料的述证,限于搜集、排比、综合,虽能以量多见长,以著作等身自负,但因昧于史料的隐曲面,其实只见其表,未见其里。有时难免隔靴搔痒之讥。惟寅恪师于人所常见之史料中,发觉其隐曲面,……遂使人对常见的史料,发生化臭腐为神奇之感,不仅提供新史料,亦且指点新方法,实为难能罕有之事。

这些方法最值得引申运用的领域,主要也是清代乃至近代文史之学。④陈寅恪的功夫见识,专治近代史者一般固然难以企及,可是虽不能至,心向往

① 张荫麟:《与陈寅恪论汉朝儒生行书》1934年3月7日,《燕京学报》第15期,1934年6月,第254页。
② 陈寅恪:《致傅斯年》二十五,陈美延编:《陈寅恪集·书信集》,第47页。
③ 陈寅恪:《寒柳堂记梦未定稿》,《陈寅恪文集·寒柳堂集》,第170页。
④ 翁同文:《追念陈寅恪师》,王永兴编:《纪念陈寅恪先生百年诞辰学术论文集》,第61、62页。

之,治学应当取法乎上。否则,顺从时流,用力愈大,距离高深境界愈是南辕北辙。长此以往,中国近代史研究量的膨胀带来的表面繁荣之下,必然以质的降低为牺牲,所有发展学术的努力,将适得其反地导致学术品位的变异和水准的下降。

史料愈近愈繁,但性质各异,详略有别,研究对象不同,所据史料的主次位置应当有所变化。陈寅恪于此把握最为恰当,每治一事,必能依据材料的优劣详略,物尽其用。如认为治古史必须了解群经诸史等多数汇集之资料,才能考释金文石刻等少数脱离之片段。治中古及近世历史在熟悉史书的前提下,重视诗文及禹内域外新出史料。治政治史应以《通鉴》为主,《纪事本末》为辅,典章制度史则《通典》价值在《通考》之上,以及诗文互证选取元白为对象,均有透彻认识史料与人事关系的深意在。与此相较,今人治近代史往往不能分别所研究问题与所依据史料的关系,看似一视同仁,实则不加区分,难免取舍失当。如研究问题跨越整个清代,虽问题相同,但前期、中叶及晚清史料类型的主次当有所分别。治晚清史事,舍日记、函札、报刊、档案而专就文集、年谱、笔记中披沙拣金,不仅舍近求远,甚至缘木求鱼。即使同为晚清的同类人事,所据史料的类型主次也不一致,或重日记、函札,或据档案,或有赖于报刊,必须依据史料与史事的具体关系而定。简单地依据史料类型作判断,想当然而然,正是由于史料不熟,史实不通。

如此一来,因上古、中古与近代史料遗留的情形不同,各时期的史学相应要有所变化。一时段或方面的历史研究,如有大师级人物开辟正轨,树立高的,后来人仿而行之,则易于更上层楼。此类人物对于此一领域学术发展的质量即高度广度深度,常常具有决定性作用,制约来者的眼界与见识。近代学者多治上古而兼及近代,以治上古史的方法标准治近代史,难免流于粗疏,因为在史料繁密程度大为增强的后一领域中,要达到如上古史的精细程度,并非难事。梁启超与胡适因而不免误解。史学二陈弃上古而专注于中古以降,使相关研究逐渐取得与经过三百年清学锤炼的上古经史并驾齐驱甚至越而上之的成就。但就近代史而言,丰富的史料遗存使得研究不仅可以征实,更能进而以实证虚。相比之下,陈垣的述证法切实而重功夫,可凭后天努力;陈寅恪的辨证法精深而须卓识,需要极高天分和机缘,难以把握。融合二者的方法治近代史,方能穷尽史料之用,而免于凿空附会之弊,使得这一领域的研究与古史的程度相匹配,与史料的丰富相吻合。因此,宣称不治晚清史的陈寅恪,其治学及方法反而为发展近代史研究指示了重要轨则,值得认真揣摩和努力仿效。

陈寅恪与清华研究院

各民族相传之上古史,大多有逐层增建的过程,如筑塔,如积薪,时间越后,附加越多,虚伪成分越甚,真相反不易得。古史辨派的疑古理论,用于上古神话传说大体不错。其偏在于误以为中国属于人为特例,因而治古史时一味破坏,疏于建设,不能从伪材料中发现真历史。陈寅恪研究蒙古史源流,同样认为有层累迭加的成分。然而,类似现象在中国近现代史之中也大量存在,学人却未能予以特别注意,致使不少以讹传讹之事成为基本或重要依据。由此立论,并加以引申,不仅令史实失真,还往往导致对于时代风尚的错误观念。关于陈寅恪与清华研究院关系的种种说法,即为显著一例,有必要正本清源,恢复实情本相,进而在此基础上,延伸讨论相关问题。

一、入院因缘

陈寅恪以无任何资历著述的新进,而与梁启超、王国维等名满天下的大师同被聘为清华研究院导师,除自身功力使然,关键在于有力人物的推荐。对于推荐者目前有三说,即梁启超、胡适、吴宓。陈哲三《陈寅恪先生轶事及其著作》持第一说:"十五年春,梁先生推荐陈寅恪先生,曹(云祥)说:'他是哪一国博士?'梁答:'他不是学士,也不是博士。'曹又问:'他有没有著作?'梁答:'也没有著作。'曹说:'既不是博士,又没有著作,这就难了!'梁先生气了,说:'我梁某也没有博士学位,著作算是等身了,但总共还不如陈先生寥寥数百字有价值。好吧,你不请,就让他在国外吧!'接着梁先生提出了柏林大学、巴黎大学几位名教授对陈寅恪先生的推誉。曹一听,既然外国人都推崇,就请。"[1]

---

[1]　陈哲三:《陈寅恪先生轶事及其著作》,《传记文学》第 16 卷第 3 期,第 58 页。所记为蓝文征的追忆。

牟润孙大概是第二说的始作踊者,他于 1986 年发表的《发展学术与延揽人才——陈援庵先生的学人风度》一文称:"清华办国学研究院请胡适去主持,胡适推辞了,却举荐章太炎、梁任公、王静庵、陈寅恪四位先生。四个人之中,大约只梁任公与胡氏有来往,其余三人对胡不仅没有交谊,而且论政论学的意见都相去很远,而胡适之推荐了他们。在当时社会上,章、梁二人名气最高;静庵先生虽已有著作出版,一般人很多对他缺乏认识;寅恪先生更是寂寂无名,也未曾有一篇著作问世。如果以高级学位为审查标准,四位先生无一能入选。若凭著作,寅恪先生必被摈诸门外。胡先生这次推荐,虽遭太炎先生拒绝,梁、王、陈三先生则都俯就了,……胡适之援引学人与蔡子民似乎不同。他介绍陈寅恪到清华研究院,请钱穆教北大本科,他的尺度的确掌握得很有分寸。"①

在此之前,牟氏关于此事说得较笼统,但有推测性分析:"听说清华想办国学研究院,去请教胡适,胡推荐这几个人给清华。分析起来,一是因为北大没有钱,清华则经费充足,所以清华能请而北大不能请。二是北大原有教员结成势力,很排挤新人。陈垣靠沈兼士之力进入研究所国学门,而不能在本科作专任教授,就是一个证明。三是胡适对于梁启超,可能认为他能对青年还有号召力,何况梁启超也很捧胡。对王国维,则认为金文、甲骨文是一门新兴的学问,而王氏造诣很高。对陈寅恪,则因为陈是出洋留过学,真正懂得西方'汉学'那一套方法的。"②

至于吴宓说,见其自编年谱:"(民国十四年元月)清华国学研究院开始筹备,宓为主任。……研究院教授四位,已定王国维、梁启超、赵元任。宓特荐陈寅恪。"③

三说之中,第一说时间、人物、地点均不合。梁启超与陈家可谓故交,④但陈寅恪是晚辈,又长期求学于欧美,对其学问人品,似无从了解;所谓德、法等

---

① 牟润孙:《发展学术与延揽人才——陈援庵先生的学人风度》,《明报月刊》第 241 期,1986 年 1 月。

② 《清华国学研究院》,《大公报》(香港),1977 年 2 月 23 日。

③ 吴宓著,吴学昭整理:《吴宓自编年谱》,第 260 页。

④ 陈寅恪:《读吴其昌撰〈梁启超传〉书后》,《陈寅恪文集·寒柳堂集》,第 148—150 页。

国名教授推崇之语,没有旁证,参考相关背景资料,大概并不属实。梁启超与陈寅恪所结识的欧洲学者,并非同一类型,前者多为思想哲人,后者则为东方学者或汉学家,担任过陈氏课程者,与梁并不相识,也不会轻易推荐教职。况且,除了几封公开发表的信函外,当时陈寅恪尚无只字面世。在此情况下,梁启超不会大拍胸脯,极力举荐。此外,尽管梁启超之前十年间数次到清华演讲,关系久密,1922年后又常在清华兼课,1924年清华研究院已决定聘他任教,但直到1925年2月22日,吴宓才持聘书赴天津访梁,正式聘请。而该院决定聘陈寅恪,则在6天之前,即2月16日已由校长曹云祥定案。①

第二说有一定根据。曹云祥筹办研究院之初,确曾与胡适磋商,并请他担任导师。胡表示:"非第一流学者,不配作研究院的导师。我实在不敢当。你最好去请梁任公、王静安、章太炎三位大师,方能把研究院办好。"②梁启超与章太炎是当时中国南北学术界的泰山北斗,尽管胡适对两人的学问不见得从心底佩服,对梁尤有保留甚至批评,③但要号召天下,不能不有所借重。至于王国维,却是胡适衷心敬佩的第一流学者。王国维在学术圈内声望极高,新旧各派均交口赞誉,但社会上名头不响,尤其是政要大员们,对其所知甚少。据说王国维死后梁启超曾请国务总理顾维钧提出阁议,由北京中央政府予以褒扬,"结果因为多数阁员根本不识'王国维'其人名姓,未被通过。"④

1922年,上海《密勒氏评论报》(*The Week by Review*)举办征求读者选举"中国今日的十二个大人物"的活动,每周公布一次结果。胡适对11月上中旬的两次评选十分不满,指责举办者"不很知道中国的情形",并代拟了一份名单,其中第一组学者三人,为章炳麟、罗振玉、王国维,而将梁启超列入影响

---

① 孙敦恒:《清华国学研究院纪事》,葛兆光主编:《清华汉学研究》第1辑,清华大学出版社1994年版,第270页。

② 蓝文征:《清华大学国学研究院始末》,张杰、杨燕丽选编:《追忆陈寅恪》,第79页。

③ 1929年2月2日,胡适在梁启超病故后于日记中记道:"任公才高而不得有系统的训练,好学而不得良师益友,入世太早,成名太速,自任太多,故他的影响甚大而自身的成就甚微。近几日我追想他一生著作最可传世不朽者何在,颇难指名一篇一书。"这种看法胡适当年似乎有所流露,因而有传闻在北京时,梁启超来看望,胡只送到房门口,王国维来则送至大门口(胡颂平编:《胡适之先生晚年谈话录》,中国友谊出版公司1993年版,第85页)。

④ 吴其昌:《王国维先生生平及其学说》,《子馨文在》第3卷《思桥集》,沈云龙编:《中国近代史料丛刊》续编第81辑之808,台湾文海出版社1981年影印,第484—485。

近二十年全国青年思想的第二组四人之中。《密勒代评论报》选举的计票结果，梁启超、章太炎、罗振玉各得 105、73、4 票，王国维则一票未得。但在胡适看来，"章先生的创造时代似乎已过去了，而罗、王两位先生还在努力的时代，他们两位在历史学上和考古学上的贡献，已渐渐的得世界学者的承认了。"①胡适推荐梁启超、章太炎和王国维三人，顺理成章。尤其是王国维的应聘，胡适显然起了相当关键的作用。曹云祥给王的聘约，系通过胡转交，而王对清华的要求与顾虑，也由胡代为申诉。没有胡适的劝驾，王国维很可能依照对待北京大学的先例，予以回绝。②

　　不过，清华聘请梁启超和王国维，也不一定全靠胡适的举荐之力。据梁启超自称，他也是清华研究院的倡议者。③ 清华设立研究院并率先举办国学科，就学校言，是为了改变不通国文的公共形象，适应民族独立意识渐强的时势；就学术言，则隐含对抗北京大学研究所国学门之意。在外界看来，"北大党派意见太深，秉事诸人气量狭小，其文科中绝对不许有异己者。而其所持之新文化主义，不外白话文及男女同校而已。当其主义初创时，如屠敬山等史学专家皆以不赞同白话文而被摒外间，有知其内容者皆深不以其事为然。"因此当日本打算以庚款在北京设立人文科学研究所，而北大欲独占所长及图书馆长位置时，不少人坚决反对，主张由柯劭忞或梁启超担纲。④ 其矛头虽然泛指北

---

① 《谁是中国今日的十二个大人物》，《努力周报》第 29 期，1922 年 11 月 19 日。同年 8 月 28 日，胡适在日记中更加突出王国维："现今中国学术界真凋敝零落极了。旧式学者只剩王国维、罗振玉、叶德辉、章炳麟四人；其次则半新半旧的过渡学者，也只有梁启超和我们几个人。内中章炳麟是在学术上已半僵了，罗与叶没有条理系统，只有王国维最有希望。"（中国社会科学院近代史研究所中华民国史研究室编：《胡适的日记》，中华书局香港分局 1985 年，第 440 页）。

② 耿云志、欧阳哲生编：《胡适书信集》上，第 353、356 页。与此相关的还有顾颉刚致函胡适，动议荐王国维入清华研究院之说（顾潮编著：《顾颉刚年谱》，第 101 页）。以顾当时的地位及其与清华的关系，只能是表示态度，难以起到决定性作用。

③ 1925 年 5 月 8 日，梁启超致函蹇念益，说："院事由我提倡，初次成立，我稍松懈，全局立散"（丁文江、赵丰田编：《梁启超年谱长编》，上海人民出版社 1983 年，第 1029 页）。

④ 1926 年 4 月 25 日张星烺来函，陈智超注：《陈垣来往书信集》，第 209 页。此事原拟推王国维为北京大学研究所主任，被王拒绝（吴泽主编，刘寅生、袁英光编：《王国维全集·书信》，中华书局 1984 年，第 393 页）。或以为王所拒之职为北京大学国学所主任，误（袁英光、刘寅生：《王国维年谱长编》，天津人民出版社 1996 年版，第 414 页）。北京大学研究所和清华大学研究院一样，除了国学门、科之外，还拟陆续办社会科学和自然科学门、科。

大,胡适亦为代表人物之一。牟润孙将胡适与其他人相区别,至少在这点上有所出入。

担任清华研究院筹备主任的吴宓,即与胡适结怨甚深。留美期间,美东的中国留学生形成波士顿的哈佛大学和纽约的哥伦比亚大学两个中心,相互鄙视,明争暗斗,双方已成水火之势,决心回国后继续相争,以至分出高下。吴宓所办《学衡》杂志,锋芒所向,主要就是在他看来提倡西方科学,其实不过旁门左道的胡适一派。双方在古音研究、文学标准、上古史及新诗等一系列问题上多次正面冲突,大打笔墨官司。若干年后,胡适听说由吴宓主持的《大公报·文学副刊》被停办,还有些幸灾乐祸:"此是'学衡'一班人的余孽,其实不成个东西。甚至于登载吴宓自己的烂诗,叫人作恶心!"①这在胡适是极少有的失态,可见积怨之深。考虑到梁启超也可能参与筹办清华研究院的酝酿,则胡适被问及,不过是咨询性质。可以证明的只是,胡适对于王国维的确是全力举荐。但即使胡适确实在举荐王国维方面起到关键作用,所荐诸人也不包括陈寅恪。因为要了解这位无学位无著作无名望的"三无"学人,需要通过各种渠道甚至亲身接触,而胡适与陈寅恪二人之间并没有这样的机缘。

剩下的只有吴宓说,较为可信。据《吴宓日记》,1925年2月9日他对校长曹云祥提出委以研究院筹备主任名义,拥有办本部分之事的全权,并负专责,得到允准。2月12日筹备处成立,两天后,吴宓即向校长曹云祥和教务长张彭春提出聘请陈寅恪担任研究院导师,获准。可是次日,因议薪未决,"寅恪事有变化"。2月16日,吴宓与张鑫海一起再见曹云祥,终于谈妥,即时发电聘之。② 1925年4月27日,陈寅恪致函吴宓,告以因"(一)须多购书,(二)家务,不即就聘"。吴叹道:"介绍陈来,费尽气力,而犹迟惑。难哉!"③为此深怪陈"疏脱不清"④。后来再度函劝陈寅恪应聘,始得允诺。吴宓、陈寅恪在哈佛同学时,据说与汤用彤一起,被誉为"哈佛三杰",有了解其学行的条件,

① 《胡适的日记》手稿本,台北远流出版事业股份有限公司1990年版,1933年12月30日。
② 吴宓著,吴学昭整理注释:《吴宓日记》第三册,第4—6页。
③ 吴宓著,吴学昭整理注释:《吴宓日记》第三册,第19页。
④ 吴宓:《致吴芳吉》(1925年5月4日),周光午选辑《吴芳吉先生遗著续篇》,《国风》半月刊第5卷第11、12期合刊,1934年12月。

而且对陈寅恪的学问佩服之至。他后来说:"始宓于民国八年,在美国哈佛大学,得识陈寅恪,当时即惊其博学,而服其卓识。驰书国内诸友,谓'合中西新旧各种学问而统论之,吾必以寅恪为全中国最博学之人'。"①

吴宓说的可信,还在于他道出了能够了解陈寅恪学问功底的重要途径。与之经历、看法相同或相似的,至少还有俞大维、傅斯年、姚从吾等人,均为与陈寅恪同时期留学欧美的高才生。俞大维是陈寅恪的姑表兄,为哈佛研究生院自费生,治学极聪明,据说到院仅两月,即通当时最时新的数理逻辑学,其他各科功课皆优。俞大维对吴宓在师友之间,曾为尚在本科的吴宓单独讲授《西洋哲学史大纲》,并引导其参与社交活动。陈寅恪还在欧洲时,俞大维就向吴宓介绍其"博学与通识,并述其经历。宓深为佩仰"。陈寅恪到美后,又由俞大维为吴宓介见。"以后宓恒往访,聆其谈述,则寅恪不但学问渊博,且深悉中西政治、社会之内幕。"②可见吴宓对陈寅恪的印象,有俞大维先入为主的因素在。此外,北京大学派出留学欧洲的傅斯年、姚从吾(土鳌)等人,对陈寅恪也交口赞誉。

俞大维、傅斯年、姚从吾、吴宓等人当时的学术地位不高,却极为重要。一则由于胡适一派提倡科学方法,使融贯中西的留学生在社会上居于有利位置,姚从吾后来得到陈垣的帮助获取哈佛燕京社资助,便是由于后者看重其学习地道的西方史学方法和以外文专攻蒙古史,可补中国旧学者的不足;二则四人在留学生中均属出类拔萃之辈,如傅斯年,在北大时既是学生中的第一旧学权威,又是新文艺复兴运动的领袖,至少在同辈人中颇有号召力。得到他们的推重,长辈的大师们就容易首肯。陈垣是被欧洲和日本汉学界公认的世界级学者,陈寅恪能够对其力作提出中肯的批评而为专攻同行的姚从吾赞赏,在位居中国学术中心的北京大学当有积极反响。从未踏足国门之外的古史辨派发端者顾颉刚,在姚从吾函发表一个多月后对学生演讲国学大势,区分当时国学研究者为五派,考古学派的代表是罗振玉、王国维,地质学派的代表是丁文江、翁文灏、章鸿钊,学术史派的代表是胡适、章炳麟、梁启超,民俗学派的代表是周

---

① 吴宓:《空轩诗话》,吴宓著,吴学昭整理:《吴宓诗话》,第196页。
② 吴宓著,吴学昭整理:《吴宓自编年谱》,第188页。

作人、常惠,而将陈寅恪和伯希和、斯坦因、罗福成、张星烺、陈垣等中外学人并列为东方古言语学及史学派,依据当来自姚函或其他留德同学的私信。①

此外,极少有音韵学专论的陈寅恪,不仅后来写过《四声三问》、《东晋南朝之吴语》等名篇,还在欧洲留学之际,就发表过关于中国古音的高论。1922年,在巴黎大学治实验发音学的李思纯游柏林,与陈寅恪讨论中国古语无纯粹a音问题,"陈君慨然谓世界古语多a音,中国不能自外。"李"颇承认其言"②。而汪荣宝在北大《国学季刊》载文《歌戈鱼虞模古读考》,以相同结论引起语言学界关于古音学的第一次大辩论,时间尚在一年之后。加上吴宓等人归国后在各院校研究机构担任要职,极力推崇之下,不仅使陈寅恪得以和梁启超、王国维、赵元任等人的身份地位比肩,更造就了顺利发展的环境因素。尽管如此,要说服校方接受没有任何资格证明的陈寅恪,还是让吴宓"费尽气力",则世俗眼光依然起作用。

二、师生名分

陈寅恪后来名震海内,桃李满天下,清华研究院的学生都尊之为师。然而,这只是广义而言。严格说来,依照该院制度,可以说无一人是他的嫡传。

清华研究院"学生研究之方法,略仿昔日书院及英国大学制度,注重个人自修,教授专任指导,分组不以学科,而以教授个人为主"。其课程分普通演讲和专题研究两种,后者为学生专门研究学科,共23类,即经学、小学、中国史、中国文化史、中国上古史、东西交通史、史学研究法、中国人种考、金石学、中国哲学史、儒家哲学、诸子、宋元明学术史、清代学术史、中国佛教史、佛经译本比较研究、中国文学史、中国音韵学、中国方言学、普通语音学、东方语言学、西人之东方学、中国音乐考。"学生报考时,即须认定上列任何一类,为来校后之专门研究,考取入校后,不得将此项范围更改。而本院开学之日,各教授

① 顾颉刚:《与履安信》(1924年7月5日),顾潮编著:《顾颉刚年谱》,第96—97页。
② 李思纯:《读汪荣宝君〈歌戈鱼虞模古读考〉书后》,《学衡》第26期,1924年2月,第2页。

亦将其所担任指导范围公布,于是各学生,于此时期内,与各教授自由谈话,就一己志向、兴趣、学力之所近,于已认定之范围内,择定研究之题目,以为本学年之专门研究"①。考虑到教授与学生的专精和兴趣不免重复,该院章程第六项"研究方法"特规定:"教授所担任指导之学科范围,由各教授自定。俾可出其平生治学之心得,就所最专精之科目,自由划分,不嫌重复;同一科目,尽可有教授数位并任指导,各为主张。学员须自由择定教授一位,专从请业,其有因题目性质,须同时兼受数位教授指导者亦可;但既择定之后,不得更换,以免纷乱。"②由此可见,该院学生在考试前必须确定自己将入哪位或哪几位先生门下受业,以明确师生名分。一旦确定,则一般不能变更。

清华研究院共有教授 4 人、讲师 1 人、助教 3 人,教授和讲师均可以招生。1925 年和 1926 年度,各人所担任的指导学科如下:王国维:经学、小学、上古史、金石学、中国文学;梁启超:诸子、中国佛学史、宋元明学术史、清代学术史、中国文学、中国文学史、中国哲学史、中国史、史学研究法、儒家哲学、东西交通史;赵元任:现代方言学、中国音韵学、普通语言学、中国乐谱乐调、中国现代方言;陈寅恪:年历学,古代碑志与外族有关系者之研究,摩尼教经典回纥译本之研究,佛教经典各种文字译本之比较研究,蒙古、满洲书籍及碑志与历史有关系者之研究;李济:中国人种考。③ 据该院颁布的"选考科目表",报考的专修学科即前述 23 类专题研究,其中经学、小学、中国上古史、金石学为王国维指导,中国音韵学、中国方言学、普通语音学、中国音乐考为赵元任指导,中国人种考为李济指导,佛经译本比较研究、东方语言学、西人之东方学为陈寅恪指导,其余 11 类为梁启超指导。考试门类包括经学甲乙、小学甲乙、中国史甲乙、中国哲学甲乙、中国文学甲乙、普通语音学、声学、数学、心理学、世界史、统计学、人类学、西洋哲学、乐谱知识及英、法、德、日等外国语(其中英、法、德语又各分甲乙)。每位考生所选专修学科,均须包括 6 门考试科目。这些规则,

---

① 《研究院现状》,《清华周刊》第 27 卷第 11 号,1927 年 4 月 29 日,第 498 页。

② 《清华学校研究员章程》,《清华周刊》第 339 期,1925 年 3 月 13 日,第 54—55 页。

③ 《清华周刊》第 351、408 期;《国学论丛》第 1 卷第 1 号,1927 年 6 月。另据《清华周刊》第 352 期《讲师指导范围》,李济的具体指导题目为:"一、北方民族汉代之程序。二、族谱之兴废与人种之变迁。三、各省城墙建筑年月考。四、各省废城考。五、云南人文考。六、中国人之鼻型。七、头形之遗传。八、金之沿革。"

从该院创立直到解散,虽然其间人事变动,却始终没有更改。①

据统计,1925年、1926两年度该院学生所选专修学科范围如下:

年度 选修人数 科目	1925	1926
小学	9	6
中国文学史	1	4
经学	4	3
中国哲学史	1	3
宋元明学术史	2	3
诸子	1	3
中国史	4	2
儒家哲学	2	2
中国上古史	2	2
史学研究法	1	2
中国文化史	1	2
清代学术史	1	1
金石学		1
中国人种考		1
东西交通史	1	1
中国佛教史	1	
目录学		1

以上共17类,与规定科目相比较,其中目录学为后来增设,中国音乐考、中国音韵学、中国方言学、普通语音学、佛经译本比较研究、东方语言学、西人之东方学等7类无人报考,这7类均为赵元任和陈寅恪的指导范围。②

依照规定,每一专修学科应考6门科目,由各科导师预先设定,"考生报

① 《北京清华学校研究院招考学生规程》民国十五年,《清华周刊》第25卷第7号,1926年,第2—4页。

② 《研究院现状》,《清华周刊》第27卷第11号,第498—503页。

考之时,应先自问所拟研究之专题属于本表中某科之范围,即行择定该科,然后应考本表中该科下所指定之六门,决不可倒因为果,妄测各门内容题目之难易,希冀考取,因而改定专研之学科及题目。"尽管院方特意声明:"实则分配均匀,各门之难易皆相等",但考生的知识结构毕竟受时代局限,不得不有所权衡取舍。该院1925年、1926年度共录取学生60人(含备取6人),以教育出身计(不含1926年度备取生4人),从私人受业者15人,东南大学毕业8人,北京大学3人,北京师范大学、上海南方大学、山西大学、无锡国学专学馆各2人,南开大学、上海国民大学、湖南群治大学、南京高师、成都高师、湖南高师、两湖师范、直隶高师、武昌师大、湖南省一师、河南公立初级师范、东京成城中学、奉天公立文学专门学校、北京通才商业专门学校、天津公立工业专门学校、湖南私立达材法政专门学校各1人,无校籍7人。① 以职业及学历论(含1926年度备取生),中学校长2人,中学教员27人,家庭教师3人,教育局长及职员2人,小学校长1人,劝学所长1人,图书管理人员2人,报馆杂志编辑2人,政界1人,大学高师毕业5人,大学专门肄业11人,师范毕业1人,清华学校毕业3人。②

应考者中不少人的外语程度不高。在全部23类专修学科中,须考试外语的共10类,其中佛经译本比较研究、东方语言学要求4门外语,东西交通史、西人之东方学3门,中国人种考、中国音韵学、中国方言学、普通语音学2门,中国佛教史、中国音乐考1门。1925年、1926年两年间,上述各门只有东西交通史每年录取1人,中国佛教史1925年度录取1人,中国人种考1926年度录取1人,其余均空缺。陈寅恪担任的3门专修学科,两门要求考4门外语,1门要求考3门外语,尽管校方规定一种外语的甲乙算两门,但对于当时的考生,会两种以上外语者已是凤毛麟角,懂外语而欲其有兴趣学治国学,更加难得。

陈寅恪虽于1925年2月即由清华研究院决定聘请,6月复函同意应聘,

① 《民十五录取研究院新生省籍表》,《民十五录取研究院新生母校表》,《清华周刊》第27卷第11号,第608—609页。其中1925年度录取的杨鸿烈因经济困难当年未入学,1926年度入学,计算时实际重复1人。
② 《研究院纪事》,《国学论丛》第1卷第1号,第293页。

明春到校,实际上迟至 1926 年 7 月 8 日才到任。其羁留欧洲,一为购书,一因家务。早在 1923 年,陈寅恪在《与妹书》中就表示:"因我现必需之书甚多,总价约万金,最要者,即西藏文正续藏两部及日本印中文正续大藏,其他零星字典及西洋类书百种而已。若不得之,则不能求学。我之久在外国,一半因外国图书馆藏有此项书籍,一归中国,非但不能再研究,并将初着手之学亦弃之矣。我现甚欲筹得一宗巨款购书,购就即归国。此款此时何能得,只可空想,岂不可怜。"①可是这一愿望两年后仍然未能实现。

陈寅恪到校的前 13 天,该院第一届学生已经举行了毕业典礼。其中有 15 人根据章程规定,申请留校继续研究一年,获得批准,但后来实际注册者仅 7 人。这一届毕业生共 29 人,除继续留校的 7 人,其余 22 人连陈寅恪的课也没有听过。1926 年 8 月研究院议决录取新生,本年度正考、补考、连同上届未入学者,共有新生 29 人。陈寅恪虽于 7 月归国到校,但该院新生招考于 5 月已经进行,据选定科目,仍然无人投考其门下。不过,陈寅恪在清华研究院还担任普通演讲课程,先开设"西人之东方学之目录学",1927 年后又加授"梵文"一科。此类课程"所讲或为国学根柢之经史小学,或治学方法,或本人专门研究之心得"。清华研究院开始规定,所有普通演讲课程,"凡本院学员,均须到场听受"。后来门类增多,改成"为本院学生之所必修,每人至少选修四门。由教授择定题目,规定时间,每星期演讲一次或两次。范围较广,注重于国学上之基本知识。"②该院的普通演讲先后开过 9 门,至少部分学生选修了陈寅恪的课程。

1927 年 6 月 2 日,王国维自沉于昆明湖,这时当年的招考章程已经颁布。上届学生除 人中途退学,一人后来补齐成绩外,合格毕业者 30 人,其中 11 人申请留校继续研究。8 月初,在陈寅恪缺席的情况下,该院教务会议决定录取新生 11 人,加上 1925 年、1926 年录取而未入学的 2 人,以及留校生,共有学生 24 人。本来以王国维名义招入的学生,不得不改由他人分担指导,或改换研究题目。同时,该院将第一年毕业的王国维弟子余永梁聘为助教,以继承王

---

① 陈寅恪:《与妹书》,陈美延编:《陈寅恪集·金明馆丛稿二编》,第 355—356 页。
② 《研究院纪事》,《国学论丛》第 1 卷第 1 号,第 291—301 页。

的甲骨文、钟鼎文绝学,并添聘通信指导员和讲师。

不过,王国维的缺阵引起研究院学术权威地位的动摇,不是轻易能够补救。加上梁启超长期因病不能到校上课,师资分量明显减弱。1927年10—11月,遂发生因要求添聘教授而起的风潮。尽管此事背后另有权力斗争的伏线,最终迫使校长曹云祥和发难的大学部教授朱君毅(教育系主任,吴宓的挚友,后到厦门大学任教)、研究院学生王省等辞职、退学,但增聘教授以巩固权威声誉之事也不得不加紧进行。关于人选,梁启超考虑过章太炎、罗振玉和张尔田,前者创建时即已提出而遭拒绝,后梁启超"曾以私人资格托友人往询,章以老病且耳聋辞,不愿北来。"以后该院虽"决拟聘章太炎为教授",①但考虑到校评议会不能通过,没有提出,并委托陈寅恪于赴沪途经天津时向梁启超说明及互商办法。直到1928年度的新生招考,该院仍继续沿用原有规程。评议会虽议决范围应缩小,应就教师所愿担任指导之范围招生,各科人数亦应酌情限制,但选考科目一切照旧,只是命题方面,过去由王国维担任的部分改由梁启超负责。

是年该院有毕业生22人,其中10人留校继续研究,另招新生3人。由于王故梁去(梁启超于1928年6月辞去清华一切职务),而赵元任"担任功课极少(新旧制均无课,仅每周研究院演讲吴语一小时)"②,陈寅恪不得不担起重任,无论是否正式弟子,也要负指导之责。加上该院规定,同一科目,教授可以分任而主张不同,学生也可由几位教师同时指导,而陈寅恪博通古今中外,尤其对魏晋至明清的历史研究极深,虽因选科太专、考项太难而无人敢于报考,进院后的学生却时有请益。如陈守实研究明史,为梁启超弟子,却对陈寅恪钦

① 陈守实:《学术日录[选载]·记梁启超、陈寅恪诸师事》1928年2月8日、22日,《中国文化研究集刊》第1辑,第425页;刘桂生、欧阳军喜:《陈寅恪先生编年事辑补》,王永兴编:《纪念陈寅恪先生百年诞辰学术论文集》,第433页。据吴其昌《梁任公先生晚年言行记》:梁"命其昌辈推举良师,其昌代达诸同学意,推章太炎先生、罗叔言(振玉)先生。先师欢然曰:'二公,皆吾之好友也。'……其昌因奉校命,北走大连,谒罗先生于鲁诗堂,南走沪,谒章先生于同孚里第。""初时罗章二先生均有允意,章先生拈其稀疏之须而笑:'任公尚念我乎!'且有亲笔函至浙报'可'。然后皆不果。罗先生致余书,自比于'爱君入海',章先生致余书,有'衰年怀土'之语。"(《子馨文在》第3卷《思桥集》,沈云龙编:《中国近代史料丛刊》续编第81辑之808,台,文海出版社1981年影印,第449—450页)

② 《行有余力,则以学琴》,《清华周刊》第28卷第3号,1927年,第169页。

佩之至。有的则受其影响调整研究领域,如吴其昌在院三年,随梁启超研究宋代学术史,后在该院所办《国学论丛》第 2 卷第 1 号发表《殷周之际年历推证》,又著《金文历朔疏证》,当与这时已代生病的梁启超主持该论丛的陈寅恪有关。研究院结束后,陈寅恪还向陈垣力荐吴其昌。[①] 所以,1928 年 6 月以后留院的学生,无论是否陈氏门下,都受过其教益。但从各人的选题及后来的研究方向看,仍然无人直接投考陈门。学术界公认可能继承其衣钵者,都是研究院以后的学生。

三、讲学与研究

陈寅恪被誉为教授的教授,当在清华研究院结束之后。在此期间,他的学问虽好,名气却不够大。而一般人恰好是根据名气而非学问来衡量学者的地位,学术界也鲜有例外。

清华研究院所出各种文书,导师的排名一般是王国维、梁启超、赵元任、陈寅恪。据说王国维位居首席是由于梁启超的谦让与推崇,吴其昌回忆道:"先生之齿,实长于观堂先师,褒然为全院祭酒。然事无钜细,悉自处于观堂师之下。"[②]而陈寅恪屈居末席,则并非由于他到校最晚。陈的辈分较梁启超、王国维低,称梁为"世丈"。他所担任的指导科目,固然无人报考,就连主讲的两门普通演讲课程,能够心领神会者也是寥寥无几。牟润孙这样描述道:"当时梁启超名气很高,许多学生都争先恐后围绕着他。梁很会讲书,才气纵横,讲书时感情奔放,十分动人。王国维的研究工作,虽然作的很笃实,但拙于言词,尤

---

① 1929 年 9 月 13 日陈寅恪来函,《陈垣来往书信集》,第 373 页。钱穆 1953 年致函徐复观称:"昔在北平吴其昌初造《金文历朔疏证》,惟陈寅恪能见其蔽,而陈君深藏,不肯轻道人短长,因此与董君同事如此之久,而终无一言相规,则安贵有贤师友矣!所谓老马识途,贵在告人此路不通,则省却许多闲气力。胡氏之害在意见,傅氏之害在途辙,别有一种假痴聋人,亦不得辞后世之咎耳。"(《钱宾四先生全集》第 53 册,第 331 页)。实则陈寅恪教人与否,也要看是否受教。后来钱穆遇到不受教者,同样采取放任其流的态度。

② 吴其昌:《梁任公先生晚年言行记》,《子馨文在》第 3 卷《思桥集》,沈云龙编:《中国近代史料丛刊》续编第 81 辑之 808,第 449—450 页。

其不善于讲书。在研究院中讲授《说文》和《三礼》，坐在讲堂上，神气木讷，丝毫不见精采。……一般研究生对他并不欣赏，很怕听他的课。""另一位导师陈寅恪，刚从国外回来，名气不高，学生根本不知道他学贯中西，也不去注意他。陈在清华大学讲书，专讲个人研究心得，繁复的考据、细密的分析，也使人昏昏欲睡，兴味索然。所以真正能接受他的学问的人，寥寥可数。……王、陈二人既然门可罗雀，在研究院中日常陪着他们的只有两位助教"。据牟润孙分析："总起来看，梁、王都在研究院中有影响，而陈则几乎可以说没有。推想起来，大约由于那时陈讲的是年代学（历法）、边疆民族历史语言（蒙文、藏文）以及西夏文、梵文的研究，太冷僻了，很少人能接受。"①此话前半未必尽然，后半却不无道理。

陈寅恪在清华研究院所讲西人之东方学之目录学和梵文（1928年度改讲梵文文法和唯识二十论校读），前者"先就佛经一部讲起，又拟得便兼述西人治希腊、拉丁文之方法途径，以为中国人治古学之比较参证"②，学生的普遍感觉是听不懂。姜亮夫回忆道："陈寅恪先生广博深邃的学问使我一辈子也摸探不着他的底。他的最大特点：每一种研究都有思想作指导。听他的课，要结合若干篇文章后才悟到他对这一类问题的思想。……听寅恪先生上课，我不由自愧外国文学得太差。他引的印度文、巴利文及许许多多奇怪的字，我都不懂，就是英文、法文，我的根底也差。所以听寅恪先生的课，我感到非常苦恼。"陈的梵文课以《金刚经》为教材，用十几种语言比较分析中文本翻译的正误。学生们问题成堆，但要发问，几乎每个字都要问。否则包括课后借助参考书，最多也只能听懂三成。③ 蓝文征也说："陈先生演讲，同学显得程度很不够。他所会业已死了的文字，拉丁文不必讲，如梵文、巴利文、满文、蒙文、藏文、突厥文、西夏文及中波斯文非常之多，至于英法德俄日希腊诸国文更不用说，甚至连匈牙利的马札尔文也懂。上课时，我们常常听不懂，他一写，哦！才

① 牟润孙：《清华国学研究院》，《大公报》（香港）1977年2月23日。
② 《教授来校》，第24卷第10号，第19页。汪荣祖《陈寅恪评传》称其在清华研究院首开课程为佛经翻译文学，实则该课程为清华大学时期所开设。
③ 姜亮夫：《忆清华国学研究院》，王元化主编：《学术集林》第1卷，远东出版社1994年版，第237—239页。

知道那是德文,那是俄文,那是梵文,但要问其音,叩其义,方始完全了解。"①对于这些不解其意的课,学生叹服其高深而不免盲目,说是敬畏较佩服更加妥帖。

一般而论,清华研究院学生的程度已经高于一般本科生。该院入学考试在当时出名的极难,以由补考资格录取入学的姜亮夫所考内容为例,总共分为三部,第一部普通国学,以问答形式,不限范围,包括十八罗汉的名字、二十几个边疆地名及汉语言学、哲学思想史等。第二部作文,由梁启超出题《试述蜀学》,另有王国维所出有关小学的题目。第三部才是正式选考的 6 门课。② 但学术毕竟有境界高下,对于他们,高深的学问仍有待于发蒙。据姜亮夫说,该院几位先生的课,除陈寅恪的听不懂外,对李济的考古学也不喜欢听,以致后来十分懊悔,发备出国补学;对王国维的课则要到毕业出来教书研究后才越来越感到帮助很大;而当时"最受益的是梁任公先生课";从赵元任处"也得益匪浅"。梁启超的普通演讲为儒家哲学和历史研究法,一度为适应形势需要,还改讲《从历史到现实问题》第 1 至第 5 讲《经济制度改革新问题》;赵元任所讲为音韵练习,均属于基础性质,而王国维、陈寅恪的讲授则很专深。以学生程度论,接受梁启超、赵元任的表浅之新较领悟王国维、陈寅恪的不着痕迹之新要容易得多。所以,他们印象最深的是梁启超的辨伪及其经常运用当代日、美、英等国人士关于各种问题的见解,和赵元任所讲描述语言学与传统的声韵学考古学(包括古书古史古文字古器物等)的差异极大。

梁启超的名气大于学问,当时即成公论。对其学问,功力越深者评价似越有保留。他在研究院多次对学生讲演,吴宓听其讲"指导之范围及选择题目之方法"后,觉得"语多浮泛,且多媚态,名士每不免也"。③ 梁启超在清华讲演"王阳明知行合一之教",研究院、大学部和旧制学生纷纷前往听讲,反应相当热烈。④ 但讲辞在《国学论丛》创刊号发表后,日本京都大学的仓石武四郎在《支那学》第 4 卷第 3 号(1927 年 10 月)撰文评介《国学论丛》,对其中刊载

① 陈哲三:《陈寅恪先生轶事及其著作》,《传纪文学》第 16 卷第 3 期,第 58 页。

② 《研究院学生招考规程》,《清华周刊》第 441 期,1928 年 5 月 18 日。

③ 吴宓著,吴学昭整理注释:《吴宓日记》第三册,第 72 页。吴宓对于该院事务,相比之下与梁启超的共识反而较多。

④ 齐家莹编撰,孙敦恒审校:《清华人文学科年谱》,第 43 页。

的研究生论文颇有好评,唯独对卷首梁启超的文章相当不满,认为梁以通俗演讲聊为应付,应予整顿。这一点梁启超本人也有相当的自觉,坦承"启超务广而荒,每一学稍涉其樊,便加论列;故其所述著,多模糊影响笼统之谈,甚者纯然错误",并以此留作爱女箴言:"吾学病爱博,是用浅且芜,尤病在无恒,有获旋失诸。百凡可效我,此二无我如。"①

不过,梁启超又有自己的特长,一则博学,虽不深通,已强过一般学人;二则气量宽洪,能容人;三则有号召力和影响力;四则有学问的品位和鉴赏力,虽做不出,却看得出。他向研究院学生推崇王国维道:"教授方面,以王静安先生为最难得。其专精之学,在今日几称绝学,而其所谦称为未尝研究者,亦且高我十倍。我于学问未尝有一精深之研究,盖门类过多,时间又少故也。王先生则不然。先生方面亦不少,但时间则较我为多,加以脑筋灵敏,精神忠实,方法精明,而一方面自己又极谦虚,此诚国内有数之学者。故我个人亦深以得与先生共处为幸,尤愿诸君向学亲师,勿失此机会也。"对于辈分较晚的陈寅恪也表示钦佩,告诫研究生选题切忌空泛过大,"与其大而难成,孰若其小而能精。……例如陈先生寅恪所示古代碑志与外族有关系者之类,此种题目虽小,但对于内容非完全了解,将其各种隐僻材料,搜捡靡遗,固不易下手也。"②"陈先生的题目,比较明了,我自己的题目,最是宽泛。"③这些问题,与胡适颇为近似。其学问在研究方面略显浅薄,教学上已经足用,尤其适合有待于循序渐进的半桶水学生,因而启发甚大。待到后者进入各自专业的高深境界,梁启超的影响力便日益减弱。所以,梁启超是蒙师而非导师,能提倡而鲜创造。

赵元任在研究院乃至整个清华大学的形象可谓众说纷纭。他在《清华周刊》上的出镜率甚高,但事由多与学术无关,"功课极少,晷刻甚多",人称"吴语"教授。因闲暇无事,集合师生组织一琴韵歌声会。校刊报道说:"先生学问渊博,名震中西,对于语言学一门,尤多研究,既善论理堂上催眠,复精小桥

---

① 梁启超:《清代学术概论》,朱维铮校注:《梁启超论清学史二种》,复旦大学出版社1985年版,第73页。对于梁启超学问的粗浅博杂,胡适、周善培、容肇祖等人均有所议论。
② 《梁任公教授谈话记》,《清华周刊》第24卷第3号,1925年9月20日,第100—102页。
③ 梁任公讲,周传儒记:《指导之方针及选择研究题目之商榷(续)》,《清华周刊》第24卷第5号,1925年10月9日,第1页。

食社调味,巧手操琴,莺歌唱谱,是以耳目口鼻,皆能不忘先生。"①很有些调侃意味。赵元任是语言天才,任教哈佛的资历早于陈寅恪,所以开始地位还在后者之上。但胡适后来的评价是:"元任是稀有的奇才,只因兴致太杂,用力太分,故成就不如当年朋友的期望。"②赵元任为人有些怪异,与之大同乡的陈守实说:"此人无学问而滥竽院中",或许是气话。该院师生为王国维募捐修建纪念坊,各人均认捐,而赵元任分文不予,不免令后辈动气。

陈寅恪在清华研究院讲授和指导的科目,均为地道的欧洲东方学。由于胡适等人的倡导,整理国故风行科学主义,所谓国学,其实有一西方汉学的影子在。可是真正的科学方法,非长期艰苦学习不易获得。陈寅恪讲课的反响,显示了中国学术界主张与实际的巨大反差。对此,他不得不酌情加以调整。1926 年底,陈寅恪被聘为北京大学研究所国学门导师,1928 年春,北大请其兼任佛经翻译文学课程,秋季又改为蒙古源流研究。前者"因为同学中没有一个学过梵文的,最后只能得到一点求法翻经的常识,深一层了解没有人达到"。后者因部分学生对元史有所准备,尚能应付。③ 清华研究院结束后,陈寅恪在清华大学的文史两系任教,所讲课程已较研究院时期降低难度,学生仍然不能适应。1934 年,该校文学院代院长蒋廷黻总结历史系近三年概况时说:"国史高级课程中,以陈寅恪教授所担任者最重要。三年以前,陈教授在本系所授课程多向极专门者,如蒙古史料、唐代西北石刻等,因学生程度不足,颇难引进。近年继续更改,现分二级,第一级有晋南北朝及隋唐史,第二级有晋南北朝史专题研究及隋唐史专门研究。第一级之二门系普通断代史性质,以整个一个时代为对象;第二级之二门系 Seminar 性质,以图引导学生用新史料或新方法来修改或补充旧史。"④可见其调整课程实有将就学生程度的不

---

① 《欢送赵元任先生》,《清华周刊》第 28 卷第 4 号,1927 年 10 月 14 日,第 216 页。赵妻杨步伟与人合作开一小食店,原拟自用,后学生要求搭伙,颇受欢迎。参见杨步伟《杂记赵家》,辽宁教育出版社 1998 年版,第 55—58 页。

② 《胡适的日记》手稿本,1939 年 9 月 22 日。

③ 劳干:《忆陈寅恪先生》,《传记文学》第 17 卷第 3 期,第 31—33 页。

④ 刘桂生、欧阳军喜:《陈寅恪先生编年事辑补》,王永兴编:《纪念陈寅恪先生百年诞辰学术论文集》,第 436 页。其在中文系所开课程为佛经翻译文学、敦煌小说选读、世说新语研究、唐诗校释等。

得已的苦衷。

清华研究院时代,恰值中国政局发生翻天覆地的大动荡,青年学生倍受时局刺激,难以安心学业。吴宓抱怨道:"此间一二优秀学生,如张荫麟、陈铨等,亦皆不愿习文史之学,而欲习所谓实际有用之学科,以从事于爱国运动,服务社会。"①国学院的研究生虽然被一般学生视为老先生,也难免世风熏染。梁启超说该院有共产党两人、国民党七八人,国家主义青年团也将研究院学生列为运动对象,周传儒、方壮猷等还想组织一精神最紧密的团体,一面讲学,一面作政治运动。② 这在主张学术自由、人格独立的陈寅恪当不以为然。此外,清华相对于北大独树一帜的学风,因其严谨而令学子们难以坚守。加上梁启超对于疑古辨伪颇有共鸣,后学者又因古史辨派的轰动效应群起附和,部分学生与外校学生共组述学社,反对信古媚古,有的甚至同时又将成绩提交北大国学门,以致院方不得不明令禁止,要求必须作出取舍。③ 政治与学风交相作用的浮躁心情,也影响了在一般同学看来已是兄长甚至叔叔辈的研究生们潜心向学。对于陈寅恪异于传统取径的专深学问,更加难以引起兴趣和共鸣。

陈寅恪一生治学,虽然文史兼修,而重在治史,语言方面的训练,在他只是工具。研究院学生及时人震慑于此,可谓本末倒置。早在 1923 年,他在致妹书中就说:"我今学藏文甚有兴趣,因藏文与中文系同一系文字,如梵文之与希腊拉丁及英俄德法等之同属一系。以此之故,音韵训诂上,大有发明。因藏文数千年用梵音字母拼写,其变迁源流,较中文为明显。如以西洋语言科学之法,为中藏文比较之学,则成效当较乾嘉诸老,更上一层。然此非我所注意也。我所注意者有二:一历史。(唐史、西夏)西藏(即吐蕃)藏文之关系不待言。一佛教。"也就是说,语言是研究历史和佛教的辅助准备而已。后来他基本放弃语言学关系较重的研究,实在因为条件有限,而其治学又不甘为牛后。欧洲汉学界中,会十几种语言文字的人并非屈指可数。巴黎学派正统领袖沙畹的高足、曾参与厦门大学国学院筹备事宜的法国学者戴密微(Paul Demieville),

---

① 吴宓著,吴学昭整理注释:《吴宓日记》第三册,第 53—54 页。
② 丁文江、赵丰田编:《梁启超年谱长编》,第 1118、1129 页。
③ 刘桂生、欧阳军喜:《陈寅恪先生编年事辑补》,王永兴编:《纪念陈寅恪先生百年诞辰学术论文集》,第 433 页。

就"通十数国言文,而习中国书已十载。"①

不过,如果将陈寅恪致妹书作为其一生治学的纲要,历史一面不当囿于中古。陈寅恪所处时代,虽然清代学术分途的风气逐渐盛行,仍以通人为高明,不取分科过细的专家路线,而且陈寅恪志向高远,抱负极大,读完书再做学问,尽量扩充工具。他推崇宋代史学,除别有深意外,要在宏通与专精相通相济,决非一般人以为的撰述通史之类。关于中国历史,陈寅恪认为上古史证据少,只能猜来猜去,图画鬼物,难以定论。② 他自称"不敢观三代两汉之书,而喜谈中古以降民族文化之史"③,原因主要在于此。至于近代史,虽然材料多,搜集不难,却不易得其全。不过,陈寅恪对于明清以降的近代史,很早就予以关注。在清华研究院的指导学科,已包含满洲书籍及碑志与历史有关系者。1926年担任北大研究所国学门导师,提出四项研究题目,由本科三年级以上学生选修,分别为:1.长庆唐蕃会盟碑藏文之研究(吐蕃古文)。2.鸠摩罗什之研究(龟兹古语)。3.中国古代天文星历诸问题之研究。4.搜集满洲文学史材料。④ 原来随梁启超研究明史的陈守实,毕业后到天津南开中学高中部任国文教员,常回校向"寅恪师"请益,"谈明清掌故颇久。师谙各国文字,而于旧籍亦翻检甚勤,淹博为近日学术界上首屈一指之人物。"陈寅恪指出《清史稿》诸多弊病,所论涉及外交档案、外人著述、军事情报、内阁档案等,无一不是当时研究清史的大道要津。他搜集满洲文学史料,正是准备编写满洲《艺文志》。

1927年冬,恰好有由李盛铎保存的七千麻袋内阁档案因存放困难急于出售,陈寅恪闻讯,认为"内阁档案,有明一代史料及清初明清交涉档案,极为重要,……研究院如能扩充,则此大宗史料,实可购而整理之"⑤。这些档案,原

---

① 缪子才:《送戴密微教授归省序》,《厦大周刊》第152期,1926年5月29日,第5页。

② 杨联陞:《陈寅恪先生隋唐史第一讲笔记》,《传记文学》第16卷第3期,1970年3月,第56页。

③ 陈寅恪:《陈垣元西域人华化考序》,陈美延编:《陈寅恪集·金明馆丛稿二编》,第270页。

④ 《研究所国学门通告》,《北京大学日刊》第2000号,1926年12月8日,第2版。该通告写于12月2日,则陈寅恪担任北京大学国学门导师的时间较以前所说为早。

⑤ 陈守实:《学术日录[选载]·记梁启超、陈寅恪诸师事》,《中国文化研究集刊》第1辑,第422—423页。

为清内阁大库所存,宣统年间,装成八千麻袋移置国子监,民初以烂字纸低价出售给商人作造纸材料。除北大得一小部分外,罗振玉以三倍价将其余七千麻袋购回,继因财力不足,拟转售外人。李盛铎急以一万八千元(一说一万六千元)买回,月出 30 元租一房贮存。因其无暇整理,而所租房屋上雨旁风,欲再度出售,索价两万。先此,罗振玉将这些档案整理了两册,刊于东方学会,"即为日本、法国学者所深羡,其价值重大可想也。"日本满铁公司闻讯,即与李氏订立买约。马衡等人听说后大闹,不使出境,并请傅斯年等设法。因款项不易筹措,未果。清华研究院原来全年预算共 5 万元,王国维去世后,压缩一半,也无法购置。此后又有燕京大学购买之说。

对于内阁大库文书的去向,陈寅恪一直密切关注,1928 年 9 月,他和胡适、傅斯年等人谈及,认为如果任其失落,实为文化学术上的大损失,不仅明史、清史恐因而搁笔,而且有损国家荣誉。① 1928 年 10 月,中研院史语所成立于广州,陈寅恪即被聘请为研究员,以秘书代行所长职务的傅斯年希望他就近在北京负责整理内阁大库档案。② 多方努力之下,后来这批档案终于由傅斯年转请蔡元培以 2 万元购回,存于中央研究院历史语言研究所,成为研究清史的重要文献。陈寅恪所属史语所第一组的研究标准是,以商周遗物,甲骨、金石、陶瓦等,为研究上古史对象;以敦煌材料及其他中亚近年出现的材料,为研究中古史对象;以内阁大库档案,为研究近代史对象。第一项分别由傅斯年、丁山、容庚、徐中舒负责,第二项由陈垣负责,陈寅恪本人负责第三项,即整理明清两代内阁大库档案史料,政治、军事、典制搜集。③ 由此可见,至少从清华研究院时期起,陈寅恪的研究重心之一,已经开始转向明清史,并负责整理内阁档案。只是开始仍然偏重倚靠异族域外语言的民族文化关系一面,所以个人研究项目为考定蒙古源流、及校勘梵番汉经论。

陈寅恪在《冯友兰中国哲学史下册审查报告》中表示"平生为不古不今之

① 1928 年 9 月 11 日《傅斯年致蔡元培函》,高平叔编:《蔡元培全集》第 5 卷,第 286 页。
② 王汎森、杜正胜编:《傅斯年文物资料选辑》,第 64—65 页。陈寅恪于 1929 年正式应聘。
③ 蔡元培:《中央研究院过去工作之回顾与今后努力之标准》,高平叔编:《蔡元培全集》第 5 卷,第 371 页;蔡元培:《三十五年来中国之新文化》,高平叔编:《蔡元培全集》第 6 卷,第 85 页。

学",或以为"不古不今"指国史中古一段,①与其内心追求不相吻合。陈寅恪因家世关系回避晚清史可以理解,但志在宋代史学的通达,必不肯自囿于所谓中古一段。综观其一生治学,上自魏晋,下迄明清,均有极其深入而影响重大的成就。即使对先秦两汉和晚清史,虽然鲜有专文,但偶尔涉及的二三论断,较一般专门研究者的深入程度尤胜一筹,如对先秦各家影响社会的作用分析、晚清变法派不同之二源、梁启超不能绝缘于腐恶政治的原因理解等。《寒柳堂记梦》论述晚清史实,更有入木三分的功力。深入理解其关于清流浊流的冷静分析,大概不会产生陈对张之洞情有独钟的误解。可见陈寅恪此时亦能在晚清史解释今典,一展其同情式以诗证史的绝技。

陈寅恪晚年治史由中古转向明清,方法又由外族语言转向本位汉语,都有其前因与必然。没有这种站在本来民族地位上对外来学说尽力吸收后对于传统和西学的超越,其自成系统、有所创获的治学方法就难以完善,近代中国史学就无法在宋代的高峰之后再创新高,进而与国际学术巨匠引导的主流并驾齐驱,甚至驾而上之。对于陈寅恪晚年转向的误解,受影响的决不仅仅是具体个人评价的增减高下,而是对民族文化命脉与价值的理解。就此而论,清华研究院时期不仅展示了陈寅恪的学术文化抱负,也显示其一生学问的大体和脉络。他与该院其余几位教授及讲师关系的疏密和学行的异同,则在一定程度上浓缩了那一时代国学界的共相与变相。

① 汪荣祖:《陈寅恪评传》,第 81 页。

陈寅恪与留欧前后傅斯年的学术变化

在新思潮的鼓舞下满心向往融入世界潮流的傅斯年,赴欧洲前后,经历了读西书与留西学的不同阶段。学习环境的变化,所产生的不仅是眼界的放大和知识的扩充,同时也出现态度的变更甚至立场的转移。另外,在留学的选择从清季以日本为主转向民初以欧美为主的时势中,傅斯年与陈寅恪都认为求学问与求学位不同,求学问应去欧洲,对于时髦青年纷纷去美国求学位不以为然。傅斯年没有到过美国,陈寅恪虽然一度远赴太平洋彼岸,可是对于包括哈佛大学在内的美东学术环境印象不佳。傅、陈二人相识于欧洲,彼此论学,从后来的著述言论看,常有许多相近相同的见解。

因为同是民国学术界屈指可数的人物,关于傅斯年与陈寅恪的关系,学界与坊间多有探究演绎,其学术主张的异同,自然也在关注之列。两人学术上的种种近似,当然不乏英雄所见略同的情形,但也存在相互影响的可能性。至于究竟哪一方占据主导,或者说究竟谁影响谁的问题,因为彼此都缄口不言,又少见相关记述,难以征实,因而大多茫然不觉,不以为是问题;或虽然有所察觉,限于材料不足征,只好存而不论。间有心生疑惑者,私下谈及之外,也不便贸然揣测。此事若是执着于实事求是的一般套路,大概很难做到信而有征的程度,必须前后左右,以实证虚,才能看出端倪。从留欧前后傅斯年学术观念的变化,或许可以探查两人学术关系究竟哪一方占据主动的蛛丝马迹,进而窥知可能与大体。

一、留学:前后迥异

经历了晚清中西学的乾坤颠倒,民初教育界学术界的时趋已经是以西为准为尊为优,趋新人物大多拿着西学的尺子裁量中国,寻找落后的原因症结,凡是人有我无的都要有,凡是人无我有的都欲去之而后快,凡是人我共有但形实不同的都要加以改造,恨不能与心中的"西方"整齐划一,觉得非如此不能拯救和振兴中国。留学欧洲之前,就读于北京大学的傅斯年显然是一位好弄"新潮"的"新青年",其所追逐的新潮,其实就是西潮,凡事皆向西看齐,学术判断自然不能例外。

可是,这时傅斯年所认为的西化标准,大体来自中国人的西学介绍宣传(包括学校的正式教学)以及直接阅读西书。其中的许多理念,虽然至今仍被普遍奉为毋庸置疑的信条,实际上潜藏着认识危机:一是诸如此类的解读是否符合西人的本意,是否或多大程度上存在误会曲解;二是即使符合原意,是否为一般通则,抑或不过是个别具体的说法;当然,更为重要的是,这些因人而异的看法乃至一般适合"西方"的原则,是否就是放之四海而皆准的普遍通则,是否适合中国的情势。这三方面,没有留学机缘的国人可能不易加以验证,或是虽然可以根据后来不断接受的新信息有所调整,仍然很难胸有成竹地予以确认。即便留学者,如果顶礼膜拜地一心求法,也未必会心生疑惑。但是,对于有心求证者而言,随时都会对原来奉为公理的信条进行检验,从而不断调整修正原以为天经地义的观念。傅斯年显然属于这一类有心之人。

留学前后两相比较,傅斯年的学术观念最为显著的变化至少表现在五个方面:其一,分科治学的意义;其二,中国有无哲学及其作用;其三,汉语言文字的功能和命运;其四,对于宋代学术的评估。仔细考察,留学前后傅斯年在这四个方面的认识,几乎可以说是截然相反。另外还有一个显著变化,已有学人留意,即原来傅斯年颇信疑古之说,此后则由疑转信。王汎森《傅斯年对胡适文史观点的影响》一文指出:留欧后期,傅斯年对于古史信多于疑,虽然还处处流露出晚清今文家疑伪的口气,态度已大大不同,对于《左传》等书虽然仍有所保留,基本上已信过于疑了。而且觉得古文家伪造的许多东西必有很长的渊源,不可能只是顺应政治需求而造出。① 继而陈以爱《从疑古到重建的现

① 王汎森:《中国近代思想与学术的系谱》,长春,吉林出版集团有限责任公司 2011 年,第 327—328 页。

代中国史学——以王国维对傅斯年的影响为中心》,进一步指出傅斯年古史观的转变发生于 1923 年至 1924 年之间,并且围绕王国维的作用,仔细梳理了各种相关的人事因缘和影响。① 本文草就数年,虽然陆续和一些弟子同好谈过,却始终有些忐忑,直到 2011 年看了陈以爱的论文,才自觉大体不错,不至于诛心之论。相关问题后续各节将着重讨论。

关于分科与科学及科学方法。与今日人们自以为是的不言而喻有别,清季以来,科学的重要含义之一,便是分科治学。在中西学乾坤颠倒的语境之下,分科被视为科学的基本形式或载体。1918 年 4 月,傅斯年在《新青年》第 4 卷第 4 号撰文批评"中国学术思想界之基本误谬",开宗明义地提出:

> 中国学术,以学为单位者至少,以人为单位者转多,前者谓之科学,后者谓之家学;家学者,所以学人,非所以学学也。历来号称学派者,无虑数百,其名其实,皆以人为基本,绝少以学科之分别,而分宗派者。纵有以学科不同而立宗派,犹是以人为本,以学隶之。未尝以学为本,以人隶之。弟子之于师,私淑者之于前修,必尽其师或前修之所学,求其具体。师所不学,弟子亦不学;师学数科,弟子亦学数科;师学文学,则但就师所习之文学而学之,师外之文学不学也;师学玄学,则但就师所习之玄学而学之,师外之玄学不学也。无论何种学派,数传之后,必至黯然寡色,枯槁以死;诚以人为单位之学术,人存学举,人亡学息,万不能孳衍发展,求其进步。学术所以能致其深微者,端在分疆之清;分疆严明,然后造诣有独至。西洋近代学术,全以学科为单位,苟中国人本其"学人"之成心以习之,必若枘凿之不相容也。

遵循学应分科的理念,傅斯年进而批评"中国学人每不解计学上分工原理'各思以其道易天下'","其才气大者,不知生有涯而知无涯,以为举天下之学术,皆吾分内所应知,'一事不知,以为深耻'。所学之范围愈广,所肄之程度愈薄,求与日月合其明,其结果乃不能与烛火争光。清代学者,每有此妄作。惠栋、钱大昕诸人,造诣所及,诚不能泯灭;独其无书不读,无学不肄,真无意识

---

① 该文后改题《从疑古到重建的转折——以王国维对傅斯年的影响为中心》,收入吴淑凤、薛月顺、张世瑛编《近代国家的形塑》下册(台北,"国史馆"2013 年,第 833—878 页)。

之尤。倘缩其范围,所发明者,必远倍于当日"①。总之,好博务广是中国学术不能长足发展的重要原因。

按照傅斯年这时的看法,分科治学就是科学,分科的西学自然比不分科的中学来得科学。这样的判断一旦与科学的其他含义相牵混,分科的学问就成了科学、正确、公理的化身。由此看来,专精自然优于博通,宁可窄而偏,不能泛而浅。细分化不仅天经地义,而且理所当然。

傅斯年用这样的标准来衡量中学与西学的优劣高下,势必主张用西式的科学来改造中学。例如他佩服胡适等人倡导的整理国故,是因为可以把中国以往的学术、政治、社会等作材料,研究出些有系统的事物来,不特有益于中国学问界,或者有补于"世界的"科学。中国历史文化悠久,中华国故在世界的人类学、考古学、社会学、言语学等等材料上占重要部分。也许通过整理还能使世界的学问界发出新枝。② 用西学的系统条理中国的历史文化材料,既可以使中学变得科学,还能够进一步丰富发展世界的学科,让世界的学科更加丰富多彩。

然而,到了1923年,傅斯年突然顿悟,且敢于大胆表达对于以往成见的异议。他以外行的身份为刘半农的《四声实验录》作序,从外面说入,居然断言当时的中国人(其实也包括他本人)所谓"这是某科学","我学某种科学",都是些半通不通不完全的话,这时的傅斯年认为:

> 一种科学的名称,只是一些多多少少相关联的,或当说多多少少不相关联的问题,暂时合起来之方便名词;一种科学的名称,多不是一个逻辑的名词,"我学某科学",实在应该说"我去研究某套或某某几套问题"。但现在的中国人每每忽略这件事实,误以为一种科学也好比一个哲学的系统,周体上近于一个逻辑的完成,其中的部分是相连环扣结的。在很长进的科学实在给我们这么一种印象,为理论物理学等;但我们不要忘这样的情形是经多年进化的结果,初几步的情形全不这样,即为电磁一面的

---

① 傅斯年:《中国学术思想界之基本误谬》,《新青年》第4卷第4号,1918年4月15日,第329—331页。
② 毛子水:《国故和科学的精神》傅斯年识语,《新潮》第1卷第5号,1919年5月1日,第746—747页。

事,和光一面的事,早年并不通气,通了气是 19 世纪下半的事。现在的物理学像单体,当年的物理学是不相关的支节;虽说现在以沟通成体的结果,所得极多,所去的不允处最有力,然在一种科学的早年,没有这样的福运,只好安于一种实际主义的逻辑,去认清楚一个一个的问题,且不去问摆布的系统。这和有机体一样,先有细胞,后成机体,不是先创机体,后造细胞。但不幸哲学家的余毒在不少科学中是潜伏得很厉害的。如在近来的心理学社会学各科里,很露些固执系统不守问题的毛病。我们把社会学当做包含单个社会问题,就此分来研究,岂不很好? 若去跟着都尔罕等去辩论某种是社会事实,综合的意思谓什么……等等,是白费气力,不得问题解决之益处的。这些"玄谈的"社会学家,和瓦得臣干干净净行为学派的心理学,都是牺牲了问题,迁就系统,改换字号的德国哲学家。但以我所见,此时在国外的人,囫囵去接一种科学的多,分来去弄单个问题的少。这样情形,不特于自己的造诣上不便,就是以这法子去读书,也收效少的。读书的时候,也要以问题为单位,去参各书。不然,读一本泛论,再读一本泛论,更读一本泛论,这样下去,后一部书只成了对于前一部书的泻药,最后账上所剩的,和不读差不多。

与出国前傅斯年关于中西学术高下优劣的说法相比,可以说是完全颠覆前说。

不仅如此,出国前傅斯年相信清代学问的方法就是科学方法的归纳法,而在"科学"改观后,傅斯年对科学方法的看法也有所变化。近代中国人所认定的科学方法,主要就是归纳法与演绎法,而这原是明治日本学者西周助用于翻译逻辑方法的专门术语。或许由于逻辑方法相对于东亚思维的先进性,清季民初接受日式新汉语及其学理的国人,如梁启超、蔡元培、胡适等,在讲到科学方法之时,无不以逻辑方法等同于科学方法,其中又尤其偏重归纳法。实际上,这种在西方也相当罕见甚至完全子虚乌有的观念,却被国人毫不犹豫地奉为公理定律。

按照英国一般的认识,只有能够用实验反复证明的才是科学,所以傅斯年有位朋友告诉他:"只有实验是科学方法。"准此,则达尔文的方法、理论物理学乃至历史学、考古学、语言学、经济学等等,都很难与科学方法搭上关系。傅斯年认为此言有所夸大,值得注意,但不必当真。"一切人文科学虽在方法上看来好像很受拘束,其实是很有作为的。他们一向传下的去经历事实一种老调,一旦到了心思细警的人手里,马上出结果。"例如刘半农研究四声,既要实验,也要人文学者的老法子和考证家的细心,不能舍弃推测故训的大本营。①如此,科学方法已经不是归纳法那样简单。

后来傅斯年谈到统计方法应用于历史研究时,表示应当仔细慎重,因为历史现象不能恢复,又极复杂,如果不从小地方细细推求,而以一个样子定好加上,恐怕有点疏误。"历史本是一个破罐子,缺边掉底,折把残嘴,果真由我们一整齐了,便有我们主观的分数加进了……研究历史要时时存着统计的观念,因为历史事实都是聚象事实(mass-facts)。然而直接用起统计方法来,可须小心着,因为历史上所存的数目多是不大适用的。"②这是分别归纳法和科学方法的进一步体现,尽管还留有归纳的痕迹。

傅斯年写于1935年的《闲谈历史教科书》,详细论述了历史不能归纳概括以及求因果的道理。他认为:算学与物理科学可以拿大原则概括无限的引申事实。这个凭藉,在地质、生物各种科学已难,在历史几不适用。物质科学只和百来种元素办交涉,社会科学乃须和无限数的元素办交涉,算学家解决不了三体问题,治史学者自然不能解决三十体。史学家不应安于庞加赉(Henri Poincare)的所谓"天命",即认为可以重复出现的事实,如元素、种类,使科学得以发展。以简单公式概括古今史实,只是史论而不是史学,是一家言而不是客观知识。在一人著书时,作史论,成一家言,本无不可,然而写起历史教科书来,若这样办,却是大罪过,因为这是以"我"替代史实了。他还进一步分辨物质科学和历史学的区别道:

> 物质科学中,设立一个命题,可以概括(Mach 所谓述状)无限度的引申命题,……所以编这些门类的教科书,大约有三个领导的原则。第一项,列定概括命题,以包含甚多引申的命题与无限的事实。第二项,举切

① 以上均见傅斯年:《刘复〈四声实验录〉序》,欧阳哲生主编:《傅斯年全集》第一卷,第418—419页。
② 傅斯年:《评丁文江的〈历史人物与地理的关系〉》,欧阳哲生主编:《傅斯年全集》第一卷,第428页。

近于读者的例,以喻命题之意义。第三项,在应用上着想。这些情形,一想到历史教科书上,几乎全不适用。第一项固不必说,历史学中没有这东西。第二项也不相干,历史上件件事都是单体的,本无所谓则与例。第三项,历史知识之应用,也是和物质知识之应用全然不同的。我们没有九等人品微分方程式,所以人物只得一个一个的叙说。我们没有百行的原素表,所以行动只得一件一件的叙说。我们没有两件相同的史事,历史中异样石子之数,何止六千万,所以归纳是说不来,因果是谈不定的。因果二词,既非近代物理学所用,亦不适用于任何客观事实之解释,其由来本自神学思想出。现在用此一名词,只当作一个"方便名词",叙说先后关系而已,并无深意。①

自然科学与人文科学相去较远,尽管处于崇尚科学主义的大背景之下,直接应用自然科学的法则来研究历史的情况,毕竟不大普遍。历史研究的科学化,除了一般追求,社会科学的引入及其应用影响更大。傅斯年对于史学社会科学化的时趋似乎不以为然,1942年10月11日,他复函好用社会学方法研究中国历史的吴景超,有的放矢地强调:"历史上事,无全同者,为了解之,须从其演化看去,史学之作用正在此。如以横切面看之,何贵乎有史学?"②在他看来,历史研究主要是比较研究,社会科学化的历史研究将类像相聚,每每喜欢求同,而史学因缘于事实联系,更加着重于见异。这并非排斥探求揭示社会发展规律,历史事实均为特殊、个别,不等于没有联系,只是不能用自然科学或社会科学的原理来强求史料与史实的一律及连贯,而要从事实的演化看无限延伸的普遍联系。这样的取径办法,显然是不适用归纳法的。

关于中国哲学。中国本来有无哲学,或者是否能用哲学观念条理解释古代思想的问题,出国前的傅斯年并无怀疑。他虽然是国文门的学生,却对哲学充满兴趣。不过,尽管据说他对胡适中国哲学史课程的讲法表示赞许,与一般直接用西洋近代哲学系统条理中国古代思想的做法还是有所分别。在他心中,古今中外并不一定能够完全附会对应。所以他更多的是用近代西洋的尺

① 傅斯年:《闲谈历史教科书》,欧阳哲生主编:《傅斯年全集》第五卷,第53—54页。
② 傅斯年:《致吴景超》,欧阳哲生主编:《傅斯年全集》第七卷,第267页。

度衡量检验中国。他认为"西洋学术界发展至今日地位者,全在折中于良心,胸中独制标准,而以妄信古人依附前修为思想界莫大罪恶。中国历来学术思想界之主宰,概与此道相反"。其所学之目的,全在理古依人,没有开新独断,所以陈陈相因,非非相衍,谬种流传,于今不沫。"现于哲学,则以保持道统为职业"。①

以西洋学术思想为准绳,傅斯年批评道:"中国学者之言,联想多而思想少,想象多而实验少,比喻多而推理少。持论之时,合于三段论法者绝鲜,出之于比喻者转繁。"这样的比较看似合情合理,其实也是一种强求,前提即假定西洋学术思想放之四海而皆准,不知思维受语言的制约,联想、玄想、比喻之类,正是由文字决定的思维方式。他指责中国历代论玄学、文学、政治、艺术者,"无不远离名学,任意牵合,词穷则继之以联想,而词不可尽;理穷则济之以比喻,而理无际涯"②。这些言辞,依稀可见胡适以近代西洋逻辑学比附古代中国名学,又以名学条理古代思想的影子。而用名学解历代思想政治文化,并未跳出以比附为比较的窠臼,同样是受文字决定的思维方式影响的表现。

傅斯年早年认为,相比于以自然科学为基础的西洋哲学,以历史为基础的中国哲学根本不算是哲学。不过他并不否定哲学在中国古已有之。只是包括哲学在内的一切学术,皆与五行家言相互杂糅。在北京大学读书期间,他对该校将哲学门隶属文科的制度表示怀疑,专门致函蔡元培校长,指陈这种制度安排的流弊。他认为:"以哲学、文学、史学统为一科,而号曰文科,在于西洋恐无此学制。日本大学制度,本属集合殊国性质至不齐一之学制,而强合之,其不伦不类,一望而知。"中国人研治哲学,恒以历史为材料,西洋人则以自然科学为材料。哲学发展史上,凡自然科学大进步之时,即哲学放异彩之日,"以历史为哲学之根据,其用甚局,以自然科学为哲学之根据,其用至博"。误以为哲学与文学关系密切而与科学关系较少,是中国人的谬见。原来北京大学的哲学门,仅可谓为"大清国大学经科理学门",不足当哲学门之名。应将哲学门改归理科,学生才能于自然科学多所用心,以利于哲学的发展。即使退而

---

① 傅斯年:《中国学术思想界之基本误谬》,欧阳哲生主编:《傅斯年全集》第一卷,第22页。
② 傅斯年:《中国学术思想界之基本误谬》,欧阳哲生主编:《傅斯年全集》第一卷,第25页。

求其次,也应将哲学独立,与文理科并列。①

秉承上述观念,傅斯年批评"今之谈哲学者,皆以为玄之又玄。其实天地间事,自魑魅魍魉而外,未有玄之又玄者,哲学则实之又实耳。字句必有着落,思想必有边际,必也深切著明,然后可称胜义"。否则不过魏晋文词,而非语哲理。② 为此,他专门写了《对于中国今日谈哲学者之感念》一文,谓当时中国有高谈哲学的声浪,一般人以研究哲学自任觉得很可乐观。"因为一种哲学,对于一个人的效用比他的饭碗问题还要紧;而一种国民哲学对于他的民族的势力远在政治之上。"希望哲学进入正经轨道,而只有受过近代科学洗礼的新系统哲学才是正经轨道。在傅斯年的心中,"哲学是一时代学术的会通的总积",而且哲学与科学相辅相成,"哲学不是离开科学而存在的哲学,是一切科学的总积"③。对哲学这样的推崇备至,与后来的嗤之以鼻形成鲜明对照。而这里的所谓科学,既包括一切自然科学的分科,也包括所有学问的分科。

到了留欧后期,傅斯年的观念完全改变。1926 年,仍在德国的傅斯年听说胡适要重写《中国古代哲学史》,有针对性地表示自己将来可能写"中国古代思想集叙"。他进而提出若干"教条",其中包括:1. 不用近代哲学观看中国的方术论,"如故把后一时期,或别个民族的名词及方式来解它,不是割离,便是添加。故不用任何后一时期,印度的、西洋的名词和方式"。2. 研究方术论、玄学、佛学、理学,各用不同的方法和材料,而且不以两千年的思想为一线而集论之,"一面不使之与当时的史分,一面亦不越俎去使与别一时期之同一史合"④。

不久,傅斯年与顾颉刚论古史,又明确表示不赞成胡适把先秦的儒经诸子书呼作哲学史。"中国本没有所谓哲学。多谢上帝,给我们民族这么一个健

① 傅斯年:《致蔡元培:论哲学门隶属文科之流弊》,欧阳哲生主编:《傅斯年全集》第一卷,第 37—39 页。

② 孟真:《马叙伦之庄子札记》,《新潮》第 1 卷第 1 号,1919 年 1 月 1 日,"出版界评",第 135 页。

③ 傅斯年:《对于中国今日谈哲学者之感念》,《新潮》第 1 卷第 5 号,1919 年 5 月 1 日,第 727—732 页。

④ 《傅斯年致胡适》(1926 年 8 月 17、18 日),杜春和、韩荣芳、耿来金编:《胡适论学往来书信选》下册,第 1264—1265 页。

康的习惯。我们中国所有的哲学，尽多到苏格拉底那样子而止，就是柏拉图的也尚不全有，更不必论到近代学院中的专技哲学，自贷嘉、来卜尼兹以来的。我们若呼子家为哲学家，大有误会之可能。"①

回国后，任教于中山大学的傅斯年写了《战国子家叙论》，开篇即"论哲学乃语言之副产品，西洋哲学即印度日耳曼语言之副产品，汉语实非哲学的语言，战国诸子亦非哲学家"。他认为："拿诸子名家理学各题目与希腊和西洋近代哲学各题目比，不相干者如彼之多，相干者如此之少，则知汉土思想中原无严意的斐洛苏非一科，'中国哲学'一个名词本是日本人的贱制品，明季译拉丁文之高贤不曾有此，后来直到严几道、马相伯先生兄弟亦不曾有此，我们为求认识世事之真，能不排斥这个日本贱货吗？"②短短几年间，哲学在傅斯年心目中就从一切学术一切科学的会通总积，对于个人的效用比饭碗还要紧，对于民族的势力比政治还重要的齐天，跌落到没有哲学的民族思维习惯更加健康，所谓"中国哲学"是"日本贱货"的深渊。

关于汉语言文字。留学欧洲之前，傅斯年是鼓吹新思潮新文学的健将，他第一篇正式发表的文章，还是用文言写成的《文学革新申义》，内容却是鼓吹文言合一。通过回顾历史和观察现实，他得出四点：第一，中国语文分离，主要由贵族政体造成，贵族性好修饰。如果不以高华典贵为文章的正宗，即应多取质言。而且贵族之政，学不下庶人，文言分离，无害于事。"今等差已泯，群政艾兴，既有文言通用于士流，复有俗语传行于市民，俗语着之纸墨，别为白话文体。于是一群之中，差异其词。言语文章之用，固所以宣情，今则反为隔阂情意之具。与其樊然淆乱，难知其辨，何若取而齐之，以归于一乎？"

第二，语文关系紧密，"一代文辞之风气，必随一代语言以为转变。今世有今世之语，自应有今世之文以应之，不容借用古者。与其于今世语言之外，别造今世之文辞，劳而无功，又为普及智慧之阻，何如即以今世语言为本，加以改良，而成文言合一之器乎？"

第三，白话优于文言的巨点之一，是"不以时语为俚，不以方言为狭。惟

---

① 傅斯年：《与顾颉刚论古史书》，欧阳哲生主编：《傅斯年全集》第一卷，第 459 页。
② 傅斯年：《战国子家叙论》，欧阳哲生主编：《傅斯年全集》第二卷，第 251、253 页。

其用当时之活虚字,乃能曲肖神情"。上古典籍亦然。

第四,白话近真,文言易于失旨。文不尽言,言不尽意。言语本为宣达思想的利器,可是思想无涯,言语有限,思想转为言语,必然有所流失,再转文辞,流失更多。"苟以存真为贵,即应以言代文。一转所失犹少,再转所失遂巨也。"①况且,科学盛则古典文学衰,代之而起的应是利用科学的文学。以此为准,必须扫除桐城、南社、闽派等古文,制作模范,发为新文。

紧接着,傅斯年又发表了《文言合一草议》,表示对于废文词而用白话深信不疑,但希望改用文言合一。因为文言与白话分别经过二千年的进化与退化,前者虽死,内容丰富,后者时兴,而所蓄贫乏。要"以白话为本,而取文词所特有者,补苴罅漏,以成统一之器,乃吾所谓用白话也"②。

1919 年 2 月,傅斯年在《新潮》第 1 卷第 2 号发表《怎样做白话文》,宣称新文学就是白话文学,对于白话文学主义没有丝毫疑惑,并提出胡适认为是最重要的两条修正案,即大胆的欧化和大胆的方言化。要把白话文变成文学文,欧化是必由之路。"照事实看来,中国语受欧化,本是件免不了的事情。十年以后,定有欧化的国语文学。日本是我们的前例。日本的语言文章,很受欧洲的影响。我们的说话做文,现在已经受了日本的影响,也可算得间接受了欧化了。偏有一般妄人,硬说中文受欧化,便不能通。我且不必和他打这官司,等到十年后,自然分明的。"③

一个月后,他又在《新潮》第 1 卷第 3 号发表《汉语改用拼音文字的初步谈》,开宗明义道:"中国人知识普及的阻碍物多得很,但是最祸害的,只有两条:第一,是死人的话给活人用;第二,是初民笨重的文字保持在现代生活的社会里。这两桩事不特妨害知识的普及,并且阻止文化的进取……假使西洋人全今还用埃及巴比伦的象形文字、希腊罗马的古语,断断乎不能有现代西洋的文化。从此可知现在中国的文化不在水平线上,都是他俩的功德了。"宣称汉字绝对应当用拼音文字替代,汉语绝对可能用拼音文字表达,汉字绝对不可能无须改造用别种方法补救,甚至"希望这似是而非的象形文字也在

---

① 傅斯年:《文学革新申义》,欧阳哲生主编:《傅斯年全集》第一卷,第 9—10 页。
② 傅斯年:《文言合一草议》,欧阳哲生主编:《傅斯年全集》第一卷,第 14 页。
③ 傅斯年:《怎样做白话文》,《新潮》第 1 卷第 2 号,1919 年 2 月,第 171—184 页。

十年后入墓"。

傅斯年认为,语言为表现思想的器具,文字又是表现语言的器具,应以方便为准则,废文言改国语,废汉字改拼音,都是为了方便。中国字在世界上独一无二的难学,尤其与欧洲各国文字相比,难易不可以道里计。这种可恶的文字不仅妨害大多数的教育普及,并且阻止少数人的智慧发展。"总而言之,中国文字的起源是极野蛮,形状是极奇异,认识是极不便,应用是极不经济,真是又笨又粗、牛鬼蛇神的文字,真是天下第一不方便的器具。"继续用汉字,仿佛是铁器时代仍用石器,野蛮时代造出的文字一直保持到现代,只能自惭形秽。① 态度如此彻底,难怪被钱玄同许为"是对于汉字施根本攻击的急先锋"②,"实是'汉字革命军'的第一篇檄文"。③

可是,到了回国任教之时,傅斯年的观念与说法全然改观,他将语言和文字分开,对古代文言分离给予历史的理解。虽仍然认为语言大变,文学免不了大变,却又说文学大变,语言不必大变,并且承认文言是"既简净又丰富的工具"。"由标准语进为文言,浅的地方只是整齐化,较深的地方便有同于诗歌化者,诗歌正是从一般话语中最早出来最先成就的一种艺术,一种文言。"只是中国的文言与古文相合。④

1931年陈寅恪因为清华入学考试出题对对子引起风波,傅斯年风闻其事,特致函询问。陈寅恪复函,概略谈了他对中国语言文字特性以及近代以来欧化的看法。陈寅恪留学期间,就表示回国后不与人进行无谓的纠缠争辩。此番对傅斯年愿言其详,不无引为同道之意,所谓:"以公当知此意,其余之人,皆弟所不屑与之言比较语言文法学者,故亦暂不谈也。"⑤

---

① 傅斯年:《汉语改用拼音文字的初步谈》,《新潮》第1卷第3号,1919年3月,第393—409页。

② 钱玄同:《汉字改造论·其一》,《教育杂志》第14卷第3号,1922年,第7页。该文原为钱玄同为高承元《国音学》所作的序,《教育杂志》编辑将其与黎锦熙、胡适的序放在一起刊登,改为现名;《汉字革命》,《国语月刊》第1卷第7期,"汉字改革号",1923年。

③ 钱玄同:《汉字革命》,钱玄同著:《钱玄同文集》第三卷,北京,中国人民大学出版社1999年,第62页。

④ 傅斯年:《中国古代文学史讲义》,欧阳哲生主编:《傅斯年全集》第二卷,第25、30页。傅斯年专列了一节讨论"语言和文字——所谓文言"。

⑤ 以上均见陈寅恪:《致傅斯年》二十一,陈美延编:《陈寅恪集·书信集》,第42—43页。

不仅如此,陈寅恪还进而对俗流盲目趋新的现象大加针砭,指非议者痴人说梦、不学无术,"既昧于世界学术之现状,复不识汉族语文之特性,挟其十九世纪下半世纪'格义'之学,以相非难,正可譬诸白发盈颠之上阳宫女,自矜其天宝末年之时世妆束,而不知天地间别有元和新样者在。"①其实出国前的傅斯年大张旗鼓地鼓吹欧化,也是挟19世纪后半格义之学的一分子,知道天地间别有元和新样且抛弃成见改信新说,还是留学后眼界扩大,又与陈寅恪论学的结果。

关于中国历代学术的高下。出国前,年仅23岁的傅斯年虽然不过是北京大学国文门的学生,可是由于读书较多,思想大胆,又适逢思想言论约束不严的环境,不乏发声的园地,所以已经发表了不少政论和学术文章。凭借新旧优劣的自以为是,敢于对中国历代学术指点江山,激扬文字。他关于中国学术的看法大体是:"中国学术,雍塞无过唐代。唐代所以独敝者,实缘拘泥成说,信守师法。"宋代学术再兴,庆历以后,诸儒发明经旨,非前人所及,即以不难疑经之精神树其本。"宋儒所蔽,在于观察不肯精密,不能为客体的研究。若其疑古之处,正其所以超越汉唐处。"清代学术善于疑古,"凡此所以造诣独深者,皆以变古为其内心,所有发明,乃敢于自信,不轻信古人之效也。于是可知学术之用,始于疑而终于信,不疑无以见信"②。

虽然傅斯年对宋代学术不无好评,还专文评论过朱熹的《诗经集传》和《诗序辩》,认为"这两部书很被清代汉学家的攻击,许多人认他做全无价值的'杜撰'书。"其实比毛公的传,郑君的笺高出几百倍,后来的重要相关著作论,见识远不敌朱熹。"关于《诗经》的著作,还没有超过他的。"朱熹的训诂虽不免粗疏,却少有"根本谬误"的毛病。尤其是以本文讲诗义,能够阙疑、直言,敢于推翻千余年的古义,具有称心所好、不顾世论的魄力。③ 不过,整体而言,出国前的傅斯年对清代学问的评价更高。

不知有意还是巧合,1919年4月1日的《新潮》第1卷第4号"故书新评"

---

① 陈寅恪:《与刘叔雅论国文试题书》,陈美延编:《陈寅恪集·金明馆丛稿二编》,第256页。

② 孟真:《清梁玉绳之史记志疑》,《新潮》第1卷第1号,"故书新评",第139—140页。

③ 傅斯年:《宋朱熹的诗经集传和诗序辩》,《新潮》第1卷第4号,1919年4月1日,"故书新评",第699—700页。

刊载的两篇傅斯年的文章,刚好分别评议宋代和清代的学问,除了评朱熹的两部书外,就是评点"清代学问的门径书几种"。该栏目本来就是借个由头谈想法,所以很可以看作是傅斯年对两个朝代学问基本看法的郑重表述。傅斯年认为,清代的学问是对宋明的反动,像是西洋的文艺复兴,正对着中世的学问而发。虽说是个新生命,其实复古的精神很大。"清代学问是中国思想最后的出产品。在汉朝以后出产的各种学问中,算是最切实最有条理的。"各时代学问的差别,取决于原动力的不同。宋朝学问的原动力是佛、道两宗,谈起心性来,总是逃禅;谈起道体来,必要篡道。

> 假使唐朝一代的学者,能在科学上研究得有些粗浅条理,宋朝的学问必定受他的影响,另是一番面目。无如唐朝的学问太不成东西了,宋人无从取材,只好逃禅篡道去。所以整天讲心,却不能创出个有系统的心理学;整天说德,却不能创个有系统的伦理学。程伯子的天资,朱晦翁的学问,实在是古今少有的。但是所成就的,也不过"如风如影"的观念,东一堆西一堆的零杂话。这都由于先于他的学者,不能在科学上有点成就,供给与他,因而他走了错道了。

清代学问的原动力,是经籍的古训。如戴震所说:"以理为学,以道为统,以心为宗,探之茫茫,索之冥冥,不若反求诸六经。"清代学问都是针锋相对地发出,宋明的学问是主观、演绎、悟、理想、独断的,清代的学问则是客观、归纳、证、经验、怀疑的。方法截然不同,主义完全相左。"清代的学问,狠有点科学的意味,用的都是科学的方法"。与西洋的不同在于分别用于窥探自然或整理古物。一求真理,一求孔孟的真话。清代学问的消极方面是怀疑,导致百家平等,积极方面是本着亲历实验的态度,用归纳法将无数的材料反复仔细考索,求异求同。"清代学问在中国历朝的各派学问中,竟是比较的最可信,最有条理的。"一般中国人不肯尽弃中国学问,与其选择其他,不如粗略研究清朝学问,比较近于科学,有益少害。①

回国后,傅斯年关于宋、清学术的看法较前正相反对。他在中山大学讲

---

① 傅斯年:《清代学问的门径书几种》,《新潮》第1卷第4号,"故书新评",第701—703页。

《中国古代文学史》,指"近代中国的语言学和历史学,开创于赵宋"①。讲《诗经》,又说欧阳修大发难端,在史学、文学和经学上一面发达些很旧的观点,一面引进了很多新观点,摇动后人。宋朝人经学思想解放,眼光敏锐。宋末王应麟(伯厚)则开近代三百年朴学之源。② 尽管傅斯年看重实学,因而将两宋与明清之际并重,③仍然承认清代学术的价值贡献,总体评价却已经是认为宋代远在清代之上。

傅斯年对宋代的肯定更多地集中于史学,他认为宋代"史学最发达,《五代史》、《新唐书》、《资治通鉴》即成于是时,最有贡献而趋向于新史学方面进展者,《通鉴考异》、《集古录跋尾》二书足以代表。前者所引之书,多至数百余种,折衷于两种不同材料而权衡之,后者可以代表利用新发现之材料以考订古事,自此始脱去八代以来专究史法文学之窠臼,而转注于史料之搜集、类比、剪裁,皆今日新史学之所有事也。"北宋史学远超前代,可惜南渡后无甚进展,元明时生息奄奄。④ "宋朝晚年一切史料的利用,及考定辨疑的精审,有些很使人更惊异的。照这样进化到明朝,应可以有当代欧洲的局面了。"不幸因为胡元之乱,以及清朝外族政府最忌真史学发达,不仅不能开新进步,反而退步。⑤相较于出国前关于宋、清两代学问的看法,刚好乾坤颠倒。

二、顿悟:环境与交友

近代中国风云变幻,政坛社会波谲云诡,思想文化起伏跌宕,成名的学人当中,思想学术观念今是而昨非者比比皆是。趋新者如梁启超、胡适,后者大变而不动声色,甚至有意掩饰变的方面和幅度,前者则大张旗鼓地以今日之我

---

① 傅斯年:《中国古代文学史讲义》,欧阳哲生主编:《傅斯年全集》第二卷,第9页。
② 傅斯年:《〈诗经〉讲义稿》,欧阳哲生主编:《傅斯年全集》第二卷,第146—147页。
③ 傅斯年:《致王献唐》,欧阳哲生主编:《傅斯年全集》第七卷,第100页。
④ 傅斯年:《中西史学观点之变迁》(未刊稿),欧阳哲生主编:《傅斯年全集》第三卷,第152页。
⑤ 傅斯年:《历史语言研究所工作之旨趣》,欧阳哲生主编:《傅斯年全集》第三卷,第4页。

与昨日之我战,并不以流质善变为耻。钱玄同甚至自认为以今日之我与昨日之我战的情形较梁启超有过之无不及。即使后来被视为守成的章太炎、王国维、刘师培等,年轻时也俨然新学少年,成熟后才悔其少作,回复本位。不过,一般而言,这样的转变都是随着年龄的增长潜移默化,经历了较长的过程。梁启超变来变去,颇为时人诟病;王国维兴趣转移,由雕虫小技而正途大道;章太炎、刘师培脱去西学外衣,回复中学本相。对于少年时的趋新,他们或笑而不答,或坦承有误。相比之下,留学期间傅斯年几乎各方面都出现180度转变,显得早熟和急促,如果没有外力的强烈冲击,单靠自我反省,这样的顿悟就显得有些突兀。

产生外力冲击的机缘,首先可以想到的就是留学的效应。近代中国的青年出洋留学,眼界大开,思想观念较出国之前迥异者不乏其人。只是原来大多并无固定见识,尤其是对于中国固有的思想学术知之甚少,留学更容易滋生食洋不化的西化倾向。傅斯年则相反,从原来单向度的一味趋新,变成多视角的重新估价。

傅斯年在北京大学虽然就读于国文门,受时代风气的影响,也读过不少西书,而且是原文原版,在北大所受的基本教育,也是西式的分科教育。在他看来,"今日修明中国学术之急务,非收容西洋思想界之精神乎?中国与西人交通以来,中西学术,固交战矣;战争结果,西土学术胜,而中国学术败矣"。可是,虽然人们认识到必须学习和取法西方,但"一方未能脱除中国思想界浑沌之劣质,一方勉强容纳西洋学说,而未能消化。二义相荡,势必至不能自身成统系,但及恍惚迷离之境,未臻亲切著明之域……此病不除,无论抱残守缺,全无是处,即托身西洋学术,亦复百无一当。操中国思想界之基本谬误,以研西土近世之科学、哲学、文学,则西方学理,顿为东方误谬所同化"①。也就是说,如果中国思想界自身没有调理构造好,学习西方势必走样,而要改造中国的思想学术,又必须倚重西土学术。这样互为因果的纠结,令当时学人普遍感到相当困扰。

---

① 傅斯年:《中国学术思想界之基本误谬》,欧阳哲生主编:《傅斯年全集》第一卷,第27—28页。

1919 年元旦,傅斯年集合北京大学同学中的同好,创刊《新潮》,由他撰写的《〈新潮〉发刊旨趣书》,对于大学和出版界的职务作用的期许,都是如何才能进入世界潮流。他说:

> 夫学术原无所谓国别,更不以方土易其质性。今外中国于世界思想潮流,直不啻自绝于人世。既不于现在有所不满,自不能于未来者努力获求。长此因循,何时达旦? 寻其所由,皆缘不辨西土文化之美隆如彼,又不察今日中国学术之枯槁如此,于人于己两无所知,因而不自觉其形秽。同人等以为国人所宜最先知者有四事:第一,今日世界文化至于若何阶级? 第二,现代思潮本何趣向而行? 第三,中国情状去现代思潮辽阔之度如何? 第四,以何方术纳中国于思潮之轨? 持此四者刻刻在心,然后可云对于本国学术之地位有自觉心,然后可以渐渐引导此"块然独存"之中国同浴于世界文化之流也。此本志之第一责任也。①

这些言词,是五四新文化时期社会进化论主导的世界眼光的典型表述。而诸如此类的中外东西类比,同样是其所批判的中国文化思维方式好譬喻的典型表现。只是傅斯年当时举证的许多理由,后来都被唐德刚批倒,不过是时代的偏见和对西学一知半解的误会。

遵循上述理念,《新潮》辟有书评栏目,选评一些国内外出版的著作,开始以国内出版物为主。傅斯年发表的评王国维《宋元戏曲史》,断言:"研治中国文学,而不解外国文学;撰述中国文学史,而未读外国文学史,将永无得真之一日。以旧法著中国文学史,为文人列传可也,为类书可也,为杂抄可也,为辛文房'唐才子传体'可也,或变黄、全二君'学案体'为'文案体'可也,或竟成《世说新语》可也,欲为近代科学的文学史,不可也。"②这可以看作是蔡元培所撰胡适《中国哲学史大纲》序言取法旨意的翻版。后来傅斯年为《新潮》的"故书新评"栏目辩解,也表示:"照真正道理说起来,应当先研究西洋的有系统的学问,等到会使唤求学问的方法了,然后不妨分点余力,去读旧书。"③

对于当时中国人所写的新书,傅斯年同样以西洋学术为准绳加以评判。

---

① 傅斯年:《〈新潮〉发刊旨趣书》,《新潮》第 1 卷第 1 号,1919 年 1 月 1 日,第 2—4 页。
② 孟真:《王国维之宋元戏曲史》,《新潮》第 1 卷第 1 号,"出版界评",第 131—133 页。
③ 《新潮》第 1 卷第 4 号,"故书新评",第 693 页。

他借评蒋维乔《论理学讲义》之机，进一步阐述道："我以为救正中国人荒谬的思想，最好是介绍西洋逻辑思想到中国来。因为逻辑一种学问，原是第一流思想家创造出来，是一切学问的基本，是整理思想的利器。现在的中国思想界，只是空泛乱杂，没有一点道理可讲的，要是能够介绍逻辑进来，比较一下，顿然显得惭愧的很，也就不觉的救正许多了。"①

据《新潮》第1卷第3号的"通信"，书评刊行后，张东荪在《时事新报》发表《〈新潮〉杂评》，提出："与其批评中国的出版物，不如介绍外国的出版物……如是批评中国书总离不了抨击，抨击有什么结果呢？还不是骂一回就完了吗？"因而建议"此门可以删去，另添一个介绍西洋新书的"。傅斯年认为这种见解极好，表示欢迎，并声称自己一个月前已经想到这一点，"觉得把工夫用在评中国书上，实在不值得。与其做'泥中搏斗'的生涯，何如做修业益智的事业。"他公开致函新潮社同学读者诸君，提出计划以《新潮》第1卷第5号多介绍西洋文学、哲学、科学的门径书。然后在新潮社里设一个西书研究团，在热心赞助的教员指导下，各选精要书籍，限期读完，写成提要，择优发表。从第2卷第1号起，书评增设西书提要。②

在同期发表的《译书感言》中，傅斯年还提议组织译书会，希望从新潮社做起，杂志每期要翻译的好文章占三分之一。他自谦浅陋，新学问只有逻辑学读过十几本书，其余更是粗浅。"但是我对于许多问题常有插嘴，只有逻辑永不敢做一字。可见'学然后知不足'，而且精密的学问，实难得轻易下笔，不如迳自翻译，比较的可以信得过。"③这大概反映了当时一般读西书以求西学人士的普遍状况。读书稍多的领域不敢信口开河，反之却可以放言无忌，这样的无知无畏，绝不仅仅为五四时期鼓吹新思潮的新青年所独有。

面对有人质疑"新的是极端崇外，觉得欧美的东西都是好的"，傅斯年坦然应道："觉得欧美的东西都是好的，固然是荒谬极了，但是极端的崇外，却未尝不可。人类文明的进化，有一步一步的阶级。西洋文化比起中国文化来，实在是先了几步，我们只是崇拜进于我们的文化。"中西文化都是人类进步上的

① 孟真：《蒋维乔之论理学讲义》，《新潮》第1卷第1号，"出版界评"，第136—138页。
② 傅斯年致同社同学读者诸君，《新潮》第1卷第3号，通信，第549—551页。
③ 傅斯年：《译书感言》，《新潮》第1卷第3号，第533—539页。

一种阶级,"不过他们比我们更进一步,我们须得赶他"。虽然中西文化没有绝对的是非,"因为中国文化后一步,所以一百件事,就有九十九件比较的不如人,于是乎中西的问题,常常变成是非的问题了"①。文明阶段之分,本来是社会进化论的典型体现,背后有基督教一元化思维方式的作用,旨在排斥异质文化。后为殖民主义的世界体系鸣锣开道。诸如此类的论断理据,致使崇西变成趋新的同义词,导致绝对化片面化就在所难免。

这时的傅斯年系统谈论清代学问,每每与西洋中世纪转向文艺复兴相比较,虽然他不无自觉,强调"这不是我好为影响附会的话。实在由于同出进化的道路,不容不有相近的踪迹了",所以还是置于同一系统之中。不过,既然清代学问是因为较有西式的科学精神才是好的,就肯定不如西方的方法,"若直用朴学家的方法,不问西洋人的研究学问法,仍然是一无是处。"②

在提倡白话文方面,傅斯年本来担心白话文学主义的真价值会被速效弄糟,因为"凡是一种新主义、新事业,在西洋人手里,胜利未必很快,成功却不是糊里糊涂;一到中国人手里,总是登时结个不熟的果子,登时落了"。可是转念一想,"中国人在进化的决赛场上太落后了,我们不得不着急;大家快快的再跳上一步——从白话文学的介壳跳到白话文学的内心,用白话文学的内心造就那个未来的真中华民国"。③

出国前夕,傅斯年为《新潮》写了《〈新潮〉之回顾与前瞻》,希望同社诸君:(1)切实地求学;(2)毕业后再到国外读书去;(3)非到三十岁不在社会服务。④ 只是办杂志多少也算是服务社会,而不到三十岁的确未能显出力学的耐心。他自称去欧洲是要"澄清思想中的纠缠,练成一个可以自己信赖过的我"。⑤ 在《新潮》写下那些崇尚西学的高谈阔论的傅斯年,其实内心里颇为怀疑自己到底对西学了解多少,认识多深。其对于西学的崇拜,与同时代大多数人一样,多少有些盲从和迷信。其依据不过是西方列强战胜东方、称霸世界

---

① 《新潮》第 1 卷第 3 号,"通信",第 549—551 页。

② 傅斯年:《清代学问的门径书几种》,《新潮》第 1 卷第 4 号,"故书新评",第 701—703 页。

③ 傅斯年:《白话文学与心理的改革》,《新潮》第 1 卷第 5 号,第 915—921 页。

④ 傅斯年:《〈新潮〉之回顾与前瞻》,《新潮》第 2 卷第 1 号,1919 年 10 月 30 日,第 199—205 页。

⑤ 傅斯年:《欧游途中随感录》,欧阳哲生主编:《傅斯年全集》第一卷,第 381 页。

的现实,以及日本仿效西方跻身强权的榜样。

到英国短短的几个月后,傅斯年的思想就出现变化的迹象,自觉以前意气极盛,陷我许多错谬,现在平静许多,没有从前自信的强了。天地间的道理处处对着迟疑,考虑的心思周密,施行的强度减少。① 总体说来,就是改变了一味趋新并且以西为新的确信无疑。具体而言,变化主要体现在相互联系的三个方面:其一,认识到极旧之下每有极新。其二,对基督教一元论影响下的进化论发生动摇。其三,开始怀疑用西洋系统条理中国材料的正当性。

1920 年 8 月,人在英国的傅斯年致函胡适,抱怨在北京大学六年,“一误于预科一部,再误于文科国文门”。此说看似仅仅批评旧学者,至少时下学人多持此解,其实更主要的却是指责新风气。他提醒胡适道:“为个人言,古来成学业的,都是期于白首,而不隐于才华;为社会上计,此时北大正应有讲学之风气,而不宜止于批评之风气”,“希望北京大学里造成一种真研究学问的风气”。傅斯年在北大,受胡适的影响最多,“止于批评”的学风的形成,包括胡适在内的所谓新派难辞其咎。所以傅斯年不惜犯颜直谏:“兴致高与思想深每每为敌”,请胡适勿为盛名所累,“终成老师,造一种学术上之大风气,不盼望先生现在就于中国偶像界中备一席”。②

傅斯年这封写给师长的“私信”,虽然已经相当大胆坦率,以至胡适的反应有些过度,却自觉言辞之间支支节节,不能达意。两个月后。他写给蔡元培一封“公函”,意思表达得更加清晰,他说:“北大此刻之讲学风气,从严格上说去,仍是议论的风气,而非讲学的风气。就是说,大学供给舆论者颇多,而供给学术者颇少。这并不是我不满之词,是望大学更进一步去。大学之精神虽振作,而科学之成就颇不厚。这样的精[神]大发作之后,若没有一种学术上的供献接着,则其去文化增进上犹远。”③

傅斯年的觉悟,首先是离开北京政治思想文化的喧闹,沉潜自省的结果。他自己总结了不想做文章的四条原因,大体可以反映其思想的变化:“一来读

① 傅斯年:《留英纪行》,《晨报》1920 年 8 月 6 日,第 7 版,“通讯”。

② 《傅斯年致胡适》,中国社会科学院近代史研究所中华民国史研究室编:《胡适来往书信选》上册,第 105—106 页。

③ 《傅斯年君致校长函》,《北京大学日刊》第 715 号,1920 年 10 月 13 日,第 3—4 版。

书之兴浓,作文之兴便暴减;二来于科学上有些兴味,望空而谈的文章便很觉得自惭了;三来途中心境思想觉得比以前复杂,研究的态度稍多些,便不大敢说冒失话;四来近中更觉得心里边 extroversion〔外向〕的倾向锐减,而 introversion〔内向〕之趋向大增,以此不免有些懒的地方。"①

其次,应是到欧洲后受其学术文化熏陶的效用。"牛津剑桥以守旧著名,其可恨处实在多。但此两校最富于吸收最新学术之结果之能力。""而且那里是专讲学问的,伦敦是专求致用的。剑桥学生思想彻底者很多,伦敦何尝有此,极旧之下每有极新,独一切弥漫的商务气乃真无办法。伦敦訾两校以游惰,是固然,然伦敦之不游惰者,乃真机械,固社会上之好人,然学术决不能以此而发展。"②他将北京与上海、北大与清华比附于剑桥与伦敦,实则在剑桥与北大之间,后者只能扮演"伦敦"的角色。所以中国留学生大都求速效,急名利,忽忘学业,所谓人才,也每每成政客与记者一而二二而一的人格,不能真研究学问。

出国前傅斯年对西学和西式学问的深信不疑,源于笃信进化论以及作为其支撑的一元化史观,相信西学的先进性,相信先进的西学可以普遍适用,相信落后的中国乃至世界上其他后进民族都处于世界一体的序列链条的后端,应该也必须用西学的模式和办法重新塑造。到了英国后,发现其物质不如原来想象的高,而精神则不如想象的低,尤其是与在远东遇见的英国人完全不一样。对于读书过求致用以致没有长进予以反省,决心从学问上的最近层做起。③

傅斯年关于史观的成熟看法,集中体现于1931年写的《中西史学观点之变迁》的第三节"近代数种史观之解释",他选择最有势力的进化史观、物质史观和唯物史观等三种史观进行分析,认为达尔文学说源于马尔萨斯的人口论,将马氏的生存竞争思想用于生物界,得出自然淘汰的观念,优胜劣败、适者生存的思想由此生出。这一思想盛极一时,深深影响了19世纪下半叶的学术

---

① 《傅斯年致胡适》,中国社会科学院近代史研究所中华民国史研究室编:《胡适来往书信选》上册,第105页。

② 《傅斯年君致校长函》,《北京大学日刊》第715号,1920年10月13日,第3—4版。

③ 傅斯年:《留英纪行》,《晨报》1920年8月6、7日,均第7版,"通讯"。

界,连人文科学、物质科学亦大受影响。进化论的优点,"在将整个时间性把
握住,于史学演进给一新的观点,同时文化人类学、人种学之兴起亦有帮助",
其流弊则是文艺复兴以来的学术思想自由断裂,人道主义趋于淘汰,武力主义
逐渐抬头。而唯物史观将整个世界的发展视作直线进程,各个历史阶段只是
把黑格尔的横断发展变为纵断发展。这种将历史抽象化的做法,与天主教一
元化的神学思想有关。同时又根据工业革命前后的史料,试图将历史的片断
现象概括为普遍现象,是诚不可能。① 鉴于归国后傅斯年的辗转忙碌,这样的
认识应该大体形成于留学期间。

环境的改变固然对傅斯年产生了不小的影响,显示出读西书与留西学的
作用的确不同,可是并不足以导致其观念认识的全面改观。傅斯年留欧初期,
继续秉承中国传统学术不分科而分宗派便是不科学的观念,循着后来他所批
评的路径探寻西学的奥妙,到英国半年后仍然在为学习哪门科学而感到犯愁
困惑。因为"近代欧美之第一流的大学,皆植根基于科学上,其专植根基于文
艺哲学者乃是中世纪之学院"。而恰是中世纪色彩浓厚的牛津、剑桥能够使
人创新思维。傅斯年对学科学者感到可敬,尤其心仪对于所学的科学真能脱
离机械的心境,而入于艺术的心境如李四光、丁西林等人,希望先将自然或社
会科学的一两种知个大略,有些小根基,再转而学习哲学。所以数理化、医学、
心理学无不涉足,却无所适从。② 此后几年间傅斯年很少留下文字,表明缺乏
足够的自信,还处于不敢或不愿表达的阶段。

稍加留意便可以发现,傅斯年的学术观念在几个重要领域发生顿悟和突
变,重要的时间节点是从 1923 年开始的三四年间。《刘复〈四声实验录〉序》
写于 1923 年 1 月,当时傅斯年仍在英国留学。是年夏秋,他转入德国柏林大
学。据说这时德国马克贬值,不少留欧学生转到德国,以图生活方便。实则德
国的生活奇贵,移住柏林,并没有使傅斯年经济上减轻压力,但学术上却发生
了重大变化。这一时间点显示,留学或许引起傅斯年学术观念的渐变,却不足
以导致大幅度大范围的突变,引发这一突变的重要因缘,当是与陈寅恪相识以

① 傅斯年:《中西史学观点之变迁》(未刊稿),欧阳哲生主编:《傅斯年全集》第三卷,第
157 页。
② 《傅斯年君致校长函》,《北京大学日刊》第 715 号,1920 年 10 月 13 日,第 3—4 版。

及彼此的频繁交往。

陈寅恪是 1921 年 9 月从美国哈佛大学转到柏林大学的,当时留美虽然已经成为热潮,陈寅恪却对美国的学术大失所望,觉得即便后来成为世界首屈一指的哈佛大学,学术上也乏善可陈。陈寅恪的看法绝非偏见,十余年后,法国的伯希和还认为哈佛大学是穷乡僻壤,不愿屈就。傅斯年留英期间结识陈寅恪的表亲俞大维,后者在傅斯年到德国之前,已经转入柏林大学。傅斯年到德国不久,便与陈寅恪相识,更为重要的是,他们很快有了共同的话题,这就是顾颉刚发起的古史辨。

陈以爱注意到,傅斯年在 1923 年至 1924 年间由顾颉刚发表于《努力周报·读书杂志》的一系列关于古史层累地造成的文章,开始思考古史问题。《读书杂志》最早于 1923 年 5 月第 9 期刊载顾颉刚与钱玄同论古史书并加按语及附启,傅斯年从朋友处看到刊物时,仍在英国,与毛子水、刘光一、罗家伦等人谈及,都是赞誉有加。"不过,这时傅斯年也发生一些思想上的变化,使他不再像北大时期那样接受今文家说。这一个思想转变,对他'走出疑古'有相当的关键性。而傅斯年的思想变化,似乎与陈寅恪的交往有关。"她引据傅斯年的《〈新获卜辞写本后记〉跋》中的记载,说明从 1924 年起,傅、陈经常讨论古史。所讨论的问题,应包含了聚讼纷纭的今古文问题。这使得傅斯年对于今文家说的信心逐渐低落,而这对于他接受王国维的古史论,恐怕是相当具有关键性的。①

这一看法相当敏锐,而且还可以进一步延伸放大。联系到傅斯年古史以外其他学术观点的变化,可以断言,傅斯年的思想转变不仅是对今文家说的信心降低,而是跳出了新思潮那种中西新旧是非优劣截然对立的观念,不再简单地作非此即彼的判断取舍。变化前后傅斯年自己的学术观念大相径庭,而变化的趋向则与陈寅恪高度接近。

关于中国历代学术的高下,1924 年傅斯年《评丁文江的〈历史人物与地理的关系〉》称:"大野三百年一统后,大乱上一回,生出了一个文化最细密的宋

---

① 陈以爱:《从疑古到重建的转折——以王国维对傅斯年的影响为中心》,吴淑凤、薛月顺、张世瑛编《近代国家的形塑》下册,第 833—878 页。

朝。在许多地方上,宋朝是中国文化之最高点。"①尽管他并没有放弃对清代学术的肯定,却将原来不以为然的宋代学术置于清代乃至历代之上。这样的转变,不仅是对宋、清两朝学术简单的排序换位,潜台词应是不再以清代学术比附西学的科学性。

关于文言文,傅斯年本来是善于作四个字一句的文言文的,胡适以为意思不免晦涩,改写白话文,就明白许多了。② 即使留学欧洲之后,直到 1923 年 1 月,傅斯年在伦敦为刘复的《四声实验录》作序,仍然相信"汉语不改用拼音文字,太阳底下的进步语文中,没有汉语的位置。"③可是回国初写《战国子家叙论》,却认为:"汉语在逻辑的意义上,是世界上最进化的语言(参看叶斯波森著各书),失掉了一切语法上的烦难,而以句叙(Syntax)求接近逻辑的要求。并且是一个实事求是的语言,不富于抽象的名词,而抽象的观念,凡有实在可指者,也能设法表达出来。"④前后数年,看法截然相反。不仅如此,后来撰写学术著作,他还继续使用文言文。改文言用白话的重要理据之一,就是文言不宜说理,虽然傅斯年全用文言,也觉得有些不适,却依然没有改用白话。所以陈寅恪因为清华大学入学考试出题对对子引发风波,还致函傅斯年,引为同调。

恰在此时,傅斯年学习了比较语言学,并与陈寅恪结交,后者与众不同的见识显然令其耳目一新,原来笃信不疑的知识体系整体崩塌,转而以中国本来的系统整合重构。傅斯年较出国前显著变化的学术观念之一,便是对汉语言文字的看法。限于材料,陈、傅二人是否互为影响以及如何影响,不易坐实。就吴宓日记所记陈寅恪谈中外学术文化等内容看,陈的学术观念一以贯之,而傅斯年变化后的观念与之吻合。由此可以推断,其时陈影响傅的可能性较大,傅影响陈或英雄所见略同的可能性相对较小。

① 傅斯年:《评丁文江的〈历史人物与地理的关系〉》,《国立第一中山大学语言历史学研究所周刊》第 1 集第 10 期,1928 年 1 月 3 日,第 225 页。据顾颉刚的按语,该文写于 1924 年 1 至 2 月。

② 《胡适之先生谈片》,《时事新报·学灯》,1919 年 2 月 11 日,引自吴元康整理:《胡适史料补阙》,《民国档案》2006 年第 4 期,第 7 页。

③ 傅斯年:《刘复〈四声实验录〉序》,欧阳哲生主编:《傅斯年全集》第一卷,第 420 页。

④ 傅斯年:《战国子家叙论》,欧阳哲生主编:《傅斯年全集》第二卷,第 252—253 页。

傅斯年出国前以科学为准则,以清代学问为最佳,而清代学问是宋明学问的反动,肯定清代学问的观念相对高明。不仅如此,他还曾斥责中国历来所谈学术,多为含神秘作用的阴阳学术,而作为宋朝学术代表的朱熹,即坚信邵雍之言,杂糅五行家言的部分,一文不值,全同梦呓。① 留欧后期,傅斯年开始推崇宋代学问,甚至将宋代置于清代之上。而变化的原因,很难说来自读书和修课,最大的可能,是与陈寅恪每周数次的交谈。陈寅恪对宋代学问早就推崇备至,认为由于唐宋诸儒吸收融会佛教义理的作用,使得中国的学问增长元气,别开生面,达到新高。② 所见在当时留欧的中国学人中实属凤毛麟角。傅斯年标举中国历代学术由颂清到尊宋的转变,所接触之人中唯与陈寅恪的主张最相契合。鉴于此前傅斯年的学术观念与一般趋新者大同小异,而此后却有天壤之别,最有可能对其产生影响并足以全盘颠覆其成见者,陈寅恪当为不二人选。尽管傅斯年在北大学习期间所读旧籍已经优于胡适,与陈寅恪的交游还是有点化的作用,使其豁然开朗,学问功力突飞猛进,见识大为提升。只是傅斯年的顿悟尚不能彻底,后来他将两宋与明清并列为中国历史上实学兴盛的时期,依稀可见原来高估清学的痕迹。

三、敬而不畏之畏

傅斯年归国之初,清华大学便有请其任教之议,他考虑后表示:"到清华本无不可……但我很想先自己整理一年再去,因彼处我畏王静庵君,梁非我所畏,陈我所敬,亦非所畏。"③此言显示当时傅斯年对王国维的敬畏,大体不错,不过,从后来傅斯年的言行看,他对"非所畏"的陈寅恪似乎怀有某种难以言表的敬畏甚至畏惧。

---

① 傅斯年:《中国学术思想界之基本误谬》,欧阳哲生主编:《傅斯年全集》第一卷,第26—27页。

② 吴宓著,吴学昭整理注释:《吴宓日记》第二册,第102—103页。

③ 《傅斯年致罗家伦函》,罗久芳、罗久蓉编辑校注:《罗家伦先生文存补遗》,台北,"中央研究院"近代史研究所2009年版,第363页。收入王汎森、潘光哲、吴政上主编:《傅斯年遗札》,社会科学文献出版社2015年版,(第1卷),第72—73页。

　　傅斯年的为人行事，颇有梁山好汉之风，霸气十足，在学界政坛都有大炮的声名，与地位相当的同辈相处更加不会谦让。留英期间，他曾与毛子水大闹，归国后任教于中山大学，与多年的同窗挚友顾颉刚心结之下，一言不合，竟至破脸。他创建并长期主持的历史语言研究所明定不准兼职，唯独对陈寅恪、陈垣特殊待遇。尤其是对陈寅恪优待有加，不仅听凭其长期主要任教于清华大学的文史两系，而且对其提出的一些超出一般标准的要求也勉为其难地设法满足。陈寅恪自认为文化托命之身，无论当局如何优待，都觉得理所应当，不会感恩戴德；而对自己提出的要求也觉得合情合理，决不作非分之想。反之，若不得礼遇，则视为不恭。至于具体处置，一般又大体在维持气节与不失身份之间拿捏得当。

　　抗战期间，傅斯年与陈寅恪的关系终于因为后者先后滞留香港、桂林不归等情况而出现裂痕。陈寅恪夫妇体弱多病，不能适应昆明的高原环境以及恶劣的生活状况，而在战时条件下，很难寻得一片偏安之地。他赴英国教书不成，暂时滞留香港，不愿返回昆明，以致香港沦陷后陷入困境，在朱家骅等人的援助下，①历尽千辛万苦，才脱离日军的控制，到桂林后又欲在广西大学任教，而中研院方面院所未能协调沟通，所发出的专任研究员聘书，与规则及惯例不合。为此，傅斯年不得不与院方交涉，并向陈寅恪说明，言辞之间，不免有所误会，令陈寅恪相当不快。

　　此事的原委经过及其周折大致为：1942 年 6 月 9 日，中研院总干事叶企孙致函傅斯年，告以"寅恪兄已于五月廿六日从麻章往桂林，史语所是否拟请彼为专任研究员？月薪拟何数？请示及。薪似可从一月份支起，但从六月起实付寅恪，以首五月薪抵销旅费之一部分。以寅恪夫妇之身体论，往昆明及李庄均非所宜，最好办法，似为请彼专任所职，而允许其在桂林工作，不知尊意如何？亦请示及。"傅斯年当即复一长信，大意云：陈寅恪来所专任其职，原为本所同人所渴望。但陈寅恪家庭情形或者不肯来李庄，自己亦不能勉强。"弟平日办此所事，于人情之可以通融者，无不竭力。……寅恪兄自港返，弟主张

――――――――――

　　① 《傅斯年致朱家骅》（1942 年 7 月 3 日）有云"此等事（蔡夫人事、寅恪事），在今日只有吾兄热心耳。弟心有余而力不足，尤佩兄之热诚毅力也。"王汎森、潘光哲、吴政上主编：《傅斯年遗札》第 3 卷，第 977 页。

本院应竭力努力,弟固以为应该。然于章制(原信或用纪律二字,意思总是明显的)之有限制者,则丝毫不通融。盖凡事一有例外,即有援例者也。故寅恪不能住在桂林而领本所专任研究员薪,必来李庄而后可以(此事服务规程有规定)。若彼来李庄,其薪自应为六百元,又临时加薪四十元。至于为弥补所领旅费,作为几个月专任薪报销,自无不可。"并说明陈寅恪何以历来称为"专任研究员暂支兼任薪"的缘故。

6月30日,傅斯年接到叶企孙的复函,内称:"关于寅恪事,尊见甚是。请兄电彼征询其意见,倘彼决定在李庄工作,清华方面谅可容许其续假也。寅恪身体太弱,李庄、昆明两地中究以何处为宜,应由彼自定。"傅斯年表示:"弟未打电给寅恪,以前此已两函与之商榷此事,而电文又不能明也。然寅恪来信,未提及弟信,来信嘱弟托杭立武兄设法在广西大学为彼设一讲座云云。彼又云(两信皆云然)正在著作,九月可完。绝未谈及到李庄事。"此后,以陈未表示要来李庄,傅也未再致函叶。7月底,傅斯年获悉"叶先生函商院长聘陈寅恪先生为专任研究员,月薪六百元外加暂加薪四十元,院长已批准照办。俟叶先生将起薪月日函复后,聘书即当寄贵所转寄桂林也。"感到甚为诧异,以尚未得陈寅恪决来李庄之信,又未与叶通信,变更前议,何以忽然有此。"然以其云'寄贵所转寄桂林',弟亦放心,盖弟可将其暂时压下,再询兄其故也。"

8月5日,傅斯年又接到中研院总务处主任王毅侯7月31日来信,得知:"发寅恪兄聘书已办好,企孙兄函嘱迳寄桂林,免得转递之烦。并云一月至五月份薪由院保留,作抵销旅费之一部,弟本日寄寅恪一函,征其同意(函稿另纸抄奉)。"并云:"自六月份起全部寄交先生应用。"傅斯年对于叶企孙"仍照六月九日信办理,未参考弟意,亦未照兄六月卅日信所示办理。盖照最后一信,须待弟与寅恪商好奉闻,再发聘也"的处置,深觉不解,不能不紧急声明:

一、弟绝不能承认领专任薪者可在所外工作。在寅恪未表示到李庄之前,遽发聘书,而六月份薪起即由寅恪自用,无异许其在桂林住而领专任薪。此与兄复弟之信大相背谬。

二、自杏佛、在君以来,总干事未曾略过所长,直接处理一所之事。所长不好,尽可免之,其意见不对,理当驳之,若商量不同意,最后自当以总干事之意见为正。但不可跳过,直接处理。在寅恪未表示到李庄之前,固不应发专任聘书,即发,亦不应直接寄去(以未得弟同意也)。此乃违反本院十余年来一个良好之 Tradition 之举也。

三、为弥补寅恪旅费,为寅恪之著作给奖(或日后有之,彼云即有著作寄来),院方无法报销,以专任薪为名,弟可承认;在此以外,即为住桂林领专任薪,弟不能承认。

傅斯年还附列院章的相关条文,说明"领专任研究员薪,而在所外工作,大悖院章也。"

此事之所以令傅斯年大为不满,是因为牵涉两方面关系,使之左右为难:其一,对陈寅恪本人。"此事幸寅恪为明白之人,否则无异使人为'作梗之人'。尊处如此办法,恐所长甚难做矣。"从后续发展看,陈寅恪虽然明白,毕竟心生芥蒂。其二,对所内同仁。此前因为梁思永病费超支,令医务所破产,"已受同人责言。今如再添一个破坏组织通则第十条之例,援例者起,何以应付。……即令弟同意此事,手续上亦须先经本所所务会议通过,本所提请总处核办。总处照章则(人事会议及预算)办理。亦一长手续也。"①

因事出急迫,在接到陈寅恪 8 月 1 日的来函后,傅斯年 8 日即以电报作复:"总处寄上之聘书以兄能来所为前提。"②8 月 14 日,傅斯年又复一长函,说明事情的原委,并且表明自己的态度。据是函所述,陈寅恪自香港脱险后,曾写信给傅斯年,"嘱函托立武在广西大学设讲座一事,弟当即将原函寄杭,并请其务必设法(中英庚款濒于破产),杭无回信。然兄八月一日信已言其既办矣。"后来又有武汉大学的张颐(真如)、王星拱(抚五)、吴其昌等人连来三信,请陈寅恪到该校设座讲学。"此盖慕名之举,而如吴其昌信,须弟一面劝驾,一面化缘,则太可笑也。"所以傅斯年回信时,"为一切了然计,直告张以资实,免得再来信不休。"

关于请求中英庚款在广西大学设立讲座教授之事,傅斯年虽然遵嘱代为说项,心中并不以陈寅恪的行止计划为然,他在致陈寅恪的信中直言相劝道:

---

① 以上均见《傅斯年致叶企孙》(抄件)(1942 年 8 月 6 日),王汎森、潘光哲、吴政上主编:《傅斯年遗札》(第 3 卷),第 979—982 页。

② 《傅斯年致陈寅恪》(电)(1942 年 8 月 8 日),王汎森、潘光哲、吴政上主编:《傅斯年遗札》(第三卷),第 985 页。

兄之留桂,早在弟意中,弟等及一组同人渴愿兄之来此,然弟知兄之情况,故此等事只有凭兄自定之耳。其实当年兄之在港大教书,及今兹之举,弟皆觉非最妥之办法。然知兄所以如此办之故,朋友不便多作主张,故虽于事前偶言其不便,亦每事于兄既定办法之后,有所见命,当效力耳。犹忆去年春,弟入中央医院之前一日,曾为兄言,暑假后不可再住香港,公私无益,且彼时多方面凑钱,未尝不可入内地也。但兄既决定仍留港后,弟养病歌乐山,每遇骝先、立武见访,皆托之设法也。兄今之留桂,自有不得已处,恐嫂夫人在彼比较方便,但从远想去,恐仍以寒假或明年春(至迟)来川为宜。此战事必尚有若干年,此间成为战地,紧张之机会固远在桂之下,至少此为吾辈爱国者之地也。兄昔之住港,及今之停桂,皆是一"拖"字,然而一误不容再误也。目下由桂迁眷到川,其用费即等于去年由港经广【州】湾到川,或尚不止,再过些时,更贵矣。目下钱不值钱,而有钱人对钱之观念,随之以变;然我辈之收入,以及我们的机关之收入,尚未倍之,至多未三之也。故今冬或明春入川,其路费筹措,或超过去年由港入川。然尚未必做不到,过此则不可能矣。即如昆明友人,此时欲留不可(太贵,比重庆倍之),欲行不得。研究所之搬,弟当时之意即不愿以"拖"而更陷于困境,宁可一时忍痛。此等情形,本在兄洞鉴之中。然弟瞻念前途,广西似非我兄久居之地,故愿事先以鄙见奉闻也。

指陈寅恪以"拖"字一误再误,甚至提出爱国的分际,在傅斯年不但明言责怪之意,而且可以说是放出重话。心细如发的陈寅恪当然明白这些言词所蕴含的意思及分量。

不仅如此,傅斯年还清楚地告知:"中英庚款会之讲座,本与一般大学教授同,尚不及最优者。弟闻消息,本年有裁去之议,而未果行。但该会明年或须关门(该会之欠债人即政府各部门,以交通部为最多,一齐赖债,该会遂向政府求乞,以维持其固有之事业,明年恐并此亦不易矣)。中基会者较优(目下月七百元),济之是一例也。但恐亦不能在广西大学设讲座(亦是向政府乞零钱)。故如此看来,兄只可以广西为其短期之休息处,若不早作决意,则将来更困难矣。"言下之意,桂林不可能久居,当然入川之事也不能久拖。

至于中研院允发专任研究员薪一事,傅斯年概述了与叶企孙等人往来函商的情形以及领专任研究员薪水必须以在李庄为前提等规则,并对发生误会的可能环节有所揣测,据他说:

> 企孙由昆明回信(彼往昆明,云九月归),云极赞成弟意,嘱弟电商兄来李庄否? 弟以前已有两信寄兄,言李庄各情形(此信迄未于复信中谈及,但仲揆谓已转兄,究收到否为念),未再去电,而兄命托杭在广西大学设讲座之一信到,弟知兄决留桂矣,故未即复企孙。同时接王毅侯兄信,则聘书已直寄兄,谓薪自一月起,六月以后寄桂林等语,并云皆是企孙之命。此则弟不解矣,盖与企孙复弟之信绝不同,此举可使人误以为兄可以专任研究员薪留桂,此又非企孙函弟之说也。此事错误在何处,俟企孙兄信到,或可知之。此事在生人,或可以为系弟作梗。盖兄以本院薪住桂,原甚便也。但兄向为重视法规之人,企孙所提办法在本所之办不通,兄知之必详。本所诸君子,皆自命为大贤,一有例外,即为常例矣。如思永大病一事,医费甚多,弟初亦料不到,舆论之不谓弟然也。此事兄必洞达此中情况。今此事以兄就广西大学之聘而过去,然此事原委不可不说也。兄之原薪(月一百外,有无暂加薪四十,已向企孙请示矣。企孙原件谓以专任为限),已函毅侯照旧寄兄于桂林。①

傅斯年详述事情的经过原委,除了追究发生误会的关节之外,大概也有担心陈寅恪误解以致心生不快之意,所以点明若是生人,可能怀疑自己从中作梗。同日,傅斯年又复函张颐,并抄寄陈寅恪,函谓:

> 寅恪先生事,弟之地位非可使弟"奉让"者,然历年来此等事,皆由寅恪决定。因寅恪身体、精神,不算健康,故彼之行止,朋友未可多作主张。寅恪历年住港,本非其自愿,乃以其夫人不便入内地,而寅恪伦常甚笃,故去年几遭危险。今寅恪又安家在桂林矣。既接受广西大学之聘,恐迁眷入川非明年不可也。寅恪来书,节略抄奉一阅。弟于寅恪之留广西,心中亦不赞成,然寅恪既决定如此,故前次致弟信,弟即转托杭立武兄矣。至

---

① 以上均见《傅斯年致陈寅恪》(抄件)(1942年8月14日),王汎森、潘光哲、吴政上主编:《傅斯年遗札》(第三卷),第988—990页。

于明年寅恪入川(亦要看他夫人身体如何),弟等固极愿其在李庄,然如
贵校确有何等物质上之方便,于寅恪之身体有益者,亦当由寅恪兄自决
之。只是两处天气、物质,恐无甚分别,而入川之途,乐山更远耳。且为贵
校办研究所计,寅恪先生并非最适当者,因寅恪绝不肯麻烦,除教几点钟
书以外,未可请其指导研究生(彼向不接受此事),而创办一研究部,寅恪
决不肯"主持"也。①

陈寅恪看过傅斯年的来函,对其中牵扯自己内人的言词颇不以为然,尤其
是还将此意传达给了武汉大学方面,这不仅等于把滞港留桂等不当之举的主
要责任推给了唐筼,而且还将推测之词向外扩散。其复函一面表示同意照章
办事,绝不违规,"弟当时之意,虽欲暂留桂,而不愿在桂遥领专任之职。院章
有专任驻所之规定,弟所夙知,岂有故遥之理?今日我辈尚不守法,何人更肯
守法耶?此点正与兄同意者也。"另外,则将拖延内渡及入川的罪名独自揽
下,他说:

但有一端不得不声明者,内人前在港,极愿内渡;现在桂林,极欲入
川。而弟却与之相反,取拖延主义,时时因此争辩。其理由甚简单,弟之
生性非得安眠饱食(弟患不消化病,能饱而消化亦是难事)不能作文,非
是既富且乐,不能作诗。平生偶有安眠饱食之时,故偶可为文。而一生从
无既富且乐之日,故总做不好诗……现弟在桂林西大,月薪不过八九百元
之间,而弟月费仍在两千以上,并躬任薪水之劳,亲屑琐之务,扫地焚香,
尤工作之轻者,诚不可奢泰。若复到物价更高之地,则生活标准必愈降
低,卧床不起乃意中之事,故得过且过,在生活能勉强维持不至极苦之时,
乃利用之,以为构思写稿之机会。前之愿留香港,今之且住桂林,即是此
意。若天意不许毕吾工作,则亦只有任其自然。以大局趋势、个人兴趣言
之,迟早必须入蜀,惟恐在半年以后也。总之,平生学道,垂死无闻,而周
妻何肉,世累尤重,致负并世亲朋之厚意,唏已。②

陈寅恪的这番话,语带机锋,已然有些负气,让人不能受,又不便驳。他此

① 《傅斯年致张颐》(抄件)(1942年8月14日),王汎森、潘光哲、吴政上主编:《傅斯年遗
札》(第三卷),第990—991页。

② 陈寅恪:《致傅斯年》五十五,陈美延编:《陈寅恪集:书信集》,第92—93页。

前曾经到过昆明,此番坚持不肯再往,原因之一,是昆明地势高,心跳加剧。①
脱离环境因素,这一理由的确可以成立,尤其是对身体不宜之人而言,勉强可
能是要命的事。可是考虑到战时举国上下共赴国难的艰难困苦,以及内迁之
地已由云南改到四川,傅斯年的要求也不算是过分。虽然傅斯年自称"弟于
熟人每失之严格相乘;而于不相识者,有时放宽"②。但是对于陈寅恪,似很难
完全照此标准来要求规范。傅斯年自己也承认:"寅恪之脾气,一切事须彼自
定,彼目下之要住桂林,一如当年之要住香港,其夫人故也,亦只有随其所欲
耳。其实彼在任何处,工作一样,只是广西大学无书耳。本所第一组事,彼仍
可通信指导,一如当年在港时也。"③这在史语所,已是相当例外。而在陈寅恪
一方,自觉并未违规,因而不能算是过分。

后来傅斯年知道叶企孙赶发聘书,是因为误会各校发聘书的习惯,担心后
于清华,所以抢先。其实,各校发聘书与中研院大不同,"在商量好之后,一发
出,仍待其应聘书之来……然此次清华发聘,系继续旧办法;本院发聘,是更改
旧办法,而毅侯兄遵命所示致寅恪之函,云及六月份起之专任薪直寄寅恪,此
诚如尊言,未曾明允其住桂林,然亦未提明其须来李庄,故弟觉与弟前致彼之
信不合也。此事若兄当时有一短信致弟,或一短电,弟可省甚多信(尤其是后
来与寅恪之一长信及电,反复解释此聘书以来李庄为前提者)。若当时兄嘱
毅侯兄去信时,末了写上一笔'盼大驾早来李庄,为荷',弟亦不至著急矣。此
事寅恪尚未复弟,此固以寅恪就广西大学之聘而解决,然弟或有得罪寅恪太太
之可能也。"

傅斯年的担心并非杞人忧天,只是所得罪的不是寅恪太太,而是寅恪本
人。尽管傅斯年自称从来在所内办事对熟人要求更严,可是要么陈寅恪不在
熟人之列,要么傅斯年并不能完全做到一视同仁,他自己承认:"寅恪就广西
大学之聘,弟不特未加以阻止,且他来信,派弟写信给杭立武兄,弟即办了。弟

---

① 陈寅恪:《致傅斯年》三十九,陈美延编:《陈寅恪集·书信集》,第64页。

② 《傅斯年致杭立武》(抄件)(1940年6月3日),王汎森、潘光哲、吴政上主编:《傅斯年
遗札》(第2卷),第819页。

③ 《傅斯年致朱家骅》(抄件)(1942年8月19日),王汎森、潘光哲、吴政上主编:《傅斯年
遗札》(第3卷),第991—992页。

一向之态度,是一切由寅恪自决(实则他人亦绝不能影响他,尤其不能影响他的太太),彼决后,再尽力效劳耳。其实彼在任何处一样,即是自己念书,而不肯指导人(本所几个老年助理,他还肯说说,因此辈常受他派查书,亦交换方便也。一笑),但求为国家保存此一读书种子耳。弟知他一切情形极详,看法如此……后来之问题,是他明年来川(恐广西大学非久居之地),川资如何出,此大是难事也。"①这样一切由本人自决的情形,显然不是全所人员普遍享有的待遇,甚至可能是仅此一家别无分店的特例。

经此一事,两人难免有些心结,从现有资料看,此后双方的来往明显较此前稀疏。② 不过,就事论事,尽管陈寅恪自认为并非无理强求,在傅斯年看来早已是法外开恩,而且陈当时的身份工作大多与史语所无关,由史语所负担负责,不合情理,难以服众。由于陈寅恪自入所以来就已经习惯了一切自行其是(当然基本在规则允许的范围内),从来默许的傅斯年稍致不满,便引起陈寅恪的强烈反应。君子棱角分明,本来不易近处,陈寅恪就聘清华国学院之时,犹豫不决,迟迟不行,就让"费尽气力的"吴宓觉得两头不得好,十分为难。③性情刚正的傅斯年对陈寅恪情理之中的格外优待,仅仅用爱才惜才作为理据,恐怕难以自圆其说。即使陈寅恪天纵奇才,双方又是通家之好,也无法合理解释这样的微妙关系。

鉴于从史语所成立之日起傅斯年就对陈寅恪几乎是有求必应,与傅自称对熟人要求更严的说法相去甚远,至少也是网开一面,则隐情当产生于两人开始交集的留学期间。除了承认陈寅恪是首屈一指的读书种子外,或许还碍于某种不能宣之于口的实事,致使傅斯年有些难言之隐。

---

① 以上均见《傅斯年致叶企孙》(抄件)(1942 年 8 月 31 日),王汎森、潘光哲、吴政上主编:《傅斯年遗札》(第 3 卷),第 996—997 页。

② 王汎森在《傅斯年与陈寅恪——介绍史语所收藏的一批书信》中结合当时所见信札情况已经指出:"傅、陈二人在抗战中后期一度关系相当紧张","二人的通信在 1946 年春已经停顿了",见《中国近代思想与学术的系谱》,第 530 页。据《陈寅恪集·书信集》,陈寄给傅的最后一封信在 1946 年春。而据《傅斯年遗札》,傅 1947 年 5 月还就陈的薪金问题与其通信。

③ 吴宓著,吴学昭整理注释:《吴宓日记》第三册,第 19 页。

四、心照不宣的礼让

最有可能令"大炮"傅斯年对"敬而不畏"的陈寅恪一再隐忍之事，当是留欧期间其学术理念发生顿悟，陈寅恪起到至关重要的点化作用。这一关键转折，使得傅斯年回国不久就能够在古史研究领域别树一帜，超越古史辨，展现新一代领军人物前无古人、与众不同的雄心和理念。可是阴差阳错，傅斯年回国之初发表的相关文字，有意无意地对牵涉陈寅恪的个中情节有些含糊其词。

要想打通此事的关节，关键还要进一步解读归国途中傅斯年所写致顾颉刚论学长函。此函虽经不少高手解读，仍有难以贯通所有相关材料以及前后史事之处。据顾颉刚刊载傅斯年关于古史来函时所加的按语，傅斯年的论古史书从 1924 年 1 月写起，写到 1926 年 10 月 30 日船到香港为止，还没有完。"他归国后，我屡次催他把未完之稿给我；无奈他不忙便懒，不懒便忙，到今一年余，还不曾给我一个字。现在《周刊》需稿，即以此书付印。未完之稿，只得过后再催了。"[1]

傅斯年致顾颉刚的长函，始终没有续完，又未经傅同意而由顾公开发表，个中原因，杜正胜解释为傅斯年变了，不再疑古，而要重建，所以将长函视同敝履，弃之不用。[2] 而顾颉刚自己解释擅自发表的理由道："但他自以为多年不读中国书，所发的议论，不敢自信，不愿发表。我的意见，则以为我们既向时代的光明走去，处处在荆榛中开路，只求大体不错，不必有如何精密的结论。我们正该把自己想得到的意思随时发表，以博当代学者的批评，好互相补益匡救。故中山大学的《语言历史学研究所周刊》既出版，即以付刊。傅先生见之，终不以为可。"[3] 此说涉及傅函的本意以及傅斯年对于刊出一事的态度，参

---

[1] 傅斯年：《与顾颉刚论古史书》（续）：《国立第一中山大学语言历史学研究所周刊》第 2 集第 14 期，1928 年 1 月 31 日，第 38 页。

[2] 杜正胜：《新史学之路》，台北三民书局 2004 年，第 98 页。

[3] 顾颉刚编著：《古史辨》第二册下编，上海古籍出版社 1982 年，第 301 页。该按语又称："现在编《古史辨》第二册，重违其意，只得节去其对于古史之意见"。则傅斯年还是有些在意。

合各方面材料,似与实情存在难以贯通之处,还有进一步解读的空间。

傅斯年写给顾颉刚的信中讨论古史的部分究竟何意,杜正胜、王汎森、陈以爱等人的看法大同之下,不无小异。所谓大同,即对层累地造成古史说的基本观念和取径的赞同,所谓小异,即杜正胜认为傅斯年由疑古到重建发生于长函写就之后,或者说在其由欧洲归国途中重抄旧信之时。王汎森则认为长函本身即显示傅斯年已经由疑转信的征兆。而陈以爱虽然同意傅斯年与陈寅恪讨论古史后不再如前接受今文家说,对其"走出疑古"具有相当的关键性,仍然认为长函显示傅斯年当时对顾颉刚的层累说极为推崇,其思想的变化,包括对王国维的进一步认识,发生在留学的最后阶段以及由欧洲返国的航程中。其中关键性的事件是临行前接到顾颉刚寄来的《古史辨》第一册。

这三种说法的大同小异,关系到如何理解傅斯年与顾颉刚讨论古史长函的本意,以及傅斯年对于顾颉刚层累说的态度及其变化两个不同层面的事实,必须严格加以区分,不使混淆,才能恰当解读文本的意思和了解史事的本相。而其中的关键,在于如何认识傅斯年与陈寅恪的交往以及后者的作用。也就是说,在与陈寅恪讨论古史前后,傅斯年的观念究竟发生了什么变化,程度如何,这些都与傅斯年不愿让顾颉刚刊发长函有着密切关联。

傅斯年在英国期间看到顾颉刚在《努力·读书杂志》连续发表的相关论著,的确表示赞叹和欣赏,甚至想发愤写一大篇参与论战,可是却不曾下笔。真正动手写下相关文字,是到了柏林之后几个月,即1924年1月开始。而且首先写的是评丁文江的文章,讨论古史的部分动笔更晚,据杜正胜的判断,当在1925年。而这时傅斯年的古史观念已经发生变化。重要的原因应是与陈寅恪讨论顾颉刚的古史论述。傅斯年给顾颉刚的论古史长函并没有提及陈寅恪的影响,而是后来才明确表示,写给顾颉刚的长函的意思,并非全是自己的见解,而是与陈寅恪一礼拜讨论几回的结果。

要从长函解读傅斯年的本意,首先应当弄清楚三个问题:其一,陈寅恪对于古史层累说的态度看法;其二,陈寅恪在古史研究领域的见识程度;其三,陈寅恪是否能够并且实际影响傅斯年的古史观。

陈寅恪留学期间,曾对吴宓表示,不愿对国内学人的著述发表评论,以免牵扯分神。而对古史辨,却是为数不多公开表达不同意见的学术问题之一。

本来陈寅恪认为，上古去今太远，地上地下的文献实物不足征，难以定案。①
为了与清季夸诞经学家之所为及民国时竞言古史的风气立异，他故意针对韩
愈及清儒的陈说，公开声言不敢观三代两汉之书。

古史辨所论，恰在陈寅恪认为文献不足征的范围，而层累说的取径办法，
当也在陈寅恪所指摘之列。关于古史辨，据说陈寅恪曾在弟子面前有过正面
评议，而正式意见，有明文可据的是审查冯友兰《中国哲学史》上册的报告，他
借表彰冯著之机，针对疑古辨伪说引申谈论材料与学术的关系，认为古书的真
伪不过相对问题，如果能够考出伪材料的作伪时代及作者，并据以说明此时代
及作者的思想，则变为真材料。中国古代儒家及诸子经典，皆非一时代一作者
的产物。须以纵贯的眼光，视为学术丛书或传灯语录。② 古史辨的态度做法，
仍是缺乏史学通识的体现，所以只能横切。

关于冯友兰《中国哲学史》的审查报告写于 20 世纪 30 年代初，可是陈寅
恪关于古史乃至整个中国学术文化的观念，却早在留学之际就已经形成。他
对古史辨最为不满的，除了方法之外，主要还在于对待中国历史文化的态度，
认为形同挖祖坟。陈寅恪深知各民族的上古历史其实都有譬如积薪后来居上
的情形，本不足怪，但是他推崇宋儒对待中外文化取珠还椟的做法，以免数典
忘祖。王东杰解读 1929 年陈寅恪诗赠北大史学系毕业生诗中"田巴、鲁仲两
无成"句，在余英时旧解的基础上，确认"鲁仲"指胡适"整理国故"一派，而
"田巴"当指顾颉刚的古史辨。据余英时征引的《史记正义》引《鲁连子》："齐
辩士田巴，服狙丘，议稷下，毁五帝，罪三王，服五霸，离坚白，合同异，一日服千
人。"所举"田巴"的特征，一是激烈地否定传统（"毁五帝，罪三王"），一是具有
鼓动性（"一日服千人"），在当时的史学界中，唯古史辨学派足以当之。③ 此说

① 王钟翰：《陈寅恪先生杂忆》，纪念陈寅恪教授国际学术讨论会秘书组编：《纪念陈寅恪
教授国际学术讨论会文集》，第 52 页。
② 陈寅恪：《冯友兰中国哲学史上册审查报告》，陈美延编：《陈寅恪集·金明馆丛稿二
编》，第 280 页。
③ 王东杰：《"故事"与"古史"：贯通 20 世纪二三十年代"疑古"和"释古"的一条道路》，
《近代史研究》2009 年第 2 期，第 81—99 页。不过，是文为了证实疑古与释古相通，有过于按时
间顺序强调前后影响之嫌。实际上，有些说法不过通则，而除非确有事实联系，否则相似未必
相通。

恰当,凸显了陈寅恪文化观念与古史辨迥异的主要之点。

还在中学时代,顾颉刚就指孔子之言为专制帝王之脚本,用以锢民奴心,以固帝制。孟子所谓王道、治民,与孔子相同。"夫同是人,何必受公之王道?同是人,何必受公之理治? 视君王天子则若高出乎人类之中者,而其余同胞则悉处于被动之地位。若此学说有可尊之价值乎? 且如为孔立庙,春秋祭祀,直是奴隶其心志,其害甚于迷信宗教矣。"①这番"蔑侮圣教"的小子狂言,可见其后来疑古,确有反对孔孟之道为帝制服务的渊源用心。而陈寅恪则认为中国文化的精义恰在《白虎通义》的三纲五常,历朝文物制度均附着于帝王之制。虽然晚清既有社会制度已形崩溃,无可救药,传统文化皮之不存毛将焉附,仍然是本来民族之地位的重要凭借。

更为重要的是,无论观念如何分歧,治学的态度办法是否得当,在学人尤为关键。王国维的《殷周制度论》,就政治文化观念而言无疑很难被学界新锐所认可,但所论殷周制度的事实,却可以服众。顾颉刚也未必一味批孔,他试论"孔子学说所以适应于秦汉以来的社会的缘故",认为孔子学说不完全是继续旧文化,多少含有新时代的理想,才能适应新时代的要求。而傅斯年对问题本身不以为然,指出:"我们看历史上的事,其不可遇事为它求一理性的因,因为许多事实的产生,但有一个'历史的积因',不必有一个理性的因。"②这与陈寅恪对待史料的态度办法及史观一脉相通。

自称不敢观三代两汉之书的陈寅恪,的确几乎没有留下有关古史的论著。一般认为,陈寅恪对于古史未必熟悉,至少从未发表过直接的学术文字。目前所见相关史事,略有数例:其一,俞大维曾专门撰文指出陈寅恪对于先秦典籍史事的了解程度。其二,吴宓日记所录陈寅恪的谈论,可见其对于先秦典籍史事确有系统认识。其三,1932 年俞平伯将所撰《〈尚书·金縢〉中的几个问题》送陈寅恪阅看,陈有详细意见。③ 其四,蒋天枢校《周礼》,陈寅恪告以"周

① 叶至善、叶至美、叶至诚编:《叶圣陶集》第 9 卷,日记编,第 105 页。
② 傅斯年:《论孔子学说所以适应于秦汉以来的社会的缘故》,欧阳哲生主编:《傅斯年全集》第一卷,第 479 页。
③ 《陈寅恪先生史学蠡测》,卞僧慧纂,卞学洛整理:《陈寅恪先生年谱长编初稿》,第 374—375 页。

礼中可分为两类:其一,编纂时所保存之真旧材料,可取金文及诗书比证。其二,编纂者之理想,可取其同时之文字比证"①。

傅斯年在北京大学读书和留英期间,不乏经常论学的师友,如在北大,与顾颉刚住在同一宿舍同一号,徐彦之是近邻,每天闲谈,参与者常有潘介泉、罗家伦。在英期间,则有吴稚晖、丁西林、李四光、刘复等。到柏林后,可谈的人更多,如罗家伦、毛子水、俞大维、姚从吾等。虽然傅斯年对俞大维相当推崇,许为最能读书的两人之一,可是上述诸人的学术喜好及水准,恐怕难以对傅斯年学术观念的转变起到重要作用。能够发生关键影响的,非陈寅恪莫属。所以傅斯年与罗家伦、姚从吾等研究史学的交谈,都是推崇顾颉刚在史学上称王,其他人无论如何,只能称臣。而在与陈寅恪结交之后,则朝着与后者趋同的方向转变,与此前的观念大异其趣,与古史辨则渐行渐远。

按照傅斯年归国途中致顾颉刚的长函所说,他在柏林期间因为懒,很少与人交谈,每每以通信代替行步。此说未必全部属实,至少对于陈寅恪是例外。陈寅恪回国后虽然不好应酬,留学期间,却喜欢与人交谈,话题不仅学术,也包括时政社会。如在哈佛时与吴宓就有多次长时间谈论,语涉广泛。到欧洲后又与包括国家主义派的曾琦、李璜一干人等在内的留学生多次交谈。据赵元任、杨步伟夫妇回忆,1924 年他们在柏林期间,傅斯年、陈寅恪常常午饭见面,有时还有茶会。最难见到的是俞大维,陈寅恪与傅斯年来得最多。② 另据1924 年 3 月 12 日姚从吾从柏林致朱希祖函,亦可知与陈寅恪、傅斯年、俞大维等饭余常相聚谈。③

傅斯年说看到顾颉刚在《努力周报·读书杂志》第 9 期以后发表的关于古史层累造成说的文章,很想写文章参与讨论,因为懒的结果,不曾下笔而《努力》下世。"至今已把当时如泉涌的意思忘到什七八,文章是做不成了,且把尚能记得者寄我颉刚。……只是请你认此断红上相思之字,幸勿举此遐想

① 蒋天枢:《陈寅恪先生编年事辑》(增订本)卷下,第 156 页。

② 杨步伟:《杂记赵家·第一次欧洲游记》,广西师范大学出版社 2014 年版,第 52 页;赵元任、杨步伟:《忆陈寅恪》,俞大维等:《谈陈寅恪》,台北,传记文学出版社 1978 年版。

③ 《史学系派遣留德学生姚士鳌致朱遏先先生书》,《北京大学日刊》第 1465 号,1924 年 5 月 9 日,第 2—3 版。

以告人耳。"①

即使从现在的观念看,傅斯年此函的内容也是相当有见地,并无拿不出手见不得人的地方。虽然表示过曾经准备称臣,毕竟笔锋一转,显示了崭新的境界。唯一让人觉得有些不够坦然的,就是没有提及自己观念的转变何以能够发生,关键的人事是什么。如此说并非指责傅斯年刻意隐瞒事实,先此他在给胡适的信中就具体提到陈寅恪的作用。"《春秋》与孔子。今存外证以孟子一句。内证只孔父嘉之称字(陈寅恪指出)。"②那么,致顾颉刚的长函反而只字不提陈寅恪,不仅关于古史的部分没有,关于丁文江的文章评论部分也没有,而这两方面的转变都相当关键。对此略显异常之事,值得进一步仔细检讨。

如果傅斯年的长函继续往下写,他应该会提及陈寅恪,或是顾颉刚没有刊出长函,对这封天知地知的私信,傅斯年也不一定非要刻意表明相关情节。不巧的是,傅斯年尚未写到陈寅恪,而顾颉刚又未经同意就擅自发表,这在顾颉刚自然觉得理所应当,但在傅斯年就不免有些尴尬。就在顾颉刚刊出长函之后不久,傅斯年几次似乎不经意地提到其古史观念转变中陈寅恪的作用。起初多少还有些含糊其词,1930年1月傅斯年发表《论所谓五等爵》,声言:"此文主旨,大体想就于六七年前旅居柏林时"。③ 稍后更加明确表示:

> 记得民国十三年间,我正在柏林住着,见到顾颉刚先生在《努力》上的疑夏禹诸文,发生许多胡思乱想。曾和陈寅恪先生每一礼拜谈论几回,后来也曾略写下些来,回国途中只抄了一半给颉刚。经过两年,颉刚不得我同意,把他在《国立中山大学语言历史学研究所周刊》第二集第十四期(1928年1月31日)印出。④

傅斯年致顾颉刚长函的内容,虽然包含在英国时的想法,却是到柏林思想发生变化后才开始动笔,其中既有原来的旧认识,也掺杂了变化后的新见解。

① 傅斯年:《与顾颉刚论古史书》,欧阳哲生主编:《傅斯年全集》第一卷,第445—446页。

② 《傅斯年致胡适》(1926年8月17、18日),王汎森、潘光哲、吴政上主编:《傅斯年遗札》(第二卷),第34页。

③ 傅斯年:《论所谓五等爵》,欧阳哲生主编:《傅斯年全集》第三卷,第45页。

④ 傅斯年:《〈新获卜辞写本后记〉跋》,欧阳哲生主编:《傅斯年全集》第三卷,第113—114页。

大体可以说,从 1924 年转到柏林至 1926 年回国这一期间,傅斯年对顾颉刚层累说的推崇赞赏,主要是反映他在英国时的认识,到德国与陈寅恪详谈之后,已经全然改观。长函中傅斯年未提及陈寅恪的名讳作用,却将已经改变的观念大体托出,使得后人的解读判断出现混淆。依照现有的解释,不仅傅斯年到柏林与陈寅恪多次讨论之于其古史观转变的作用将大打折扣,就连傅斯年 1926 年的古史认识程度也被大幅低估。

长函中傅斯年暂未提及陈寅恪之名,可能只是为了在顾颉刚面前逞强,这与前不久胡适对两人的褒贬不无关系。1926 年,傅斯年专程赶到巴黎与访欧的胡适见面,言谈之间对胡适的著作有所批评,尽管胡适后来实际上采纳了傅斯年的意见,当时对于逆耳忠言显然感到相当不快,认为傅斯年数年放任,一事无成,与顾颉刚相比,高下立判。胡适在日记中更有过激之词,后来自觉太过,予以涂抹。而此番会面不免刺激傅斯年的争胜之心,致函顾颉刚时,心存超越驾上之意,所谓对古史辨称臣等等,不过铺垫而已,意在反衬后面转折的更胜一筹。既然要争胜,借力未免胜之不武,这一点斗勇之气使之稍带私心,凸显了自己的见识,而不及他人的影响。

傅斯年的转折和陈寅恪的作用,在近代中国学术史上都是至关重要之事。正因为有此变化,王国维问世已久的著述才会令傅斯年耳目一新。顾颉刚刊出长函,他自己、一般读者乃至后来的学人,都不由得佩服傅斯年的高明。只有傅斯年和陈寅恪两位当事人心知肚明个中关节的来龙去脉,这也是傅斯年不得不屡次补充提及陈寅恪作用的潜因。仔细推敲,傅斯年对此一段因缘并非刻意隐瞒,只是尚未写到;顾颉刚不知其中玄机,擅自做主予以发表,也无可指摘;陈寅恪不谈三代两汉以上文籍史事,不愿在文献不足征的情况下了解同情地猜来猜去之外,不无退避三舍的示好之意。如此一来,傅斯年坐稳了继古史辨之后考史的霸主位置,却留下未能尽释的隐情,使其与陈寅恪的关系多少有些微妙。

如此解读若成立,指傅斯年在归国途中的航船上古史观才发生翻天覆地的变化,就显得有些情节离奇,太过戏剧化,事主围绕此事的种种表现反应也不尽合乎情理。留学期间,傅斯年几乎没有学习中国文史之学,甚至离欧洲的语学史学也较远,如果没有陈寅恪的点醒,天分再高,用功再深,也很难自我实现顿悟。当然,能够承接陈寅恪的一语道破,绝非等闲之辈,在傅斯年也是心有灵犀,水到渠成。况且,致顾颉刚函本是私信,充其量不过是向顾逞强而已,只是一旦公诸于世,事情就变得复杂起来,陈寅恪的心证与傅斯年的气短,都在可能的解读范围。此说或不免诛心之论,在没有直接证据的情况下,却不失为可以贯通的合理解释。

杨树达自称"平生独畏陈夫子"。傅斯年所谓对陈寅恪"敬而不畏",主要是在古史研究方面,虽然陈寅恪熟悉典籍,毕竟缺少古文字学和考古学的深厚根底,仅仅依据一般性知识和文献,的确不足确证。傅斯年后来对岑仲勉说:

> 古史一道,弟观感稍与先生不同。弟亦颇为此一道,久则念觉其遍地荆棘,故箧中旧稿,不下二十万言,不敢写定也。今日治此一事,弟以为应兼顾下列两事:一、乾嘉经学之最高成绩(声韵、训诂之学),益以金文、甲骨,为之材料。二、近代考古学之发明。故弟曾说一笑话,谓有一线之望,亦不敢必也。弟曾在所中说笑话,谓将上古史给第三组。寅恪先生言"书不读秦汉而上",此或有激而作,然有至理存焉……然则第一组姑不治此一事,而以考古之学归之第三组,文字之学归之经学家,可乎?①

历史语言研究所的第三组即考古组,以上古时期的文献不足征,而将重建古史的任务留给用现代科学方法从事的考古学,是那时趋新学人相当普遍的共识。只是后来的发展显示,中国古史留存的文献相当多且杂,重建工作如果完全交由考古学,在无文字时代大致可行或不得不然,在有文字时代则有两难,一是夏为文字从无到有、国家由分立到统合的过渡,二是周代语文各国迥异。一味指望地下出土能够补足、佐证或确证文献记载的系统材料,如甲骨文的发现,可遇而不可求;即便是大量出现的简牍,也无法根本改变文本记载各异的情形。多数的情况是,有此说而未必皆如此说或如此说才正确。傅斯年于此早就了然于胸,他在长函中针对李宗侗"古史之定夺要待后来之掘地"的说法论道:

> 诚然掘地是最要事,但不是和你的古史论一个问题。掘地自然可以

---

① 《傅斯年致岑仲勉》(1939年4月17日),王汎森、潘光哲、吴政上主编:《傅斯年遗札》(第二卷),第727—728页。

掘出些史前的物事、商周的物事,但这只是中国初期文化史。若关于文籍的发觉,恐怕不能很多(殷墟是商社,故有如许文书的发现,这等事例岂是可以常希望的)。而你这一个题目,乃是一切经传子家的总锁钥,一部中国古代方术思想史的真线索,一个周汉思想的摄镜,一个古史学的新大成。这是不能为后来的掘地所掩的,正因为不在一个题目之下。岂特这样,你这古史论无待于后来的掘地,而后来的掘地却有待于你这古史论。现存的文书如不清白,后来的工作如何把它取用。偶然的发现不可期,系统的发掘须待文籍整理后方可使人知其地望。①

比较前后两说,差异显然,傅斯年或是前面言不由衷,或是后来别有用意,或是前后有所反复。周秦以下的历史文籍,的确不能仅凭掘地能够整理清楚,但总锁钥、真线索等等,也并非顾颉刚的古史论。如果说这时的傅斯年关于古史新证在事实上尚属模糊,在理念上则已经成竹在胸,自信可以超越古史辨。而突破瓶颈、豁然贯通的关键,恰在陈寅恪的点化。

陈寅恪自称不敢观三代两汉以上书,即使不为藏拙或取舍,至少也是避嫌,暗示自己绝口不谈古史之意。得益于陈寅恪的点拨以致古史观乾坤颠倒的傅斯年,对于陈的古史造诣应当心知肚明。当然,熟悉典籍,虽然可以攻破层累说的观念方法,却很难在重建方面贡献良多。所以尽管陈寅恪熟悉先秦典籍,后来却很少论及古史,以致令人以为其是否真的不懂古史,只做中古一段。这让傅斯年在王国维之后俨然成为古史研究的祭酒。1935 年 6 月,胡适听傅斯年谈其古史心得,不禁赞道:“他是绝顶聪明人,记诵古书很熟,故能触类旁通,能从纷乱中理出头绪来。在今日治古史者,他当然无有伦比。”②只是傅斯年的功力中,或含有陈寅恪的真气,才使之大放异彩。

傅斯年与陈寅恪的学术理念相近,文化观念则有所分别。一般而言,两人的具体学术见解少有分歧,大体以符合陈寅恪所见为是。可是一旦涉及文化观念,则难免出现不和谐。傅斯年对古史层累说只是学术上的不满,在文化观念上,作为五四新潮青年,与陈寅恪反对挖祖坟的立场相当疏离,而对顾颉刚

---

① 傅斯年:《与顾颉刚论古史书》,欧阳哲生主编:《傅斯年全集》第一卷,第 447 页。
② 曹伯言整理:《胡适日记全编》6,第 485 页。

希望发起思想上对于传统观念的冲击不无同情。也就是说,傅斯年可以接受陈寅恪关于层累说方法的质疑,因为毕竟与材料史事的实情不合,但是对于陈寅恪的不忘民族本来恐怕难以完全认同。抗战期间,围绕性命古训在秦汉至唐宋之际的渊源流变,两人意见截然相对,虽然没有正面交锋,暗中却互相过招,未必不生心结。① 加上围绕古史辨的一段纠葛,对于后来陈寅恪犹疑是否赴台且最终决定留在大陆,影响心理天平的倾斜,恐怕起到不小的作用。

留欧前后,傅斯年的学术观念在分科治学的意义、中国有无哲学及其作用、汉语言文字的功能和命运、宋代学术的评估以及古史观等五个方面,发生了 180 度转变,从一味以西为准,实则信奉 19 世纪下半"格义"之学的天宝旧妆,转向更加适合中国历史文化与社会实情的元和新样。其原因除学习环境的变化外,主要是与同期留学人员相互交往的影响,尤其以陈寅恪的点拨最为显著。而这一关键因素的作用在顾颉刚擅自发表的信函中未能呈现,使得二人的关系埋下隐患。全面抗战期间,傅、陈因隙生嫌,先前的心结或隐或显地发生作用,加之两人的文化观念始终和而不同,最终导致知音加亲友形成的交谊渐趋疏离。

---

① 详见桑兵:《求其是与求其古:傅斯年〈性命古训辨证〉的方法启示》,《中国文化》第 29 期,2009 年春季号。

征 引 文 献

一、报刊

《北京大学日刊》

《晨报》

《传记文学》

《大公报》

《读书杂志》

《国风》

《国学季刊》

《国学论丛》

《国学论衡》

《华国月刊》

《教育公报》

《明报月刊》

《努力周报》

《清华周刊》

《厦大周刊》

《少年中国》

《思想与时代》

《文哲月刊》

《现代评论》

《新潮》

《新青年》

《新闻报》

《新亚学报》

《学衡》

《燕京学报》

《益世报》

《制言》

二、一般文献

(韩国)李泰俊:《吴宓与中国比较文学》,《红岩》1998 年第 6 期。

［清］永瑢等撰:《四库全书总目》,中华书局 1965 年版。

《"对对子"意义——陈寅恪教授发表谈话》,《清华暑期周刊》第 6 期,1932 年 8 月 17 日。

《北京大学法、文、理学院各系课程大纲》,《北京大学日刊》第 2682 号,1931 年 9 月 14 日。

《陈寅恪文集·寒柳堂集》,上海古籍出版社 1980 年版。

《读梁漱溟先生的〈东西文化及其哲学〉》,《读书杂志》第 8 期,1923 年 4 月 1 日。

《胡适之先生谈片》,《时事新报·学灯》1919 年 2 月 11 日。

北京大学中国中古史研究中心编:《纪念陈寅恪先生诞辰百年学术论文集》,北京大学出版社 1989 年版。

卞僧慧纂,卞学洛整理:《陈寅恪先生年谱长编初稿》,中华书局 2010 年版。

蔡仲德:《冯友兰先生年谱初稿》,河南人民出版社 1994 年版。

伧父:《静的文明与动的文明》,《东方杂志》第 13 卷第 10 号,1916 年
10 月。

曹伯言整理:《胡适日记》1—8 册,安徽教育出版社 2001 年版。

曾慕韩先生遗著编辑委员会编:《曾慕韩先生遗著》,台北,中国青年党中
央执行委员会 1954 年。

陈独秀:《东西民族根本思想之差异》,《青年杂志》第 1 卷第 4 号,1915 年
12 月。

陈美延编:《陈寅恪集·寒柳堂集》,生活·读书·新知三联书店 2001
年版。

陈美延编:《陈寅恪集·金明馆丛稿初编》,生活·读书·新知三联书店
2001 年版。

陈美延编:《陈寅恪集·金明馆丛稿二编》,生活·读书·新知三联书店
2001 年版。

陈美延编:《陈寅恪集·诗集 附唐篔诗存》,生活·读书·新知三联书
店 2001 年版。

陈美延编:《陈寅恪集·书信集》,生活·读书·新知三联书店 2001
年版。

陈三立著,钱文忠标点:《散原精舍文集》,辽宁教育出版社 1998 年版。

陈守实:《学术日录[选载]·记梁启超、陈寅恪诸师事》,《中国文化研究
集刊》第 1 辑,复旦大学出版社 1984 年版。

陈崧编:《五四前后东西文化问题论战文选》,中国社会科学出版社 1985
年版。

陈旭旦:《国蠹》,《国学论衡》第 1 期,1933 年 12 月 1 日。

陈以爱:《从疑古到重建的转折——以王国维对傅斯年的影响为中心》,
吴淑凤、薛月顺、张世瑛编《近代国家的形塑》,台北,"国史馆",2013 年。

陈以爱:《中国现代学术研究机构的兴起——以北京大学研究所国学门
为中心的探讨(1922—1927)》,台北,政治大学历史学系,1999 年。

陈智超编:《陈垣来往书信集》,上海古籍出版社 1990 年版。

邓广铭:《邓广铭治史丛稿》,北京大学出版社 1997 年版。

丁文江、赵丰田编:《梁启超年谱长编》,上海人民出版社 1983 年版。

杜春和、韩荣芳、耿来金编:《胡适论学往来书信选》,河北人民出版社 1998 年版。

杜正胜:《新史学之路》,三民书局 2004 年版。

冯友兰:《三松堂全集》第 11 卷,河南人民出版社 2000 年版。

冯友兰:《三松堂自序》,人民出版社 1998 年版。

冯友兰:《中国哲学简史》(1948 年),天津社会科学出版社 2005 年版。

冯友兰《中国哲学史》下册,商务印书馆 1934 年版。

傅斯年:《评丁文江的〈历史人物与地理的关系〉》,《国立第一中山大学语言历史学研究所周刊》第 1 集第 10 期,1928 年 1 月 3 日。

傅斯年:《与顾颉刚论古史书》(续):《国立第一中山大学语言历史学研究所周刊》第 2 集第 14 期,1928 年 1 月 31 日。

高平叔编:《蔡元培全集》第 3 卷,中华书局 1984 年版。

高平叔编:《蔡元培全集》第 5 卷,中华书局 1988 年版。

高平叔编:《蔡元培全集》第 6 卷,中华书局 1988 年版。

葛兆光:《中国宗教、学术与思想散论》,三联书店香港有限公司 2008 年版。

耿云志、欧阳哲生编:《胡适书信集》上、中、下册,北京大学出版社 1996 年版。

顾潮编著:《顾颉刚年谱》,中国社会科学出版社 1993 年版。

顾颉刚编著:《古史辨》第一至七册,上海古籍出版社 1982 年版。

顾炎武:《顾亭林诗文集》,中华书局 1983 年版。

戴震:《戴震文集》,"附录",中华书局 1980 年版。

侯宏堂:《陈寅恪对"宋学"的现代诠释》,《文艺理论研究》2006 年第 6 期。

侯外庐、邱汉生、张岂之主编:《宋明理学史》上,人民出版社 1984 年版。

胡适:《胡适的日记》手稿本,远流出版事业股份有限公司 1990 年版。

胡守为主编:《柳如是别传与国学研究——纪念陈寅恪教授学术讨论会论文集》,浙江人民出版社 1995 年版。

胡颂平编:《胡适之先生晚年谈话录》,中国友谊出版公司 1993 年版。

胡颂平编著:《胡适之先生年谱长编初稿》,联经出版事业公司 1984 年版。

黄曙辉编校:《刘咸炘学术论集·史学编》,广西师范大学出版社 2007 年版。

吉川幸次郎:《吉川幸次郎全集》第 16 卷,东京,筑摩书房 1974 年版。

纪念陈寅恪教授国际学术讨论会秘书组编:《纪念陈寅恪教授国际学术讨论会文集》,中山大学出版社 1989 年版。

季羡林:《怀旧集》,北京大学出版社 1996 年版。

江藩:《国朝汉学师承记》,中华书局 1983 年版。

姜亮夫:《忆清华国学研究院》,王元化主编:《学术集林》第 1 卷,远东出版社 1994 年版。

姜义华、张荣华编校:《康有为全集》第一集,中国人民大学出版社 2007 年版。

姜义华编校:《康有为全集》第 3 卷,上海古籍出版社 1992 年版。

蒋天枢:《陈寅恪先生编年事辑》增订本,上海古籍出版社 1997 年版。

乐黛云主编:《中西比较文学教程》,高等教育出版社 1988 年版。

乐黛云著:《比较文学原理》,湖南文艺出版社 1988 年版。

李塨编:《明末颜习斋先生(元)年谱》,台湾商务印书馆 1978 年版。

李继凯、刘瑞春选编:《解析吴宓》,社会科学文献出版社 2001 年版。

李继凯、刘瑞春选编:《追忆吴宓》,社会科学文献出版社 2000 年版。

李源澄:《经学通论》,路明书店 1944 年版。

梁启超:《饮冰室合集》,台湾中华书局 1972 年版。

罗尔纲:《师门五年记》,生活·读书·新知三联书店 1995 年版。

罗久芳、罗久蓉编辑校注:《罗家伦先生文存补遗》,台北,"中央研究院"近代史研究所 2009 年版。

罗志田:《新宋学与民初考据史学》,《近代史研究》1998 年第 1 期。

吕妙芬:《施闰章的家族记忆与自我认同》,《汉学研究》第 21 卷第 2 期,2003 年 12 月,第 305—334 页。

吕思勉:《理学纲要》,《民国丛书》第二编,上海书店 1990 年版。

玛丽昂娜·巴斯蒂著,张富强、赵军译:《清末赴欧的留学生们——福州船政局引进近代技术的前前后后》,中南地区辛亥革命史研究会、武昌辛亥革命研究中心编:《辛亥革命史丛刊》第 8 辑,中华书局 1991 年版。

蒙文通:《古史甄微》,巴蜀书社 1999 年版。

蒙文通:《经学抉原》,世纪出版集团、上海人民出版社 2006 年版。

蒙文通:《蒙文通学记》(增补本),生活·读书·新知三联书店 2006 年版。

蒙文通:《四库珍本〈十先生奥论〉读后记》,《图书季刊》新第 3 卷第 1—2 期合刊,1941 年 6 月。

蒙文通:《文中子》,《益世报·读书周刊》第 9 期,1935 年 8 月 1 日,第 11 版。

蒙文通:《中国史学史》,世纪出版集团、上海人民出版社 2006 年版。

欧阳哲生编:《胡适文集》1—12,北京大学出版社 1998 年版。

欧阳哲生主编:《傅斯年全集》第 1—7 卷,湖南教育出版社 2003 年版。

潘懋元、刘海峰编:《中国近代教育史资料汇编·高等教育》,上海教育出版社 1993 年版。

浦江清:《清华园日记·西行日记》,生活·读书·新知三联书店 1999 年版。

齐家莹编撰,孙敦恒审校:《清华人文学科年谱》,清华大学出版社 1999 年版。

钱基博:《〈国学文选类纂〉总序》,商务印书馆 1931 年版。

钱基博:《十年来之国学商兑》,《光华大学半月刊》第 3 卷第 9、10 期合刊,1935 年 6 月。

钱穆:《八十忆双亲·师友杂忆》,岳麓书社 1986 年版。

钱穆:《国史大纲》,商务印书馆 1991 年版。

钱穆:《钱宾四先生全集》第 53 册,台北,联经出版事业公司 1998 年版。

钱穆:《中国近三百年学术史》,商务印书馆 1997 年版。

钱文忠编:《陈寅恪印象》,学林出版社 1997 年版。

钱玄同著:《钱玄同文集》第三卷,中国人民大学出版社 1999 年版。

全祖望撰,朱铸禹汇校:《全祖望集汇校集注》,上海古籍出版社 2000 年版。

任继愈主编:《儒教问题争论集》,宗教文化出版社 2000 年版。

桑兵:《陈寅恪与中国近代史研究》,《中华文史论丛》第 62 辑,上海古籍出版社,2000 年 5 月。

桑兵:《傅斯年"史学就是史料学"再析》,《近代史研究》2007 年第 5 期。

桑兵:《横看成岭侧成峰——学术视差与胡适的学术地位》,《历史研究》2003 年第 5 期。

桑兵:《甲午台湾内渡官绅与庚子勤王运动》,《历史研究》1995 年第 6 期。

桑兵:《论庚子中国议会》,《近代史研究》1997 年第 2 期。

桑兵:《民国学人宋代研究的取向及纠结》,《近代史研究》2011 年第 6 期。

桑兵:《求其是与求其古:傅斯年〈性命古训辨证〉的方法启示》,《中国文化》第 29 期,2009 年春季号(第 29 期)。

沈云龙编:《中国近代史料丛刊》续编第 81 辑之 808,台湾文海出版社 1981 年影印。

石泉:《甲午战争前后之晚清政局》,生活·读书·新知三联书店 1997 年版。

孙敦恒:《清华国学研究院纪事》,葛兆光主编:《清华汉学研究》第 1 辑,清华大学出版社 1994 年版。

童书业著,童教英整理:《童书业史籍考证论集》,中华书局 2005 年版。

汪荣祖:《陈寅恪评传》,百花洲文艺出版社 1992 年版。

王宝平主编、吕长顺编著:《晚清中国人日本考察记集成·教育考察记》,杭州大学出版社 1999 年版。

王东杰:《"故事"与"古史":贯通 20 世纪二三十年代"疑古"和"释古"的一条道路》,《近代史研究》2009 年第 2 期。

王汎森、杜正胜编:《傅斯年文物资料选辑》,台北,傅斯年先生百龄纪念筹备会,1995 年印行。

王汎森、潘光哲、吴政上主编:《傅斯年遗札》第 1—3 卷,社会科学文献出版社 2015 年版。

王汎森:《中国近代思想与学术的系谱》,河北教育出版社 2001 年版。

王汎森:《中国近代思想与学术的系谱》,吉林出版集团有限责任公司 2011 年版。

王国维:《静庵文集》,辽宁教育出版社 1997 年版。

王国维:《王国维遗书》,上海古籍书店 1983 年影印。

王国维:《王国维遗书》,上海书店出版社 1996 年版。

王栻主编:《严复集》第 3 册,中华书局 1986 年版。

王水照:《陈寅恪先生宋代观之我见》,《中国文化》第 17—18 期,2001 年 3 月。

王永兴:《陈寅恪先生史学述略稿》,北京大学出版社 1998 年版。

王永兴编:《纪念陈寅恪先生百年诞辰学术论文集》,江西教育出版社 1994 年版。

温儒敏、丁晓萍编:《时代之波——战国策派文化论著辑要》,中国广播电视出版社 1995 年版。

吴宓著,吴学昭整理注释:《吴宓日记》第 1—10 册,生活·读书·新知三联书店 1998 年版。

吴宓著,吴学昭整理注释:《吴宓诗话》,商务印书馆 2005 年版。

吴宓著,吴学昭整理注释:《吴宓自编年谱》,生活·读书·新知三联书店 1995 年版。

吴其昌:《子馨文在》,沈云龙编:《中国近代史料丛刊》续编第 81 辑之 808,台湾文海出版社 1981 年影印。

吴学昭:《吴宓与陈寅恪》,清华大学出版社 1996 年版。

吴元康整理:《胡适史料补阙》,《民国档案》2006 年第 4 期。

吴泽主编,刘寅生、袁英光编:《王国维全集·书信》,中华书局 1984 年版。

吴长庚:《试论顾炎武的"经学即理学"思想》,《江西社会科学》2007 年第

10 期。

许冠三:《新史学九十年》,香港中文大学出版社 1986 年版。

严耕望:《钱穆宾四先生与我》,台湾商务印书馆 1994 年版。

严耕望:《治史答问》,台湾商务印书馆 1995 年版。

严耕望:《治史经验谈》,台湾商务印书馆 1997 年版。

杨步伟:《杂记赵家》,辽宁教育出版社 1998 年版。

杨步伟:《杂记赵家·第一次欧洲游记》,广西师范大学出版社 2014 年版。

杨树达:《积微翁回忆录》,上海古籍出版社 1986 年版。

叶至善、叶至美、叶至诚编:《叶圣陶集》第 19 卷,江苏教育出版社 1994 年版。

余英时:《论士衡史》,上海文艺出版社 1999 年版。

袁荻涌:《陈寅恪与比较文学》,《文史杂志》1990 年第 1 期;

袁光英、刘寅生:《王国维年谱长编》,天津人民出版社 1996 年版。

袁同礼编:*A Guide to Doctoral Dissertations by Chinese Students in America* 1905-1960,Published Under the Auspices of the Sino-American Culture Society. Inc. Washington.D.C.1961,p11。

张杰、杨燕丽选编:《解析陈寅恪》,社会科学文献出版社 1999 年版。

张凯《"义与制不相遗":蒙文通与民国学界》,博士学位论文,中山大学历史系 2009 年。

赵连元:《吴宓——中国比较文学之父》,《四川大学学报》1990 年第 2 期。

赵元任、杨步伟:《忆寅恪》,俞大维等:《谈陈寅恪》,台北,传记文学出版社 1978 年版。

中国社会科学院近代史研究所中华民国史研究室编:《胡适的日记》,中华书局香港分局 1985 年版。

中国社会科学院近代史研究所中华民国史研究室编:《胡适来往书信选》上、中、下册,中华书局 1979 年版。

朱乔森编:《朱自清全集》第 9 卷,江苏教育出版社 1997 年版。

朱维铮编:《周予同经学史论著选集》(增订本),上海人民出版社1996年版。

朱维铮校注:《梁启超论清学史二种》,复旦大学出版社1985年版。

朱有瓛主编:《中国近代学制史料》第2辑上册,华东师范大学出版社1987年版。

人名索引

责任编辑：马长虹

封面设计：徐　晖

图书在版编目（CIP）数据

陈寅恪的学术世界/桑兵 著.—北京：人民出版社，2024.2

ISBN 978-7-01-025665-8

Ⅰ.①陈…　Ⅱ.①桑…　Ⅲ.①陈寅恪(1890-1969)-学术思想-研究

Ⅳ.①K825.81

中国国家版本馆 CIP 数据核字（2023）第 079184 号

陈寅恪的学术世界

CHEN YINKE DE XUESHU SHIJIE

桑　兵　著

人民出版社 出版发行

（100706　北京市东城区隆福寺街 99 号）

北京汇林印务有限公司印刷　新华书店经销

2024 年 2 月第 1 版　2024 年 2 月北京第 1 次印刷

开本：710 毫米×1000 毫米 1/16　印张：20

字数：320 千字　印数：0,001 5,000 册

ISBN 978-7-01-025665-8　定价：58.00 元

邮购地址 100706　北京市东城区隆福寺街 99 号

人民东方图书销售中心　电话（010）65250042　65289539